新时代司法职业教育"双高"建设精品教材

社区矫正工作实务

王红星 ◎ 著

中国·武汉

内容提要

本书内容由五部分组成：一是社区矫正工作概述，主要包括社区矫正机构与人员、社区矫正对象、参与社区矫正的社会力量；二是社区矫正调查评估与管理制度，主要包括社区矫正调查评估制度、社区矫正工作管理制度、社区矫正信息化监管制度、社区矫正对象的考核与奖惩制度；三是社区矫正教育与帮扶，主要包括社区矫正对象的认知教育、分类矫正教育、社区矫正对象的心理矫治、社区矫正社会教育帮扶；四是社区矫正法律责任与监督，主要包括社区矫正工作风险防范、社区矫正法律责任、社区矫正法律监督；五是社区矫正工作难点与矫治实践应用，主要包括社区矫正工作的难点分析与改进方向、内视观想在社区矫正工作中的实践应用。

全书专门针对社区矫正近期热点理论和实务领域难点热点问题作出相对全面、科学的论述，为社区矫正工作实践中的问题解决，提供了可资借鉴的解决方案和思考途径。

本教材可供高职院校刑事执行专业和法律实务专业教学使用，也可供社区矫正工作者、志愿者和监狱（戒毒）民警培训使用。

图书在版编目（CIP）数据

社区矫正工作实务/王红星著．—武汉：华中科技大学出版社，2022.12
ISBN 978-7-5680-8815-2

Ⅰ.① 社… Ⅱ.① 王… Ⅲ.① 社区-监督改造-中国-高等职业教育-教材　Ⅳ.① D926.7

中国版本图书馆 CIP 数据核字（2022）第 229271 号

社区矫正工作实务　　　　　　　　　　　　　　　　　　　　　王红星　著
Shequ Jiaozheng Gongzuo Shiwu

策划编辑：张馨芳	
责任编辑：苏克超	
封面设计：孙雅丽	
版式设计：赵慧萍	
责任校对：张汇娟	
责任监印：周治超	
出版发行：华中科技大学出版社（中国•武汉）	电话：(027) 81321913
武汉市东湖新技术开发区华工科技园	邮编：430223
录　排：华中科技大学出版社美编室	
印　刷：湖北新华印务有限公司	
开　本：787mm×1092mm　1/16	
印　张：18.75　　插页：2	
字　数：431 千字	
版　次：2022 年 12 月第 1 版第 1 次印刷	
定　价：68.00 元	

本书若有印装质量问题，请向出版社营销中心调换
全国免费服务热线：400-6679-118　竭诚为您服务
版权所有　侵权必究

前　言

自社区矫正工作开展试点以来,随着 2020 年 7 月 1 日《社区矫正法》的施行,我国社区矫正工作制度也在日臻完善。社区矫正的广泛实践有力地体现了社区矫正工作的重要价值,减轻了监禁矫正的沉重负担,推进了司法的轻缓化进程,保障了当事人合法权益,也使社区矫正对象能够更加安全地回归和融入社会,从而得到社会各界的广泛关注和大力支持。但是,我国目前的社区矫正工作还存在诸多问题,特别是"执行难""监督难"等已成为当前社区矫正工作的热点、难点问题。这些问题尽管成因复杂,解决途径与方法的建议、主张也是多种多样,然而,加强社区矫正工作理论研究,特别是热点难点问题研究,进一步完善社区矫正法律制度,还是有大量工作需要我们去做,对社区矫正工作实务问题的探讨更是需要有人深度接力。为此,本人在多年深入研究和认真总结实践经验的基础上,经过充分调研,推出本书,意在抛砖引玉,吸引更多业内专家参与此项工作,共同推动社区矫正理论研究向更深更高层次发展。诚如此,则学术价值和现实意义就更大了。

本书内容大致可分为五部分。一是社区矫正工作概述,主要包括社区矫正机构与人员、社区矫正对象、参与社区矫正的社会力量;二是社区矫正调查评估与管理制度,主要包括社区矫正调查评估制度、社区矫正工作管理制度、社区矫正信息化监管制度、社区矫正对象的考核奖惩制度;三是社区矫正教育与帮扶,主要包括社区矫正对象的认知教育、分类矫正教育、社区矫正对象心理矫治、社区矫正社会教育帮扶;四是社区矫正法律责任与监督,主要包括社区矫正工作风险防范、社区矫正法律责任、社区矫正法律监督;五是社区矫正工作难点与矫治实践应用,主要包括社区矫正工作的难点分析与改进方向、内视观想在社区矫正工作中的实践应用等内容。

本书是在社区矫正工作实务方面进行全面、系统研究而成,内容和结构体系上都有所创新。本人力图运用比较分析法、逻辑推理法和案例剖析法等多种研究方法,针对社区矫正近期热点理论和实务领域难点热点问题作出相对全面、科学的论述。本书力求体现我国社区矫正理论实务一体研究的最新成果和动态,在若干方面大胆地提出自己的新见解和解决问题的新方法。尽管有些观点和措施还值得进一步商榷和检验，但对其进行前期探索，本人觉得具有相当突出的创新性。

由于本人水平有限，时间仓促，书中难免会存在不足之处，敬请读者批评指正。

作 者

2022 年 8 月

目 录

第一篇　社区矫正工作概述

第一章　社区矫正机构与人员 ·· 3
　第一节　社区矫正机构　// 4
　第二节　社区矫正工作人员　// 10

第二章　社区矫正对象 ·· 19
　第一节　社区矫正对象名称与类型划分　// 20
　第二节　社区矫正对象的权利和义务　// 24
　第三节　社区矫正对象基本信息掌握的规律　// 42

第三章　参与社区矫正的社会力量 ······································ 47
　第一节　社会力量参与社区矫正的含义和性质　// 48
　第二节　社会力量参与社区矫正工作中的问题与改进措施　// 53

第二篇　社区矫正调查评估与管理制度

第四章　社区矫正调查评估制度 ··· 65
　第一节　社区矫正调查评估制度的现状与发展趋势　// 67
　第二节　社区矫正调查评估的应用程序　// 72

第五章　社区矫正工作管理制度 ··· 83
　第一节　社区矫正工作环节的管理制度　// 84
　第二节　社区矫正刑事执行权力运行程序　// 99

第六章　社区矫正信息化监管制度 ······································ 111
　第一节　社区矫正信息化概述　// 112
　第二节　社区矫正信息化监管方式与应用　// 114
　第三节　社区矫正信息化建设的思考　// 120

第七章　社区矫正对象的考核与奖惩制度 ········· **125**
　第一节　社区矫正对象的考核　// 126
　第二节　社区矫正对象的奖惩　// 129
　第三节　社区矫正对象再犯罪的惩处　// 135

第三篇　社区矫正教育与帮扶

第八章　社区矫正对象的认知教育 ················· **143**
　第一节　认知失调与犯罪　// 144
　第二节　反思与完善自我　// 145
　第三节　承担家庭责任和义务　// 149
　第四节　面对未来自我挑战　// 152

第九章　分类矫正教育 ································· **159**
　第一节　矫正对象分类教育的理论探讨　// 160
　第二节　未成年人矫正教育　// 165
　第三节　女性矫正教育　// 172
　第四节　危险驾驶矫正教育　// 177

第十章　社区矫正对象心理矫治 ····················· **183**
　第一节　社区矫正对象心理矫治的概念、特点与功能　// 184
　第二节　社区矫正对象心理矫治结构与操作体系　// 188
　第三节　社区矫正对象心理健康评估与矫治方法　// 191

第十一章　社区矫正社会教育帮扶 ·················· **201**
　第一节　社会帮扶概述　// 202
　第二节　社会帮扶的内容　// 203
　第三节　社区矫正教育帮扶工作中存在的问题与对策措施　// 207

第四篇　社区矫正法律责任与监督

第十二章　社区矫正工作风险防范 ·················· **215**
　第一节　社区矫正工作中的主要风险类别分析　// 216
　第二节　社区矫正工作风险原因分析与防范措施　// 223

第十三章　社区矫正法律责任 ························ **231**
　第一节　社区矫正机构工作人员法律责任与类型　// 232
　第二节　社区矫正机构工作人员法律责任的化解方向　// 235

第十四章　社区矫正法律监督 …………………………………………… 241
　第一节　社区矫正法律监督的问题　// 242
　第二节　社区矫正法律监督的对策措施与发展方向　// 248

第五篇　社区矫正工作难点与矫治实践应用

第十五章　社区矫正工作的难点分析与改进方向 …………………… 259
　第一节　社区矫正工作的难点梳理与需要重点关注问题　// 260
　第二节　社区矫正工作难点问题原因分析与改进方向　// 268

第十六章　内视观想在社区矫正工作中的实践应用 ………………… 277
　第一节　内视观想疗法概述　// 278
　第二节　内视观想疗法在社区矫正中的实践应用　// 282

参考文献 ……………………………………………………………………… 291

后记 …………………………………………………………………………… 294

第一篇　社区矫正工作概述

第一章　社区矫正机构与人员
第二章　社区矫正对象
第三章　参与社区矫正的社会力量

第一章

社区矫正机构与人员

　　社区矫正的组织机构和人员构成问题是我国社区矫正制度发展的重要基础性问题。社区矫正制度的理论制定和实践执行都需要社区矫正机构和工作人员主导完成，而且社区矫正制度实践中的政策宣传、问题发现、经验总结以及矫正效果等方面的信息收集、传达、反馈都需要以社区矫正机构和工作人员作为中介载体才能上通下达。因此，承担社区矫正具体工作的实践者，完善社区矫正的组织机构和人员的构成和安排，具有重要的理论和实践意义。随着社区矫正在全国依法全面推行，社区矫正对象逐渐增多，且社区矫正工作的定位已经上升到国家治理体系和治理能力现代化重要举措的高度，这些无疑都给社区矫正的组织机构和人员带来了新的挑战和发展机遇。因此，有必要对社区矫正机构的基本性质、人员构成以及参与力量等重大问题，进行深入探讨。

第一节　社区矫正机构

一、社区矫正机构的概念设定与厘清

自我国开展社区矫正（简称"社矫"）试点以来，人们基于不同的价值理念、学术立场和知识来源对社区矫正机构这一概念的设定，大体上可以将社区矫正机构的概念设定分为两大类。一类是以社区矫正工作的程序为标准进行分类，将社区矫正机构分为社区矫正决定机构、社区矫正管理机构和社区矫正执行机构。[①]另一类是以社区矫正工作的具体参与程度为标准进行分类，将社区矫正机构分为社区矫正领导机构、社区矫正承担机构、社区矫正协助机构和社区矫正参与机构。

在社区矫正实践过程中，无论是按照社区矫正工作程序还是按照社区矫正工作参与程度对社区矫正机构进行划分和设定，社区矫正理论和实践部门普遍认为，判处管制、宣告缓刑和裁定假释的机关为人民法院，暂予监外执行的批准机关为人民法院、监狱管理机关和公安机关，社区矫正的法律监督机关是人民检察院。由此可知，人们对社区矫正的决定机关和监督机关的分歧和争议并不大。同样，人们对将体现执政党意志的社区矫正委员会作为社区矫正的统筹指导机构，公、检、法等其他司法机关作为协助机构，以及将基层组织和其他社会力量作为参与机构，都没有什么太大争议。

随着国家对社区矫正工作的逐步探索深入，2012年，《社区矫正实施办法》终于明确了"司法行政机关负责指导管理、组织实施社区矫正工作"。此后，全国范围内的社区矫正机构队伍建设取得较大进展。至2018年初，全国各省、自治区、直辖市以及新疆生产建设兵团的司法厅（局）经批准都成立了社区矫正局（处），全国绝大部分的地级市、州司法局单独设立了社区矫正局（处、室），县级市、县、区等单位也单独成立了社区矫正局（科、股）。2020年，《社区矫正法》明确规定：国务院司法行政部门主管全国的社区矫正工作。县级以上地方人民政府司法行政部门主管本行政区域内的社区矫正工作。至此，司法行政部门作为社区矫正管理机关的地位终于以立法的形式正式确定下来。

二、我国社区矫正机构的性质与职责

我国《刑法》《刑事诉讼法》虽然明确了社区矫正机构的法律地位，但并没有就社区矫正机构的性质与职责问题进行明确的界定，在颁布施行的《社区矫正法》中，

[①] 刘志伟，涂龙科，郭玮，等.中国社区矫正立法专题研究［M］.北京：中国人民公安大学出版社，2017.

明确规定社区矫正机构负责社区矫正工作的具体实施。由此，进一步明确了社区矫正机构的统一性和独立性地位。

（一）我国社区矫正机构的性质

社区矫正机构的性质，从法律规定的含义可以看出，应当定位为刑事执行机构。从理论上来看，关于如何定位社区矫正机构的性质，其实是与我国社区矫正的性质问题紧密联系在一起的。因为我们认为社区矫正的性质是刑事执行，因此，社区矫正机构的性质也应当是刑事执行机构。这种说法与《刑法》《刑事诉讼法》《社区矫正法》中的具体法律规定可以相互印证，在逻辑和理论上也前后一致，应当说是比较准确的。

在明确社区矫正机构的性质之后，还需进一步讨论社区矫正机构的具体职责。我们认为，社区矫正机构的职责具体包括司法行政机关职责、社区矫正机构职责、人民法院职责、人民检察院职责、公安机关职责、刑事执行职责、矫正职责和教育帮扶职责。

（二）我国社区矫正机构的职责

1. 司法行政机关职责

依据《社区矫正法实施办法》第四条的规定，司法行政机关依法履行以下职责：

（1）主管本行政区域内社区矫正工作；

（2）对本行政区域内设置和撤销社区矫正机构提出意见；

（3）拟定社区矫正工作发展规划和管理制度，监督检查社区矫正法律法规和政策的执行情况；

（4）推动社会力量参与社区矫正工作；

（5）指导支持社区矫正机构提高信息化水平；

（6）对在社区矫正工作中作出突出贡献的组织、个人，按照国家有关规定给予表彰、奖励；

（7）协调推进高素质社区矫正工作队伍建设；

（8）其他依法应当履行的职责。

2. 社区矫正机构职责

社区矫正机构是县级以上地方人民政府根据需要设置的，负责社区矫正工作具体实施的执行机关。社区矫正机构依法履行以下职责：将人民法院的判决、裁定、决定或者监狱管理机关、公安机关批准文书所确认的，对被判处管制、宣告缓刑、裁定假释或暂予监外执行的罪犯所适用的刑罚措施的具体内容，以及具体的监管考察内容付诸实施。刑事执行应当是社区矫正机构的首要职责，刑事执行职责具体包括：人身危险性评估；入矫登记以及宣告、考核奖惩；限制离开居住地或迁居、执行禁止令；关于报告、会客、保外就医等事项的执行监管；具体日常活动情况及其表现；阻止社区矫正对象违反禁止令的行为；对特定种类的社区矫正对象使用电子定位装置、查找脱管对象；训诫、警告违反治安管理处罚的社区矫正对象；提请治安管理处罚和撤销社区矫正缓刑、假释、监外执行的收监执行等。

（1）接受委托进行调查评估，提出评估意见，对接收的社区矫正对象，核对法律文书、核实身份、办理接收登记，建立档案；组织入矫和解矫宣告，办理入矫和解矫手续；建立矫正小组、组织矫正小组开展工作，制定和落实矫正方案，对社区矫正对象进行监督管理，实施考核奖惩；审批会客、外出、变更执行地等事项；了解掌握社区矫正对象的活动情况和行为表现；组织查找失去联系的社区矫正对象，查找后依情形作出处理。

（2）提出治安管理处罚建议，提出减刑、撤销缓刑、撤销假释、收监执行等变更刑事执行建议，依法提请逮捕；对社区矫正对象进行教育帮扶，开展法治道德等教育，协调有关方面开展职业技能培训、就业指导，组织公益活动等事项。

（3）向有关机关通报社区矫正对象情况，送达法律文书；对社区矫正工作人员开展管理、监督、培训，落实职业保障。其他依法应当履行的职责。

设置和撤销社区矫正机构，由县级以上地方人民政府司法行政部门提出意见，按照规定的权限和程序审批。社区矫正日常工作由县级社区矫正机构具体承担；未设置县级社区矫正机构的，由上一级社区矫正机构具体承担。省、市两级社区矫正机构主要负责监督指导、跨区域执法的组织协调以及与同级社区矫正决定机关对接的案件办理工作。

另外，在我国社区矫正实践中，司法所一直承担着社区矫正的日常工作。《社区矫正法》第九条明确规定：司法所根据社区矫正机构的委托，承担社区矫正相关工作。这实际上表明司法所在社区矫正体系中的工作职责有以下几点。

（1）贯彻落实国家相关法律、法规、规章和政策，认真执行社区矫正工作相关规定。

（2）依照有关规定，对社区矫正人员进行日常监督管理和考察，组织协调对社区矫正人员的教育改造和帮助工作。

（3）协调有关部门对社区矫正人员开展有针对性的技能培训，为其就业、生活提供指导、帮助。

（4）组织开展对社区矫正人员的心理咨询和心理矫正活动，提高教育矫正的实效。

（5）组织有劳动能力的社区矫正人员进行公益劳动，增强其社会责任意识和悔罪改过意识。

（6）加强与从事社区矫正工作的社会工作者、社会志愿者以及其他矫正力量的协调与配合，努力形成工作合力，最大限度地为矫正工作服务。

（7）针对每名社区矫正人员成立专门的矫正工作小组，成员由司法所所长、社区民警、矫正联络员组成，负责对社区矫正人员进行具体管理教育，根据社区矫正人员遵纪守法、接受教育、参加公益劳动等的现实表现，定期进行评分考核。

(8) 所组织矫正工作小组根据社区矫正人员的犯罪原因、犯罪类型、危害程度、悔罪表现、心理特征、现实表现、家庭及社会背景等情况进行综合分析评估，集体研究制定矫正个案。

(9) 完成上级社区矫正工作机构交办的其他有关工作。

据此，全国绝大多数司法所的工作任务非常繁重，除了作为基层司法行政组织承担司法行政工作任务之外，还要完成街道或乡镇政府交办的工作任务，可以说，绝大部分司法所的工作任务都在十项以上。繁重的任务使基层司法所难以真正把全部精力投入到社区矫正工作中。然而，贴近社区又是司法所的一个较大优势。司法所作为基层的组织机构，与社区工作息息相关而相互熟悉，很容易掌握社区矫正对象的背景、状态以及其他情况，更容易与社区矫正对象及其家属沟通，这些便利条件使得司法所在承担社区矫正工作过程中确实有天然的优势和合理性。相反，县级社区矫正机构往往在城区，自然和分散在不同乡镇或区域的社区矫正对象相距较远，如果直接开展日常工作则会因为远离社区造成工作上的不便，更有可能背离社区矫正基本宗旨。而且，当前司法所已经基本上接受并熟悉了社区矫正的基本工作机制，如果将社区矫正具体工作移植到新设机构，则又需要较长时间的制度衔接和磨合，不利于已经相对稳定的社区矫正工作推行。

总之，司法所承担社区矫正工作有着天然优势，它是司法行政机关最基层的组织机构，是市（区、县）司法局在乡镇（街道）的派出机构，负责具体组织实施和直接面向群众开展司法行政各项业务工作。它是基层政法组织机构之一，与公安派出所、法院派出法庭、检察院派驻检察室共同构成乡镇（街道）一级的政法体系。在基层社会治安综合治理机构体系中，司法所是参与基层综合治理工作的重要成员单位，处在化解人民内部矛盾、预防和减少犯罪的第一线。同时，也必须看到司法所在客观上和短期内的一些薄弱之处。要从《社区矫正法》中引导大家真正认识到社区矫正机构才是真正的刑事执行机关，从而适当减少司法所承担的工作。

三、社区矫正委员会与相关部门职责

（一）社区矫正委员会职责

社区矫正委员会是由地方人民政府设立，负责统筹协调和指导本行政区域内的社区矫正工作的法定议事协调机构，具有总揽全局、协调各方的作用。社区矫正委员会一般由本级党委或人民政府有关负责人任主任，广泛吸收人民法院、人民检察院、公安机关、司法行政机关、财政部门、民政部门、教育部门、人力资源和社会保障部门、卫生健康部门、工会、共青团、妇联等相关部门或组织为成员单位，负责统筹协调和指导本行政区域内的社区矫正工作，着力解决工作中的重大问题。为加强对社区矫正工作的统筹协调，社区矫正委员会定期或不定期召开联席会议，了解社区矫正的进展情况，及时研究解决矫正工作中的重大问题，确保社区矫正工作的顺利开展。社区矫正委员会能够有效解决各地实际问题，能够增强相关部门参与社区矫正工作的积极性和执行力度，对于促进社区矫正工作社会化、规范化具有重要意义。

（二）社区矫正相关机关职责

1. 人民法院职责

人民法院是社区矫正的决定机关，是社区矫正的第一道关口，人民法院的判决和裁定是社区矫正权威性的来源。人民法院对社区矫正主要履行以下几项职责。

（1）履行审判职责，公正裁判，对符合条件的被告人和罪犯依法适用社区矫正，发挥好关口作用。人民法院在判处管制、宣告缓刑、裁定假释、决定暂予监外执行时，应当按照《刑法》《刑事诉讼法》等法律规定的条件和程序进行。

（2）充分利用审判资源，对社区矫正对象进行教育。人民法院要使其认识到适用社区矫正是对其从宽处理，认识到在社区矫正期间应当履行的法定义务，自觉接受社区矫正机构的监督和管理。如果不遵守规定，则需要承担相应的法律后果，并责令其按时到社区矫正机构报到。

（3）积极配合社区矫正机构，共同推进社区矫正工作的开展。人民法院应当做好与社区矫正机构、人民检察院、公安机关等有关部门的法律文书交接工作，防止出现脱管和漏管。对于符合撤销缓刑、假释，暂予监外执行收监执行条件的社区矫正对象，人民法院应当及时作出撤销缓刑、假释、暂予监外执行收监执行裁定和决定；对于被提请撤销缓刑、假释的社区矫正对象可能逃跑或者可能发生社会危险，需要逮捕的，人民法院应当及时作出逮捕决定，通知公安机关执行。

（4）加强对社区矫正适用情况的跟踪了解，及时掌握社区矫正的执行情况，以便适时调整社区矫正的适用标准以及撤销缓刑、假释的条件。

2. 检察机关职责

检察机关参与社区矫正工作，主要是开展法律监督，保障社区矫正工作依法、公正进行。社区矫正作为刑事执行的重要组成部分，应当接受检察机关的法律监督。这是检察机关履行法律监督职责的重要方面，是中国特色社区矫正制度的重要组成部分。

人民检察院依照职责，依法做好社区矫正工作，对社区矫正工作实行法律监督。其主要履行以下几项职责。

（1）监督社区矫正工作是否存在违反法律规定的行为。主要包括：社区矫正机构依法应当接收社区矫正对象而拒绝接收的；未按照法律规定的条件和程序使用电子定位装置的；公安机关未依法对被撤销缓刑、假释者收监执行，未依法对在逃罪犯实施追捕，对社区矫正对象违反监督管理规定或殴打、威胁、侮辱、骚扰、报复社区矫正工作人员未依法作出治安管理处罚的，等等。人民检察院发现社区矫正工作违反法律规定的，应当依法提出纠正意见或检察建议。

（2）受理社区矫正对象的申诉、控告和检举。社区矫正对象认为其合法权益受到侵害的，有权向人民检察院申诉、控告和检举，具体包括：社区矫正工作人员体罚、虐待社区矫正对象；违反法律规定限制或者变相限制社区矫正对象的人身自由以及其他侵害社区矫正对象合法权益的行为等。人民检察院接受申诉、控告和检举后，应当及时处理，并将处理结果及时告知社区矫正对象。

（3）配合社区矫正机构等部门做好社区矫正工作。人民检察院应当积极支持社区矫正机构开展社区矫正工作，及时发现和消除社区矫正机构在监督管理和教育帮扶过程中存在的问题和隐患，帮助社区矫正机构做好与人民法院、公安机关等有关部门的交付、衔接等工作。

3. 公安机关职责

根据《社区矫正法》的规定，公安机关是社区矫正工作强制力的保障部门，其在社区矫正中的作用是不可替代的。依法做好社区矫正工作，其主要履行以下几项职责：

（1）配合社区矫正机构开展日常管理工作，应社区矫正机构的要求，协助查找失去联系的社区矫正对象，执行人民法院作出的逮捕决定；被裁定撤销缓刑、撤销假释和被决定收监执行的社区矫正对象逃跑的，予以追捕；

（2）对裁定撤销缓刑、撤销假释，或者对人民法院、公安机关决定暂予监外执行收监的社区矫正对象，送交看守所或者监狱执行；

（3）对社区矫正对象依法予以治安管理处罚；到场处置经社区矫正机构制止无效，正在实施违反监督管理规定或者违反人民法院禁止令等违法行为的社区矫正对象；协助社区矫正机构处置突发事件，并应视情节，依据治安管理处罚法的规定予以警告、罚款或拘留处罚。

此外，《社区矫正法实施办法》对公安机关看守所的职责也做了详细的规定：

（1）对看守所留所服刑罪犯拟暂予监外执行的，可以委托开展调查评估；

（2）对看守所留所服刑罪犯拟暂予监外执行的，核实并确定社区矫正执行地；对符合暂予监外执行条件的，批准暂予监外执行；对符合收监执行条件的，作出收监执行的决定；

（3）对看守所留所服刑罪犯批准暂予监外执行的，进行教育，及时通知并送达法律文书；依法将社区矫正对象交付执行；

（4）根据《出境入境管理法》的规定，执行限制社区矫正对象出境的措施。

社区矫正工作的开展，也为公安机关加强社区矫正对象管理工作创造了新条件、提出了新要求。派出所与司法所应建立经常性的工作联系制度，加强信息共享，对于被判处管制、被剥夺政治权利、被宣告缓刑、被裁定假释和被暂予监外执行并在社会上执行的罪犯，及时履行法律手续、接收法律文书，按照"一个不漏"的要求，逐人登记、建档，逐人采集基本信息，防止脱管、漏管。做到"底数清""情况明"，实现"无缝衔接"。加强同人民检察院、人民法院和司法行政机关的联系和沟通，建立健全定期联系、会商工作机制，及时研究、解决工作中存在的困难和问题。积极提出具有建设性的意见和建议，确保社区矫正工作协调、有序开展。

4. 监狱管理机关的职责

监狱管理机关在社区矫正工作中的职责有以下几点：

（1）对监狱关押罪犯拟提请假释的，应当委托进行调查评估；对监狱关押罪犯拟暂予监外执行的，可以委托进行调查评估；

（2）对监狱关押罪犯拟暂予监外执行的，依法核实并确定社区矫正执行地；对符合暂予监外执行条件的，监狱管理机关作出暂予监外执行决定；

（3）对监狱关押罪犯批准暂予监外执行的，进行教育，及时通知并送达法律文书；依法将社区矫正对象交付执行；

（4）监狱管理机关对暂予监外执行罪犯决定收监执行的，原服刑或者接收其档案的监狱应当立即将罪犯收监执行；

（5）其他依法应当履行的职责。

第二节　社区矫正工作人员

社区矫正工作人员是社区矫正制度的具体执行者，对于社区矫正工作质量具有决定意义。社区矫正本身是一项专业性和社会性极强的新型刑事执行工作，因此，社区矫正工作人员构成的范围、数量、素质直接关系和影响到社区矫正工作的实施和发展，从长远来说，对社区矫正制度发展起着重要的决定性作用。因此，有必要从社区矫正理论的角度，对社区矫正工作人员的法律地位、具体类型、职责范围、任职资格以及素质培训等问题进行探讨，为社区矫正制度建立有力的组织保障提供一定的参考。

一、社区矫正工作人员界定

我国自社区矫正试点以来，基本上将社区矫正工作人员称之为社区矫正工作者并界定为从事社区矫正执行、监督管理和教育帮扶的所有人员。这就是说，凡是参与社区矫正具体工作的人员都是社区矫正工作人员，大体上涵盖社区矫正机构工作人员和专职社会工作者两大类。

（一）社区矫正工作人员

社区矫正工作人员在从事社区矫正活动中，首先应当是刑事执行人员，其次才是社会工作者。我国社区矫正是在处于国家和社会重大转型时期、社区基础相对薄弱的复杂环境中开始自上而下推行的，是涉及刑事执行方面的专门工作，必须慎之又慎。因此，由国家专门的机构和人员来负责管理是比较合适和恰当的。因为他们有国家工作人员的身份，承担社区矫正的各项具体工作是名正言顺的。

社区矫正是一项严肃和专业的刑事执行活动，涉及罪犯的自由和权利的限制或剥夺，必须严格于法有据，严格按照法定程序进行。所以，这项工作也必须由专门的国家机关和专门的工作人员负责实施。

（二）专职社会工作者

由于我国当前社区自治能力和基础相对薄弱以及民间和社会团体或其他福利性公益组织尚不发达，只能在依靠的行政权力、依靠国家力量发挥自上而下的制度构建和资源调配优势推行社区矫正工作的同时，推进社区建设并壮大社会力量。由此观之，社区矫正机构的工作人员自然就必须成为社区矫正的管理、组织、实施主体。整体而言，社区矫正机构工作人员应当主管和实施本辖区内社区矫正的综合事务。如：负责刑事执行，组织、协调社区和社会力量参与社区矫正，联系、统筹和协调政府资源和社区资源开展教育矫正帮扶工作等。

我国社区矫正制度的推行具有典型的自上而下制度构建型特色，要突出强调国家和行政力量在社区矫正中的积极作用。而且，由于我国社区矫正推行时间并不长，我国民众传统的刑罚观念以及文化传统还相对比较保守，最为重要的是作为社区矫正制度的具体组织承载体的社区，在我国的建设和发展速度还比较缓慢，且较为薄弱，基层中介性社会服务等公益组织也并不发达。在这种社会环境下，社区矫正工作的质量和水平就更加取决于社区矫正机构工作人员。

由于犯罪的原因千差万别，每个犯罪人员的性格、爱好、倾向、家庭环境、文化程度也不尽相同，社区矫正工作的核心目的是通过对每个不同的犯罪人员在监督、管理过程中，对其进行生活、感情、工作乃至心理等诸多方面的教育、帮助、感化、治疗和保护，从而促使其改变偏离正轨的认知和行为模式，开展精准教育转化，采取因人施矫措施，重塑健康的公民人格，最终使其早日复归社会。而且，社区矫正对象生活在开放的社区中，其面临的信息、诱惑、社会评价、工作生活环境、交友环境等等，远比监禁更为复杂，更何况与监禁矫正相比，社区矫正工作起步较晚，并非像监禁矫正那样有数十年的矫正经验可以利用。因此，社区矫正工作人员的任务和工作量异常繁重复杂，不仅要充当管理者的角色，要求社区矫正对象汇报思想和现状、发出各种规则或命令，监管其遵守规则的情况，还要充当服务者的角色，需要为其提供心理咨询、辅导、生活帮助、谋生和职业技能训练信息以及社区保障，更要充当知心人的角色，倾听其困惑，疏解其敌对和怨恨情绪，减少和消除其与周围居民的矛盾和对立，化解周围居民因其犯罪而产生的不安全感，为其回归社会营造良好氛围。也就是说，社区矫正工作的复杂性和困难程度，需要更高的专业性和技术性。然而，社区矫正机构工作人员的专业性和技术性问题并没有得到充分重视，在实践部门的工作人员很多是从其他部门甚至事业单位转岗调剂过来的，学历和专业分布参差不齐。为确保社区矫正工作顺利有序，也为了保质保量完成好社区矫正工作，需要借助社会力量参与社区矫正工作。有关机关和单位可以向社会购买社会服务，借助社会上从事教育、法律、心理、社会工作、社会学和管理学等专业的社区志愿者或专家及社会组织，参与到社区矫正工作中来，共同完成好社区矫正工作。

二、社区矫正工作人员权限

根据《社区矫正法》的规定，社区矫正机构工作人员监管矫正对象方面的执法权限相对有限，主要包括：

（1）核查社区矫正对象信息情况的核查权；

（2）社区矫正对象违法或违规的警告与训诫权；

（3）对特定社区矫正对象有期限使用电子定位装置的处置使用权；

（4）社区矫正对象失联时的配合查找权；

（5）制止社区矫正对象违法或违规行为的制止权；

（6）提请公安机关实施治安处罚的提请权；

（7）提请法院撤销缓刑、假释或暂予监外执行的提请撤销权。

根据以上规定，社区矫正工作人员的执法权可以大体概括为以下几类。

第一类，自主性的监管与处罚权。如核实、警告、训诫以及相对严厉的电子定位装置处置使用权。

第二类，需要公安机关协助的查找权。

第三类，程序性的提请权。

最终法律后果需要其他司法机关作出决定。对于社区矫正机构的执法权力，基层工作人员的疑问主要集中在查找权和提请权方面。

依照《社区矫正法》《社区矫正法实施办法》的意见规定，社区矫正机构仅仅具有字面意义上的查找权，并没有明确规定查找的具体权限、范围和方式。也就是说，失联的社区矫正对象的手机定位、行踪轨迹、住宿与消费信息，只能由公安机关进行查找，社区矫正机构没有这些权限。虽然《社区矫正法》明确规定了公安机关应当协助，但公安机关如果出现警力不足或其他原因无法及时协助的情况，具体怎么办，法律并没有明确规定。另外，如果社区矫正机构在其他场所发现了失联的矫正对象，能否采用人身强制手段将其控制并带回？依照《社区矫正法》的规定，也应当通知公安机关协助，那么，请求协助与公安出警之间往往存在一个时间差，如果在这一段时间内，失联的矫正对象再次逃跑如何处理？在《社区矫正法》中仅概括性地规定了对查找到失联的矫正对象，"区别情形依法作出处理"。问题是，区分哪些情形，到底依哪个法？这些问题在操作和执行的可行性方面有待研究和进一步明确。

第四类，制止权。《社区矫正法》规定了，对社区矫正对象违反监管规定或禁止令的，社区矫正机构有制止权；同时也明确了，如果制止无效，需要公安机关协助到场处置。那么，社区矫正机构的制止是否仅限于口头制止？如果仅限于口头制止，是否有效？能否采用一定程度的强制措施，比如强制带离特定场所？如果不允许，社区矫正机构执法的权威性和严肃性何在？所以，关于制止的方式、限度和内容，需要国家明确对社区矫正机构授权，并且制定具有可操作性的细则规范。

第五类，提请治安处罚权。关于社区矫正机构提请治安处罚的权力也存在一些问题。在社区矫正基层实践部门，由于公安机关和社区矫正机构的工作性质和着眼点不一样，社区矫正机构对于社区矫正法律及其具体工作的理解程度较深，因此往往会认为，违反监管规定的，就应进行治安处罚，公安机关则很可能认为"事情不大，不必处罚"，处罚之后还有可能被申请行政复议。如果社区矫正机构向公安机关提请治安处罚，但公安机关决定不予治安处罚，那么，社区矫正机构只能对社区矫正对象处以警告、训诫这种轻微责罚，要么就是提请撤销缓刑、假释或暂予监外执行，在这两个选项中的确欠缺中间性和过渡性的制裁措施。一旦公安机关决定不予处罚，就必然导致社区矫正机构行使提请撤销社区矫正的权力。因为只要提请，就可以对其使用电子定位装置，而只要社区矫正对象带上不可拆卸的电子定位装置，其逃跑或再次违规的风险就相对较小了。但是，社区矫正对象的治安处罚也可能仅仅是轻微的，不足以用这种严厉措施限制其自由。因此，在缺乏中间性和过渡性制裁方式的前提下，有可能产生执法违反比例和适当性原则的问题，对此我们应当予以重视并深入研究。

第六类，提请撤销权。社区矫正机构提请撤销社区矫正对象的社区矫正，由于涉及的具体司法机关更多、情形更复杂，社区矫正工作的复杂性和难度更大，使得《社区矫正法》具体规定的可操作性存在不足。实践中可能会出现如下情形：社区矫正机构提请撤销社区矫正，同时也向法院提请逮捕，但法院在48小时内没有作出逮捕决定。依据《社区矫正法》，法院应当在30天内对社区矫正机构提请撤销社区矫正的建议作出裁定，但对于社区矫正对象在这30天内出现其他违规或犯罪行为的法律风险如何处理，《社区矫正法》并没有予以明确。

随着我国基层人口流动性越来越大，实践中的确出现了较多作出缓刑判决法院和社区矫正执行的居住地不一致的现象。如果社区矫正机构和原判缓刑法院不在同一个省市，原判缓刑法院在接到社区矫正机构提请撤销缓刑的建议时，原判缓刑法院基于种种原因不撤销怎么办？在原判缓刑法院不撤销的情况下，社区矫正机构如何救济？如果不能救济，那么社区矫正机构的执法严肃性和权威性如何保障？在不撤销缓刑判决时，如果社区矫正对象再次发生严重犯罪，社区矫正机构工作人员是否要负玩忽职守的行政或刑事责任？即使社区矫正机构和原判缓刑法院在一个省市，这种立场差异或矛盾仍然会导致原判缓刑法院不撤销原判决的可能性。在这种情况下，责任如何划分？这值得深入思考。

再如，当社区矫正机构与暂予监外执行的执行地机构、原社区矫正决定机构不在同一省市，检察机关的法律监督就很容易落空，这也是一个非常现实的问题。

总之，关于社区矫正机构及其工作人员的权限问题，仍然值得深入研究。虽然《社区矫正法》已经颁布，但该法律仅仅给我们指明了社区矫正制度发展的原则和方向，对于社区矫正机构执法权限的问题，仍然需要进一步总结实践经验，切实解决问题。

三、社区矫正机构社会工作者

(一) 社会工作者分类

一般认为,社会工作是社会学的基本范畴。社会工作是一种帮助个人、群体、社区增强或恢复社会功能并创造有利于实现这一目标的条件的专业活动。社会工作者,简称"社工",即遵循社会工作的价值观念和专业伦理、运用社会工作方法从事社会服务的人员。社会工作的基本宗旨是利他助人、服务。社会工作者有很多类型,从事社区矫正的社会工作者往往被称为"司法社工"。[①] 在当前司法社工领域,其实也包括两类社工。

1. 专职社工

专职社工是国家和政府通过各种方式直接聘任的社工或组织和吸收社会工作服务机构的社工。

2. 志愿者社工

志愿者社工是在社区矫正机构统一指导下适度参与社区矫正社会工作的兼职社工。[②]

在了解我国社工的基本概念后,需要对我国社工参与社区矫正的基本方式、现存问题以及发展方向等问题进行分析讨论。

(二) 社工参与社区矫正的途径

根据我国司法部社区矫正局的统计数据,2018年我国已经有8万余名社工参与社区矫正工作。实际上,对于我国社工参与社区矫正工作的实际数量,我们尚无一个完整的数据统计标准,缺乏统一口径。大体上看,我国当前社工参与社区矫正的途径有以下五种。

(1) 司法行政部门直接面向社会招聘,被聘用者与司法局签订劳动合同。

(2) 司法行政部门向民间专业性社会工作组织购买服务。社区矫正机构与民间社工组织签订购买社工服务的合同,由民间社工组织向社区矫正机构派遣社工。

(3) 通过民政部门与民间社工组织签订社工合同,由民间社工组织向社区矫正机构派遣社工。

---

① 李岚林. 司法社会工作在社区矫正中的功能定位及实现路径 [M] // 金川. 社区矫正机构队伍建设与教育矫正研究:首届浙江台州社区矫正论坛论文集 (2016). 北京:法律出版社,2017.

② 哈洪颖,马良灿. 社会力量参与社区矫正遭遇的实践困境与治理图景 [J]. 山东社会科学,2017 (6):102-107.

(4)街道、乡镇等基层行政机关、县级司法行政机关联合委托劳务公司招聘社工。

(5)政府直接出面培育和发展专业性民间社工组织,通过社区矫正机构与民间社工组织进行充分合作,再由社区矫正机构委托民间社工组织从事相关的矫正教育和帮扶工作。

在我国社工及其组织都不发达的客观情况下,在组织社工参与社区矫正工作的方式上,允许地方进行多种形式的实践探索,直接聘任和政府购买服务应当是两种效果相对较好的方式,需要国家进一步引导和支持。

(三)专职社工参与社区矫正工作的现状

就专职社工参与社区矫正工作的现状而言,主要存在以下三个方面的问题。

(1)在基层社区矫正工作中,社工并未被视为一种专业力量,而往往是被社区矫正部门在人手不够的情况下"拿来用的",而且,具体工作职责是什么,各地实践做法也并不一致。有些地区的社工参与执法。有些地区的社工则充当执法辅助人员,填报表格,负责日常坐班接待、管理监控定位以及电话核实矫正对象情况,等等。有些地区的社工则像"勤杂工",不知道应该做什么事,甚至有的地区要求社工必须会开车,因为司法所人员去查访需要社工临时充当司机。在过去的十多年中,社工的学历程度、专业背景等没有达到国家的基本要求。近年来虽然略有改观,具有法学、心理学、教育、管理等背景的专业人员比例有了一定提高,但实际上具有社会工作专业学历的人员仍然很少,既有学历又有实践经验的中级或高级社工更是凤毛麟角。针对这种情况,《社区矫正法》明确了专职社工专业力量的法律地位,即专门从事社区矫正相关工作的专业人员。

(2)专职社工的薪酬待遇、福利保障、晋升机会以及工作激励机制相对缺乏,政策保障也不到位。调研中发现,我国从事社区矫正的专职司法社工,月收入仅相当于城镇居民月收入的一半左右。近几年来东南沿海地区虽略有改善,但司法社工的整体收入水平仍然比较低。在这种情况下,大多数年轻的司法社工仅将该工作视为一种基层工作经历和跳板,离职率较高。这种实际工作状态必然影响到社区矫正工作的整体质量和水平。因此,提升司法社工的收入待遇和职业获得感,应当是社区矫正制度建设的一项重要任务。

(3)我国专职社工的社会组织载体薄弱以及社会认可度非常低,在很大程度上制约我国专职社工在专业领域发挥作用。当前的社工组织力量相对薄弱,自然也就影响到社工存在和发展的范围和规模。在基层实践中,专门从事社区矫正工作的社会组织机构相对较少,专业性社工数量自然偏低,很难为社区矫正对象提供专业化的矫正服务,以专业性的社工组织为依托,独立承担社区矫正具体项目更是阻力重重。另外,我国当前无论是公民个人、社会还是国家,对于社会组织的认可度都比较低,很多社会组织是以谋求经济利益为核心建立的,而专门从事公益性活动的社会机构,其存在和发展的空间相对狭小,必须靠政府或企业不断进行资金补贴才能存活。因此，我国整体的社会氛围和环境在一定程度上也影响到社工组织机构与专职社工的发展。

（四）专职社工参与社区矫正工作的注意事项

鉴于上述问题，再结合我国专职社工参与社区矫正工作的现状，需要注意以下几点。

1. 充分运用政策，加强组织建设，培养专门人才

充分领会和运用当前国家大力发展社工的基本政策，与民政等部门协调，建立一些专门从事社区矫正工作的社工服务组织，培养一批专门的司法社工人才。

从国家发展趋势来看，社会领域改革逐渐会成为我国深化改革的重要内容。而社会领域改革的核心，就是培育、发展和壮大社会服务以及公益组织等社会力量，替代或承担原行政机关所承担的部分服务或管理职责，发挥社会力量在国家建设和发展以及公民权利保护方面的积极作用。2012 年，中央组织部等 19 个部委和群团组织联合发布的《社会工作专业人才队伍建设中长期规划（2011—2020 年）》明确提出，建立 50 个国家级民办社会工作机构孵化基地，到 2020 年，社会工作专业人才总量增加到 145 万人，其中，中级社会工作专业人才达到 20 万人，高级社会工作人才达到 3 万人。社区矫正领域的社会组织和专业社工人才都是这一规划的重要组成部分，应当充分利用这一政策优势，集中力量培育和发展一些高质量的从事社区矫正工作的专门社会组织，培养一批专业人才。在这方面，上海的做法值得学习和借鉴。2014 年上海成立了上海新航社区服务总站，其性质就是一家经上海市民政局批准的、业务主管为上海市司法局的民办社会工作服务机构，专门从事社区矫正工作。另外，该机构还在 14 个区县设立了社区服务工作站，并在所属街道设置了社工点，形成了市、区、街道三级组织框架体系，为上海市社区矫正工作的专业化教育矫正、帮扶以及司法社工的培养等发挥了重要作用。[1]

2. 进一步规范司法社工参与社区矫正的形式，尽可能多地采用政府购买社会服务的方式

在简政放权、转变政府职能的行政体制改革大背景下，减轻行政机关的负担和压力，推行政府购买社会服务的方式符合中央的战略意图。民政部和财政部于 2012 年出台的《关于政府购买社会工作服务的指导意见》以及司法部等部门于 2014 年联合出台的《关于组织社会力量参与社区矫正工作的意见》都明确地表达了对政府购买社会工作服务的支持态度。另外，在我国社区矫正基层实践过程中，尽量使用政府购买社会工作服务的方式，具有客观现实性和积极意义。这主要是因为以下几个方面。

---

[1] 郑波．上海社会组织参与教育矫正工作的实践与探索［M］//金川．社区矫正机构队伍建设与教育矫正研究：首届浙江台州社区矫正论坛论文集（2016）．北京：法律出版社，2017．

一方面，我国当前基层的政权建设以及社会组织之间的关系并没有厘清，在很多地区仍然比较模糊混乱。① 如果在基层政权体系中过早引入社会工作体系，或者使社工组织和人员始终依附于基层政权，那么基层政权部门和社会工作体系之间的界限，特别是基层政权部门的行政管理权限清单以及制度安排都会受到很大影响。基层政权部门和社区工作合作则缺乏平等基础，最终还是会形成政府部门对社会工作组织和社工的实质性的领导与被领导、管理与被管理的关系，社会工作人员成为基层政权部门工作"拿来用"的具体办事员，从而偏离社区矫正工作社工专业性的发展方向，对社区矫正的长远发展产生不利影响。

另一方面，通过政府购买社工服务的方式，能够带动专门的社工机构和组织的工作积极性，在承担各类矫正项目的过程中壮大自身实力，培养有实践经验的社工，进一步提高专业化水平。另外，这种购买服务的方式能够与基层政权部门建立起一种相对分离但又相互影响的合作共赢的新型政社关系，提升基层政府的透明度。当然，在推行政府购买社会工作服务方式时，除了需构建定期发布服务需求、招投标程序以及合同监管和专家评审等专门的购买服务方面的制度规范与机制之外，也需要注意避免社工激励性不足、社团管理行政化、社会组织独立性不足等问题，同时还要特别预防和避免在购买服务过程中的利益勾结和输送问题。

3. 建立和完善对社工组织与司法社工的激励机制

切实加大社区矫正工作的国家财政投入和政策支持，提高司法社工的工作待遇、福利保障，为司法社工提供较好的工作条件，提高司法社工的工作认同感和荣誉感。在编制、晋升通道等方面应保持相对灵活，优先考虑司法社工的工作年限和业绩，使其充分感受到工作的前景和希望。对社工组织的年审、税收等方面予以特定的政策优惠，提高社工组织参与社区矫正工作的积极性。

4. 切实组织好对司法社工的专业培训

司法社工从事社区矫正工作的专业程度要求非常高，不仅需要精通社会工作的专业知识，而且需要熟悉法律、管理、教育以及心理学等多学科知识。因此，对司法社工的培训，需要制定有针对性的专门课程，而不能流于形式，最好是能够邀请司法社工方面的实务专家进行授课、经验分享和答疑解惑。针对我国社区矫正从业人员现状，特别是对于一些转岗从事社区矫正工作的人员，学习《刑法》《刑事诉讼法》以及社区矫正相关法律法规的现代法治观念和相关知识，贯彻人道性的刑事执行理念则尤为必要。

---

① 张旭光. 和谐社会背景下的社区矫正问题研究 [M]. 北京：中国农业科学技术出版社，2014.

💡 思考题

1. 什么是社区矫正机构？其基本职责有哪些？
2. 在社区矫正工作中，公安机关的基本职责有哪些？
3. 在社区矫正工作中，人民法院的基本职责有哪些？
4. 我国社区矫正工作队伍由哪些人员构成？社区矫正工作人员的权限是什么？

💡 拓展练习

案例　赵某居住在武汉市东湖高新技术开发区高新二路，在武汉市某公司上班，因酒后驾驶被武汉市东湖高新技术开发区人民法院判处有期徒刑一年，缓刑两年。

分析　依照《社区矫正法》第十七条，社区矫正执行地为社区矫正对象的居住地。李某居住在武汉市东湖高新技术开发区高新二路，因此应到武汉市东湖高新技术开发区社区矫正机构报到。

第二章

社区矫正对象

社区矫正对象是中国特色社区矫正制度的建立、完善和发展过程中的基本问题之一，它不仅直接关系着社区矫正制度中的被矫正主体一方的范围类型、权利义务设定与分配等问题，而且关系着社区矫正制度的目标指向、适用规模等问题，更进一步地说，它关系和涉及社区矫正制度的基本性质、特色以及法律定位等重大理论与实践问题。因此，对我国社区矫正制度进行基础性研究，就必须对社区矫正对象这一基本范畴进行理论与实践方面的深入探讨。

第一节　社区矫正对象名称与类型划分

自我国开展社区矫正制度试点以来，关于国家适用社区矫正指向对象的具体规范称谓是什么以及国家具体可以对什么样的人适用社区矫正等问题，在不同的具有规范性效力的文件中前后并未取得一致意见，随着时间的推移而屡有变化。社区矫正对象用语称谓以及具体类型的不一致，不仅仅是因国家规范性文件的差异性而导致的简单的语词选择上的差别，其背后更有一定的理论与实践方面的原因，体现着国家在这一问题上的一些考虑。因此，我们通过梳理社区矫正对象在我国多年实践过程中的用语和类型方面的变化，总结国家权力机关在社区矫正对象这一问题上的态度、立场以及可能性倾向，为中国特色社区矫正制度的未来发展提供具有某些参考性的理论建议。

一、社区矫正对象的名称变化

自我国开展社区矫正试点至《社区矫正法》出台，对于社区矫正的适用对象与主体的称谓，主要有三种。一是"社区服刑人员"，这一称谓较早地出现在 2003 年出台的最高人民法院、最高人民检察院、公安部、司法部《关于开展社区矫正试点工作的通知》（以下简称《通知》）以及 2004 年司法部出台的《司法行政机关社区矫正工作暂行办法》（以下简称《暂行办法》）这两份具有全国性法律效力的规范文件中。而后在 2016 年出台的最高人民法院、最高人民检察院、公安部、司法部《关于进一步加强社区矫正工作衔接配合管理的意见》这一规范性文件中，同样也使用了该称谓。二是"社区矫正人员"，这一称谓主要存在于 2012 年由最高人民法院、最高人民检察院、公安部、司法部（简称"两高两部"）制定的《社区矫正实施办法》（以下简称《办法》）这一规范性文件中。三是"社区矫正对象"，这一称谓是在 2019 年 12 月 28 日经十三届全国人大常委会第十五次会议表决通过的《社区矫正法》中出现的。

由于我国社区矫正的理论研究受社区矫正实践以及国家规范性文件的影响非常大，因此在社区矫正适用对象具体称谓的理论研究方面，不同的学者也根据不同的价值立场和学术倾向形成了不同的理论观点。客观来讲，对于社区矫正适用对象的称谓的争论，虽然随着我国社区矫正立法的颁布而有所减少，但并没有也不可能在短时间内就能达成一致意见。

（一）从理论上来讲

关于"社区矫正对象"的提法之所以不妥，主要是因为这一概念和社区矫正所指向的四类具体对象的基本属性在刑事法学理论上存在着一定的冲突和矛盾。即社区矫正对象与社区矫正具体四类对象的基本性质存在逻辑上的不一致。

从我国刑法理论和具体条文来看，管制是指对一些社会危害性较小、犯罪情节较轻的犯罪分子不予关押，但限制其一定自由的刑罚方法。显而易见，管制是我国五种主刑中最轻的一种。那么，对于法院判处管制的犯罪分子而言，国家对其的刑罚执行不再是监狱之内，而是在监狱之外的社区服刑，是一种非监禁刑，但剥夺一定自由的执行方式。对于管制罪犯而言，我们说它属于社区矫正对象，从理论和逻辑上没有太大问题。与之类似，假释是指对被判处有期徒刑、无期徒刑的犯罪分子，在执行一定刑期之后，因其遵守监规、接受教育改造，确有悔改表现已不致再危害社会的，附条件将其予以提前释放的制度。根据我国《刑法》的规定，假释考验期满，如果没有违反相应的规定或没有犯新罪，就视为"刑罚已经执行完毕"。罪犯一旦假释，即由监禁性的监狱执行场所转移到非监禁性的社区执行场所，假释犯所经历的并不是刑罚的停止执行，而仅仅是执行场所的变更，对于这种执行场所的变更，我们将假释犯理解为"社区矫正对象"也无可厚非。暂予监外执行更是如此，暂予监外执行的对象本身就是对于无期徒刑、有期徒刑或拘役的罪犯，由于身体或其他特殊的法定情形，决定不收监或收监以后改为暂时在监狱外执行的制度，这一制度本身就重在体现我国改造、教育和宽恕罪犯以及人道主义的刑事政策。暂予监外执行也是执行场所的变更，我们也可以将暂予监外执行的罪犯称为"社区矫正对象"。

关键问题在于缓刑制度。缓刑是指对判处一定刑罚的罪犯，在一定期限内附条件的不再执行原判刑罚的制度。如果罪犯在该期限内遵守了一定的条件，那么到考验期满时，原判刑罚就不再执行。也就是说，对于缓刑犯而言，自法院判决生效开始，刑罚已经暂缓执行。① 只不过是执行机关把缓刑犯在暂缓执行期间放在社区，并对其进行一定考察，即缓刑考验期内的执行内容，实际上就仅限于对法院所判决的高于或等于原判刑罚期限的缓刑考验期内的诸多禁止性条件和要求的遵守和实现，执行机关的任务就是对缓刑犯遵守和实现这些禁止性条件的日常行为和活动进行考察和监管。这种缓刑考验期内监管的执行过程，不可能再理解为刑罚的执行。若作如此理解，便和《刑法》明文规定的"不再执行"相冲突，存在着明显违背"罪刑法定原则"的不当之处。而且，缓刑制度本身就是对社会危害性和人身危险性小的轻罪犯罪人员设置和适用的一种制度。如果将对缓刑犯的监管和考察过程也视为刑罚的执行，实际上等于是对缓刑犯施加了两个刑罚——法院判决的刑期的刑罚以及考验期的刑罚。这种思路不仅明显违背了《刑法》中的"一事不二罚"的基本原则，同时也存在违反逻辑学上的同一律的问题，更重要的是无形中加重了对缓刑犯的惩罚程度和分量，违背了缓刑制度设置的立法初衷。在缓刑是否属于刑罚执行的问题上，不应当将《刑法》中规定的"刑罚不再执行"直接解释为"原来判处的监禁刑罚不再在监狱等监禁场所执行"②，因为这种解释容易与假释、暂予监外执行的本质特征相混淆，而且有偷换概念、违背刑法学解释常识和明确性原则之嫌。同时，在社区中的缓刑犯，自然不是在社区中服刑，而仅仅是接受监管和考察，因此将缓刑犯称之为"社区矫正对象"就存在法理和逻辑上的重大问题。

---

① 《刑法学》编写组. 刑法学（上册·总论）[M]. 北京：高等教育出版社，2019.
② 高贞. 中国特色社区矫正制度研究 [M]. 北京：法律出版社，2018.

（二）从实践上来讲

将社区矫正的适用对象称之为"社区矫正人员"本身也存在着概念和内涵非常模糊和宽泛的问题，违背了刑法的明确性原则。因为根据社会一般人的理解，社区矫正人员就是指和社区矫正有关的人员，这样一来，社区矫正人员的范围就不仅仅限于社区矫正对什么人适用，而且应当包括由国家什么机构、什么人来决定适用社区矫正这一制度的问题，"社区矫正人员"这一称谓就无法区分社区矫正的工作主体和被施加的主体。如我国20世纪不精确的"劳改警察"这一用语，就曾让大众对监狱人民警察形成误解。"社区矫正人员"称谓，根本不适合在立法或规范性文件中使用。

（三）从立法上来讲

我们认为，《社区矫正法》中新使用的"社区矫正对象"这一概念比较科学。一方面，社区矫正对象的称谓简单易懂，公众在听到这个称谓的时候很快就能理解该称谓的意思，能够明白这个称谓是在讲国家对什么人进行社区矫正，不会引起混淆。另一方面，这一称谓没有回避和模糊社区矫正的性质，因为一般人看到"矫正"就会与犯罪联系起来。法律中明确规定了社区矫正针对四类罪犯适用，与"社区矫正对象"这一概念相比，容易将社区矫正与罪犯联系起来。而且"社区矫正对象"这一概念在法理性质和逻辑上并不能和"社区矫正适用对象"的范围一致，比如对缓刑犯的社区矫正并非对其执行刑罚，而是一种广义上的刑事执行意义上的监管和考察。

此外，保持社区矫正实践过程中法律术语的稳定和连续性，并不能成为否定"社区矫正对象"这一称谓的理由。"社区矫正对象"的概念并不能很好地与我国社区矫正适用对象在法理性质与逻辑上保持一致，因此，在以往社区矫正实践中使用的概念是存在问题的。对于这种有问题且不精确的概念，通过立法将其纠正，充分显示我国立法机关立法水平和技术的提高，也是对社区矫正理论和实践认识深化的必然结果。"社区矫正对象"这一称谓，淡化了监禁矫正的被动和压制，符合现代人权和文明理念，而且具有一定的弹性。在未来的社会发展中，这个概念完全可以将一些新型的需要进行社区矫正的人员涵盖进来，如新的社区刑罚适用者、未决犯的非监禁性矫正活动等等，比"社区矫正对象"的概念更具包容性。

综上分析，可以得出以下结论。

（1）社区矫正适用对象的具体称谓，不仅是一个重要的法律概念设定问题，而且关系到社区矫正适用群体的范围以及法律概念的通俗性和明确性问题，是在社区矫正理论和实践中需要首先予以明确的基础性问题。

（2）我国社区矫正理论和实践界对于社区矫正适用对象的认识，也经历了一个由粗糙到相对准确再到精确的变化过程。这个过程表明，我国立法机关在充分考虑社区矫正理论和实践经验的基础上，立法技术和认识水平也在不断提高。

（3）我国社区矫正理论和实践界，对于社区矫正适用对象的认识的不一致，从根本上说还是由于人们对社区矫正的基本性质和刑罚执行等基础理论的理解有差异。从这个意义上讲，明确概念对于刑罚执行乃至刑事执行等刑罚制度方面的基础理论研究，以及社区矫正理论的深化以及实践的科学发展具有根本性指导意义。

二、社区矫正对象基本类型的划分

一般而言，很多社区矫正研究人员立足于我国社区矫正的试点经验和实践，阐释社区矫正对象的类型，在很大程度上都是围绕着我国"两高两部"制定的各种规范性文件展开的。在《社区矫正法》正式颁布之前，我国《刑法》和《刑事诉讼法》正式明确了社区矫正对象包括被判处管制的罪犯、被宣告缓刑的罪犯、被宣告假释的罪犯以及暂予监外执行的罪犯四类。然而，根据《通知》和《暂行办法》的规定，除了上述四类罪犯，被剥夺政治权利的罪犯也可以适用社区矫正。而且《办法》规定，被剥夺政治权利的罪犯应由司法行政机关配合公安机关监督其遵守《刑法》第五十四条的规定。对于此类人员到底能否适用社区矫正，《刑法》和《刑事诉讼法》没有明文规定，法律规范之间存在诸多矛盾。

（一）不同观点对社区矫正对象类型的划分

正是由于规范之间的矛盾冲突，导致社区矫正理论和实务研究领域对被剥夺政治权利的罪犯能否适用社区矫正问题产生了截然对立的观点。

1. 否定理由

否定者认为剥夺政治权利是资格刑，资格刑的思想基础是防卫社会，而社区矫正是社会化行刑措施，以矫正复归为思想基础，两者思想基础不同。被剥夺政治权利的罪犯并没有被限制人身自由，这种人身自由的存在使得社区矫正无法进行。剥夺政治权利不需要社会力量参与，与社区矫正性质也存在差异。[①]

2. 肯定理由

肯定者指出，被剥夺政治权利的罪犯虽然不需要矫正，但同样需要监管和帮扶，而监管和帮扶是社区矫正的重要内容，能对被剥夺政治权利的罪犯实施社区矫正产生良好效果，另外，对被剥夺政治权利的罪犯适用社区矫正完全可以帮助其回归社会。[②]

---

① 刘志伟，何荣功，周国良. 社区矫正专题整理［M］. 北京：中国人民公安大学出版社，2010.

② 刘志伟，涂龙科，郭玮，等. 中国社区矫正立法专题研究［M］. 北京：中国人民公安大学出版社，2017.

(二)《社区矫正法》对社区矫正对象类型的划分

《社区矫正法》的颁布，以法律的形式确认了社区矫正的对象为被判处管制、宣告缓刑、假释和暂予监外执行四类人员。其中，被判处管制、宣告缓刑的罪犯，其罪行比较轻微；假释的罪犯，其罪行虽然比较严重，但是经过改造证明确有悔改，不致再危害社会；暂予监外执行的有特殊情况的罪犯。此外，为体现对未成年人的特殊保护，《社区矫正法》还设立未成年社区矫正的专章，对未成年人的矫正工作作出了特殊规定，明确要求对未成年人实施社区矫正应当遵循"教育、感化、挽救"的方针，确立了单独实施、身份保护的矫正原则。

同时，《社区矫正法》并没有再提及被剥夺政治权利的罪犯，因此，根据法律效力的基本原则，立法效力高于其他规范。从实践规范的层面来说，在《社区矫正》颁布后应当确认社区矫正对象仅限于四类罪犯，而被剥夺政治权利的罪犯能否后续纳入社区矫正的范围，则完全变成了一个带有立法论性质的理论问题。

另外，社区矫正对象的范围确实不能无所不包地无限扩大，至少短期内不能无视已决犯和未决犯在刑事法律和程序上的差异而适用同样的社区矫正手段。在一个较长的时期内，社区矫正适用对象的扩大，应当仅限于已决犯领域，只有这样才能和我国国情相符。在使用"社区矫正对象"这一称谓的前提下，在后续的社区矫正制度实践中，可以考虑将与刑事制裁有关的限制人身自由禁止性措施纳入到社区矫正对象的范围之中。如《刑法修正案（九）》规定的职业禁止、《道路交通安全法》中规定的酒驾吊销驾照、《反家庭暴力法》中规定的家暴夫妻离婚前冷静期的禁止同居、《反恐怖主义法》规定的安置教育措施以及特赦制度的执行等等，都可以在条件成熟时纳入社区矫正对象的范围。因为这些禁止性规定，基本上都是属于限制或半剥夺犯罪行为人的行为自由等方面的预防性非刑罚措施。将其纳入到社区矫正对象的范围之中，不存在法理上的障碍，更有利于相关犯罪的治理实效的大幅提升。

第二节 社区矫正对象的权利和义务

社区矫正对象的权利和义务问题，是社区矫正制度中较为基础和较为关键的理论问题，它不仅关系着社区矫正对象在教育矫正过程中的实际效果，而且关系到国家整体的人权保障水平和程度，是展示我国国家治理能力现代化水平的重要窗口和指标。同时，社区矫正对象的权利和义务设置的合理程度，与社区矫正工作人员的监管权力、职责和义务密切相关，两者实际上是"一体两面"。社区矫正对象的权利明确设定，就意味着社区矫正工作人员有责任和义务保障社区矫正对象的法定利益，而滥用职权、渎职或故意侵犯社区矫正对象权利的工作人员，必须承担相应的行政性或刑事性法律责任。

社区矫正对象在矫正过程中必须遵守的特定义务，即社区矫正工作人员所享有的监管和教育的特定权力。因此，对于社区矫正对象的权利和义务这种基础性问题有必要详细探讨。当前我国刑事执行领域虽然对监狱矫正对象的权利和义务问题已经较为关注，但对于社区矫正对象的权利和义务问题研究得相对较少，重视程度也不够。《社区矫正法》仅笼统规定了社区矫正对象在人身、财产和其他权利方面不受侵犯以及在特定场合不受歧视的权利，并没有进行更为详细和体系性的说明。因此，在社区矫正理论研究领域，必须对这一问题进行充分的基础性研究。

一、社区矫正对象权利的基本特点

同我国社区一般公民相比，社区矫正对象的权利和义务有着一定的特殊性，根本原因在于社区矫正对象的法律身份仍然是接受刑事处罚的受刑人，而不是一般公民。社区矫正对象属于中华人民共和国公民，他们完全应当具有我国《宪法》以及其他部门法所确定的关于人身、财产、人格、政治和文化方面的各项权利。而正是由于社区矫正对象在社区中仍然具有罪犯的身份和地位，他们因实施了特定的犯罪，国家和社会需要对他们进行惩罚和教育矫正，实现刑罚的报应和预防目的，他们被剥夺或限制了特定的权利和自由。矫正对象的身份和服刑状态也导致其权利、义务状态具有一定的特殊性。主要表现在以下几个方面。

（一）社区矫正对象权利的不完整性

社区矫正对象在法律上是罪犯身份，因犯罪被判刑而不能完整地享有《宪法》和法律规定的公民权利，其权利在一定程度上处于缺损状态。一方面，社区矫正对象的某些权利被剥夺。另一方面，社区矫正对象的某些权利虽未被剥夺，但也受到一定的限制。例如，被判管制、缓刑的社区矫正对象，虽仍享有外出旅游及迁居的权利，但根据《刑法》的规定，其离开所居住的市、县或者迁居，应当报经考察机关批准。再如，法院可能对特定的社区矫正对象宣告特定的禁止令，即禁止其在社区矫正执行期间从事特定的活动，进入特定的领域、场所，接触特定的人。这些权利实际上处于封闭状态之中，社区矫正对象要行使这些权利，必须满足某些条件，而这些条件基本属于执行机关审批权的范畴。

（二）社区矫正对象权利行使的局限性

社区矫正对象虽然人在社区，有一定的人身自由，但其行为自由受到一定的限制，可能影响到其工作或生活。同时，其"罪犯"标签是公开无疑的，这种标签的负面效果确实是存在的，对其自我认知、社区归属感、就业机会的评价都有不良的影响。因此，无论是行使权利的范围，还是行使权利的方式，都具有极大的局限性。比如，社区矫正对象有会客、迁居、外出、娱乐等权利，但其在行使会客权利时，必须遵守会客的规定，对特定客人不经社区矫正机构或者管理人员同意不得会见。社区矫正对象必须接受分级管理、接受科技监管、遵守禁止令、外出请假等，才享有迁居、外出、娱乐等权利。

（三）社区矫正对象权利的易受侵犯性

社区矫正对象在总体上处于弱势的地位。尽管同监狱在押罪犯相比，社区矫正对象不与社会隔离，其日常生活不受影响，但其毕竟具有罪犯的身份，其部分权利被剥夺或限制，加之因犯罪引发的标签效应，容易受到来自社会的歧视，因而其权利容易被忽视或受到他人的侵犯。

（四）社区矫正对象权利的可变性

与普通公民的权利总处于稳定地位相比，社区矫正对象的某些权利具有可变性，可能在内容上增加或减少，也可能在行使程度上有提高或降低。导致这种变化的因素包括行刑政策的要求、社区矫正对象的改造表现等。目前在我国各地社区矫正实践中普遍采取分类管理、分级处遇、个别化矫正的模式，根据矫正效果的需要，对社区矫正对象的监督管理、教育帮扶的措施适时作出调整。例如，将社区矫正对象分级监督管理，分为严管、普管、宽管三个级别进行动态管理，在不同的管理模式下，社区矫正对象受监管的程度以及权利行使的范围是有所不同的。不过，社区矫正对象的某些属于基本人权范畴的权利，如人格不受侮辱的权利、人身安全不受侵犯的权利、维持正常生活的权利、维护身体健康的权利等，法律在任何情况下都予以充分的保障。因此，社区矫正对象权利的可变性只是相对而言的。

（五）社区矫正对象权利的特许性

社区矫正对象特有的某种权利，实际上属于特许权的范畴，也就是说属于一种优惠待遇，它是矫正对象通过良好表现赢得的一种有利的奖励措施。同法定权利相比，这种特许权并不是每一名社区矫正对象在任何情况下都可以实际享有的，而是由执法关机根据其行为表现而给予的，例如，社区矫正对象获得减刑的权利，就属于特许权。

二、社区矫正对象的权利内容

关于社区矫正对象权利内容的法律效力问题，社区矫正理论工作者也做了深入研究。但由于规定的权利内容比较简短，且分散在不同的法律规范文本之中，即便新颁布的《社区矫正法》也没有系统罗列社区矫正对象的权利类型。因此，社区矫正对象法律地位的核心是其权利问题。

社区矫正对象的权利，是指法律对社区矫正对象能够作出或者不作出一定行为，以及其要求他人相应作出或不作出一定行为的许可与保障。社区矫正对象的法律地位问题核心就是权利。

我国《宪法》第33条规定：中华人民共和国公民在法律面前一律平等；任何公民享有宪法和法律规定的权利，同时必须履行宪法和法律规定的义务。由此可以得出结论,作为公民的社区矫正对象,除了根据法律和生效刑事判决明确剥夺或限制的权利外,在其他权利的行使上同普通公民是平等的,如婚姻、继承等民事权利。即作为社区矫正对象群体,其法律地位决定了其权利范围和内容可分为两个层面:一是社区矫正对象作为公民,依法享有《宪法》及相关法律所规定的一系列公民权利,除了依法被剥夺或限制的权利外,法律平等地保护其普通合法权利的行使;二是社区矫正对象作为罪犯,在服刑期间也享有一些因行刑法律关系而产生的特殊权利。

(一)社区矫正对象的普通权利内容

社区矫正对象可以行使的普通权利,可从不同角度出发,划分为不同的类型。

(1) 从权利的自然属性出发,可分为物质权利和精神权利。物质权利,如财产权利、继承权利等。精神权利,如人格尊严权利、宗教信仰权利等。

(2) 从权利的法律属性出发,可分为程序法上的权利和实体法上的权利。程序法上的权利,如控告权、申诉权、检举权、民事起诉权、应诉权、委托权、刑事自诉权、委托辩护权等。实体法上的权利,如人身安全不受侵犯权、劳动权、受教育权等。

(3) 从权利的社会属性出发,可分为政治权利、社会权利、经济权利、社会家庭权利等。政治权利,如选举权。经济权利,如财产权、继承权、知识产权等。社会家庭权利,如婚姻自主权、监护权等。

(二)社区矫正对象的突出权利内容

在对社区矫正对象权利内容的问题进行分析时,沿用与社区矫正对象利害关系最为密切、实践中问题最突出的几项权利展开讨论。

1. 基本权利

社区矫正对象的基本权利是指社区矫正对象作为公民应当享有的基本人权。社区矫正对象虽然在法律上是罪犯身份,但其依然是中华人民共和国公民,也应当依法享有社会一般的合法公民所能享有的基本权利的绝大部分内容。在社区矫正实践中,对社区矫正对象而言比较重要的基本权利,主要是生命健康权和人格尊严权。

1) 生命健康权

生命健康权即公民依照《宪法》和法律所享有的保持自身生命安全、身体组织器官完整以及身体生理机能和心理状态健康的权利。生命健康权是公民其他基本权利得以存在的前提和基础,是最基本的人权。在社区矫正实践中,应当特别注意,有关单位不能因为社区矫正对象的特定罪犯身份就轻视对他们的权利保障,而采取刑讯逼供、体罚虐待或软暴力型的虐待行为,其他公民也不能因为社区矫正对象的特定身份而对其产生歧视或敌对情绪,侵犯其生命健康权利。

2) 人格尊严权

人格尊严权即作为一个人所应当享有的基本的社会地位并应当受到他人和社

会最基本的尊重的权利。人格尊严权的核心前提是承认对方是一个"人"，对社区矫正对象尤其如此。人格尊严在法律上可以与一般人格权的内容比较接近，可以涵盖名誉、荣誉、肖像、姓名和隐私等多种权利内容。除了前述这些权利载体和内容，单独的人格尊严也是法律所必须保护的一项基本权利。对于社区矫正对象而言，在人格尊严权的范围内，除了隐私权可能由于社区矫正执行在权利的行使范围或边界方面受到限制之外，其他属于人格尊严范畴的基本权利不能受到侵犯。如不能因为社区矫正对象的罪犯身份，社区保安或商场超市保安就怀疑其"手脚不干净"而将其带到办公室或其他偏僻无人之处进行搜身盘问。在我国传统观念中，人们一般认为罪犯"肯定是坏的""罪大恶极的"，往往会对罪犯产生各种各样的歧视，贴上负面标签。因此在社区矫正实践中，应当特别注重对社区矫正对象人格尊严的保护。

2. 有限性权利

所谓的有限性权利，是指在社区矫正过程中，社区矫正对象的行动自由受到一定的限制，主要涉及人身自由权、劳动权、隐私权以及言论自由权等。

1）人身自由权

在社区矫正过程中，社区矫正对象的行动自由受到一定的限制。这种对行动自由的限制，本是社区矫正有效执行的前提，但实际上，在社区矫正实践过程中和社区矫正对象的劳动权产生了较为密切的联系，从而在一定程度上使得社区矫正对象的劳动权受到较高程度的限制和约束。

2）劳动权

根据我国《宪法》和其他法律以及社区矫正法律法规，社区矫正对象与其他普通公民一样享有劳动权。但是，社区矫正对象的行动自由受限，加之各地在执行社区矫正过程中更加严格和细致地规定了社区矫正对象离开居住地的手续、条件和次数，甚至明确规定了不能因为经商进货而离开居住地。另外，虽然我国《刑法》中明确规定了前科报告免除的制度，但由于我国传统观念的影响和过去社会治理模式的惯性，如档案制度、身份制度、政治审查等制度的影响，有过犯罪经历的人员在平等择业方面会受到很多潜在的限制。所以，社区矫正的实际执行情况就使得社区矫正对象劳动权平等保护产生了问题，这值得在社区矫正制度发展过程中认真思考。

3）经商权

在我国市场经济高度发展的商业社会环境中，对于因为经商谋生而限制人身自由的做法，实际上应当逐渐放松。

一方面，在社区矫正执法过程中，应当在分类监管的基础上注重个性化监管，对于社区矫正对象的实际生活情况具体问题具体分析，对确以经商谋生的人员应当制定具有针对性的监管方案。执法部门可以对确有经商需要的人员进行专门的风险评估，并且可以采取分级管理的办法，将允许经商作为一种矫正和教育的激励措施。开始入矫暂时不允许经商，减少外出，到后来若矫正对象积极完成一定的矫正任务，教育效果较好，则可以增加其因为经商而必要的外出次数等。

另一方面，对于经商的社区矫正人员，或者因为经商而需要申请多次离开居住地的，可以对其适用更为严格的预防和监管手段。如果外出多次可以临时使用定位装置，或者外出超过规定的具体时间则施加相对严厉的处罚措施。

4）隐私权

关于社区矫正对象的隐私权问题，社区矫正理论和实践部门存在较大争议。涉及社区矫正对象隐私权的事项，主要是对社区矫正对象的通信自由、住宅隐私以及身份方面隐私是否公开、在什么范围和程度内公开以及如何公开的问题，实质就是执法机关如何平衡社区矫正对象隐私权与公众知情权的问题。

5）通信自由和住宅隐私权

一般认为，对于社区矫正对象的通信自由和住宅隐私权的保护，没有什么太大争议。但不少文献对于社区矫正对象的身份问题，存在着较多的争议。例如，有不少文献提出社区矫正对象由于参加矫正任务而被同事知悉所可能产生的负面评价效果，社区矫正对象与警察在社区内的公开接触，公益劳动时社区矫正对象身份是否公开所可能产生的不良后果等。①② 这些观点在社区矫正实践中就矫正效果而言确实值得注意，应当尽量避免因为社区矫正执法而对社区矫正对象再次产生或加重罪犯标签效果。但从法理上来看，对社区矫正对象的隐私权进行一定的限制，是社区矫正工作的客观需要。例如，在对罪犯适用社区矫正时，有些轻罪必须征得被害人谅解或同意，这就意味着社区矫正对象的信息必须对外披露；如果不向社区披露社区矫正对象的身份和其所犯罪行，则无法让社区有效参与对罪犯的矫正工作；社区矫正危险性评估也是《社区矫正法》所规定的重要工作程序，在矫正评估过程中，不可避免地要向社区矫正对象的邻居或相关人员披露一些关于社区矫正对象的身份信息。

当然，前述信息的披露是社区矫正工作顺利开展所必要的，而对于社区矫正对象身份信息的披露，应坚持"非必要不披露"，超过限度就有可能侵犯社区矫正对象的隐私。其实，这种披露的限制，实际上是为包括参与矫正的社区矫正工作人员设定了保密义务，并对这种义务具有相应的法律责任。这种义务设定和责任施加的明确性和严肃性，是有效保护社区矫正对象隐私权的制度保障。

3. 程序性权利

对社区矫正对象而言，在接受社区矫正过程中会因为社区矫正执法而形成专属性的程序性权利，其中比较重要的是知情权和救济权等。

1）知情权

知情权是社区矫正对象特有权利之一，主要指社区矫正从接受矫正开始，有权对社区矫正相关的法律依据、法律文书内容、期限、期间的权利义务规定、违反规

---

① 王翠竹，王世洲. 社区矫正在我国的现实处境及进路分析——《刑法修正案（八）》颁行后的思考[J]. 辽宁大学学报（哲学社会科学版），2012，40（6）：17-24.
② 程晓溪. 社区服刑人员隐私权保护问题研究[J]. 江西广播电视大学学报，2015（3）：56-60.

定的各种法律后果、社区矫正工作人员的基本情况,以及社区矫正工作人员侵犯自身权利时如何正确有效救济的各种信息充分知悉。社区矫正对象的知情权是社区矫正有效开展的前提条件,只有社区矫正对象知晓自己在社区矫正过程中需要做什么、怎么做、做了有什么后果等,才能够使其在矫正过程中按照规则认真完成矫正任务,积极配合矫正机关的工作,从而真正复归社会。

2)救济权

救济权对于社区矫正对象来说也是非常重要的权利。在以往社区矫正实践过程中,对于社区矫正工作机构或人员侵犯矫正对象合法权利的行为,矫正对象怎样实现自我救济,向谁控告、申诉、检举,具有哪些权利等,都没有明确的规定。新颁布的《社区矫正法》则明确规定了救济的主体、办理程序,并明确规定了矫正机关或工作人员侵犯社区矫正对象合法权利的行政和刑事责任,应当说是一种立法进步。那么,在后续的社区矫正制度发展过程中,重点则是如何细化这种救济手段,并如何确保最大限度地降低这种侵犯行为的发生。

三、社区矫正对象权利保障机制

(一)社区矫正对象的权利保障

社区矫正对象的权利保障是指保证社区矫正对象行使其法律权利的制度和措施。有效的社区矫正对象权利保障,可以使社区矫正对象的静态权利转化为动态权利,使可能的权利转化为现实的权利。现代社会普遍认为,人权保护的精髓在于保护少数人的权利,法律的天平应当向弱势群体倾斜。社区矫正对象属于权利易受侵犯的弱势群体,在社区矫正工作中,我们应当特别关注对社区矫正对象的权利保障问题。并且要认真进行法理分析,从《社区矫正法》的立法和实践过程来看,社区矫正对象的权利保障主要包括以下内容。

1. 生存保障

生存保障是指帮助社区矫正对象解决基本生活问题的制度和措施。有效的生存保障不仅为经济困难、生活无着的社区矫正对象提供基本的生活救助,同时还采取各种措施帮助无业或失业的社区矫正对象落实工作岗位,使其能自食其力,满足基本的生存需要。在社区矫正实践中,各地把帮困扶助作为社区矫正的基础性工作,积极探索建立就业安置生活保障制度,为老弱病残、无生活来源的矫正对象提供最低生活保障,安排相应的困难补助;为矫正对象提供义务职业技能培训;为有就业愿望、暂无工作的矫正对象提供过渡性就业岗位。《社区矫正法》第五章教育帮扶中,对生活、就业等方面存在困难的社区矫正对象的帮扶措施作了细致规定,明确了各级政府、有关机构、人民团体等的教育帮扶责任,并积极倡导整合社会各方面资源和力量,为社区矫正对象提供职业技能培训、就业指导、心理辅导、社会关系改善等帮扶解困措施,并且明确了社区矫正对象按照国家有关规定申请社会救助、参加社会保险、获得法律援助的权利，这有助于提高社区矫正对象的就业谋生能力，有效解决基本生活保障等方面面临的困难和问题。

2. 制度保障

制度保障是指为了促使社区矫正对象实现其权利而建立的相关制度和措施。在我国以往的社区矫正工作中，社区矫正对象的权利保障的具体工作程序、部门衔接以及配合等方面存在不能有效沟通和执行的问题。

从法理学角度看，权利保障与权力制衡是紧密联系、相辅相成的，对社区矫正机构及其工作者的权力和责任的规范，本身就有助于社区矫正对象权利的保护。《社区矫正法》等相关法律及规范性文件，对社区矫正对象的权利以及社区矫正机构及其工作者的权力和责任作出了具体规定，以此为基础建立了一系列相关的规章制度，如报到与接收制度、监督管理制度、考核奖惩制度、教育帮扶制度、解除及终止制度等。这些制度的构建，为保障社区矫正对象权利的行使和实现奠定了基础。

3. 组织保障

组织保障是指为了促使社区矫正对象实现其权利而重视社区矫正工作者队伍建设的制度和措施。主要涉及社区矫正机构的队伍结构、激励措施、办公经费、人员素质、基础设施建设、社会参与的鼓励机制等方面。

我国社区矫正机构通过对社区矫正工作者的准入条件、业务规范、工作纪律等加以规定并严格执行，来保证社区矫正工作者的素质，规范社区矫正活动的运行，保障社区矫正对象权利的实现。社区矫正对象因被判刑而处在社区矫正机构的管束之下，社区矫正工作者的法律意识、业务水平等直接关系到社区矫正对象的权利及其实现程度。因此，社区矫正工作必须常抓队伍建设，为社区矫正对象的权利实现提供有力的组织保障。一名合格的社区矫正工作者，不仅要具备过硬的政治素质，还要具备法学、社会学、心理学等方面的专业知识；不仅要有爱心、热心、耐心、责任心，还要具备良好的沟通、组织与协调能力。应以高标准、严要求来选拔和培养我国的专职社区矫正工作者。应按照"职业化、专业化、社会化"的要求，建立一支训练有素、结构合理的社区矫正工作队伍，逐步形成以司法行政工作人员为执法主体，以专业社会工作者和各界社会志愿者为重要力量的专、兼职相结合的队伍结构。要通过各种形式开展对社区矫正工作者的培训工作，不断提高其知识素养与业务能力，提升其权利保护意识和法治意识，改变其关于罪犯和执法的守旧落后观念，切实树立现代社区矫正的理念，使之在社区矫正工作的各个环节自觉维护矫正对象的权利，不断提高社区和民众的权利意识，消除社会偏见和歧视，以适应社区矫正工作的需要。

4. 司法保障

司法保障是指为促使社区矫正对象实现其权利而建立的司法救助制度和措施。根据这类制度和措施，当社区矫正对象的权利遭受侵犯时，可以通过启动司法程序，追究侵权者的责任，促使社区矫正对象的权利得到恢复和保护。司法救助制度是捍卫社会公正的最后防线，也是维护社区矫正对象权利的最后一道屏障。要坚持多渠道救济的思路，根据我国有关法律的规定，社区矫正对象可以通过起诉、申诉、控告等途径来寻求司法救济，针对侵权行为的性质，通过各种司法程序来主张和维护自身权利。对于严重侵犯社区矫正对象权利、构成犯罪的行为，有关机关应启动刑事追诉程序，依法追究行为人的刑事责任。

5. 监督保障

监督保障是指为了促使社区矫正对象实现其权利而建立的相关监督制度和措施。根据这类制度和措施，通过发挥检察机关、人大代表、政协委员、新闻媒体及社会舆论等方面的监督作用，促使社区矫正工作依法、规范运行，进而强化社区矫正对象的权利保障。人民检察院作为国家的法律监督机关，其基本职责之一就是对包括社区矫正在内的行刑活动是否合法，依法实行监督。在社区矫正工作实践中，有的地方的检察院曾经专门设立了社区矫正检察室，抽调专人从事此项工作，增强了监督工作的实效。一些检察院还建立与社区矫正对象的约见和谈话制度，以便及时发现和纠正社区矫正过程中侵犯矫正对象权益的行为。另外，我国实行人大代表、政协委员视察制度，各级人大代表、政协委员通过视察社区矫正机构，检查其执法情况，听取社区矫正对象的意见和建议，对社区矫正工作实行监督，对侵犯社区矫正对象权利的行为提出纠正意见，促进保障社区矫正对象权利的各项制度落到实处。此外，在现代信息社会背景下，新闻媒体、社会舆论也成为监督公权力运行、保障人权实现的一股强大力量。

6. 社区保障

社区保障是指为了促使社区矫正对象实现其权利而进行的社区建设。在开展社区矫正的过程中，通过加强社区建设，鼓励和吸收社区公众的参与，促进帮教力量的社会化，以使社区矫正对象的权利保障有良好的社区基础。社区矫正不是简单地把罪犯放在社区里进行矫正，而是以社区为主体的矫正。同传统行刑方式相比，社区矫正需要更多地依赖社会力量参与，共同完成矫正工作。这也说明一个道理，社会支持系统的发育状况决定了社区矫正工作开展的广度和深度。当前，全国各地在社区矫正工作中，都比较重视发动社会力量参与。大量的社区矫正志愿者、各类企事业单位以及非政府组织参与帮教活动，有利于更好地保护和实现社区矫正对象的权利。

（二）社区矫正对象的权利问题

对社区矫正对象的权利问题进行法理分析，从《社区矫正法》的立法和实践过程中社区矫正对象的权利保障问题来看，不可否认，我们当前的制度还有一些不完善之处，执法也存在一些不到位之处。

（1）我国社区矫正法律规范中关于社区矫正对象权利保障的规定比较粗疏零散，并没有形成体系化的规范，也没有具体的执行配套措施，其操作性大打折扣，涉矫正对象的权利保障的具体工作程序、部门衔接以及配合等方面，存在着不能有效沟通和执行的问题。① 这种粗疏和不明确的法律规范，往往会导致社区矫正实际工作中执法的随意性，从而使得矫正对象的权利不能得到有效保护，影响到矫正对象的教育效果，甚至引发腐败问题。

（2）由于社区矫正执法人员、社区矫正对象以及社区公众的权利意识淡薄，歧视社区矫正对象、社区矫正对象自我矮化等守旧思想在短期内很难改变，需要逐步提升社区矫正对象的权利观念。我国当前社区矫正执法人员大部分并没有社会工作或社区矫正专业背景，多从行政执法或司法部门转岗而来，在这些执法人员脑海中，"惩罚罪犯"的固有思维根深蒂固，加之缺乏专业素质方面的培训，在一定程度上对社区矫正对象的权利保障问题比较淡漠，甚至认为"罪犯谈什么权利，就应当狠狠监管，谈权利就是给我们自己找事情、找麻烦，罪犯跟我谈权利就是不老实的表现"，等等。同时，社区矫正对象也往往因为自己的罪犯身份，不敢谈权利，甚至也不知道有什么权利，往往只是按要求去做，抱着"赶紧度过这段日子就好"的态度接受矫正，这种心态往往会致使维权意识淡薄。同样，由于传统思想的影响，社区、用工单位以及社会一般人，仍然对罪犯的权利比较漠视，甚至存在较为严重的偏见和歧视。

（3）当前社区矫正过程中的管理和矫正模式相对落后、组织和社会保障机制不足，也使得社区矫正对象的权利难以得到切实保障。当前，在社区矫正实践过程中，"重监管、轻权利"的思维仍然普遍存在，一些社区矫正机构认为只要矫正对象在矫正过程中"不出事、不闹事"就是合格的，而不愿意从矫正对象权利保障的角度真正开展个别化矫正、分类管理、区别对待，这就使得体现社区矫正福利性的社会化矫正措施难以有效开展，对于一些老、弱、病、残、孕等特殊对象也缺乏专门的针对性强的矫正方案，忽视了不同类型社区矫正对象的差异性或特殊性。另外，真正意义上的个别化、社会化矫正方案难以有效开展，更多地与社区矫正机构的队伍结构与激励、办公经费、人员素质、基础设施建设、社会参与的鼓励机制等方面有直接关系，这一现实状况实际上导致社区矫正对象权利保障缺乏牢固的现实和物质基础。

（三）社区矫正对象的权利保障机制的完善措施

当前较重要的工作是，在理论方面，除了对社区矫正对象权利保护问题进行体系性和学理性研究之外，在实践方面，还要沿着社区矫正立法的精神和意图，进一步完善社区矫正对象权利保护的具体制度和操作规程，特别是对社区矫正对象被侵权时的救济时限、主体、程序、方式等问题进行规定，出台明确的操作细则。同时，对涉及检察机关的监督权限、介入方式及监督程序问题，也应及时予以明确。具体措施如下。

---

① 司绍寒. 社区矫正程序问题研究［M］. 北京：法律出版社，2019.

(1) 本着多渠道救济的思路，对于涉及社区矫正对象日常违规惩处和司法惩处的申诉和救济问题，可以尝试在司法行政系统内部建立听证和辩解机制。例如，社区矫正对象若对违反矫正监管规定行为给予警告、治安管理处罚等惩处措施不服的，应当给予社区矫正对象辩解的机会，因为这些处分实际上与刑罚的变更及社区矫正能否顺利进行下去有直接的关系。

(2) 在社区矫正实践工作中，无论是对社区矫正对象或社区矫正的工作人员还是社会一般民众，都应当进行权利教育，确实提升社区矫正工作人员的权利保护意识和法治意识，改变其关于罪犯和执法的守旧和落后观念，切实树立现代社区矫正的理念，使之在社区矫正工作的各个环节自觉维护矫正对象的权利。同时，不断提升社区和民众的权利意识，消除社会偏见和歧视。

(3) 切实提高国家对社区矫正工作的经费投入和物质保障，真正解决导致社区矫正管理和矫正模式单一落后、组织机构以及社会保障不到位等问题的关键性矛盾，是社区矫正制度良性发展的根本。而这种投入和保障问题，与国家的经济、政治和文明程度有着直接关系，也只能在发展中逐渐解决，而不可能一步到位。同时，社区矫正保障体系的建立，还有赖于更为广义上的社会改革，即基层社区的真正形成、建立和发展，从而为社区矫正提供良好的载体和场所。

《社区矫正法》虽然颁布出台，对社区矫正对象的权利以及权利受到侵犯的救济问题进行了明确的立法规定和确认，这无疑对社区矫正对象的权利保护有着重要的保障作用。但是，立法规定和确认仅仅是矫正对象权利保护的起步，在立法确认之后，在具体制度的构建过程中，无论是社区矫正理论还是实务界，都还需要做大量的工作，才能真正将矫正对象的权利保障落到实处。

四、社区矫正对象义务的基本特点

（一）社区矫正对象义务履行的强制性

对社区矫正对象来说，在社区矫正期间所要履行的特定义务，是法律法规强制附加的，是在国家的专门机构监督、管理下必须无条件履行的。一旦不履行法定义务，就要承担相应的法律责任，会带来对社区矫正对象不利的法律后果。例如，社区矫正对象具有按时报到、服从管理、接受宣告、接受科技监管、遵守禁止令等义务，社区矫正对象如果不按规定履行义务，出现脱管漏管、违反遵守禁止令的规定、拒不接受科技监管等，都有可能面临被收监执行刑罚的后果。再比如，社区矫正对象有参加公益活动的义务，且必须在社区矫正机构的组织监督下完成。

（二）社区矫正对象义务的刑事惩罚性、专属性

社区矫正对象义务是由刑事法律所直接规定的，因此在一定程度上体现了刑事法律的惩罚特色，这种惩罚特色主要是通过对社区矫正对象的特定权利或自由的剥夺、限制加以体现的。社区矫正对象义务在实现过程中，是由法院或司法机关具体

确定和实施的,这种具体义务的实施是为了完成对社区矫正对象的矫正和教育,帮助其主动回归社会,融入社会,因而具有刑事惩罚性和专属性。

(三)社区矫正对象权利和义务的转化性与融合性

社区矫正对象权利和义务之间存在着相互转化性、融合性和包容性。一般公民所享有的受教育权和劳动权都既是权利也是义务,社区矫正对象的受教育权和劳动权也是如此。另外,社区矫正对象的某些权利的实现也必须是以一定的义务履行作为前提条件的。社区矫正对象只有认真接受监督矫正,才可能享受到减刑的权利。同时,社区矫正对象有享受劳动技能、就业帮扶以及社会保障等方面的权利,体现了国家和社会将他们视为需要帮助的群体,更体现了国家和社会对特定群体的包容态度。

(四)社区矫正对象义务的特殊性

社区矫正对象除一般公民普遍具有的权利和义务外,还具有其特殊的法律身份而产生的特有的权利和义务。例如,符合条件的矫正对象有获得减刑的权利,社区矫正对象在服刑期间必须遵守一定的义务规则,其行动自由受到一定限制等。另外,社区矫正对象的某些权利和义务虽然在表面上与普通公民一样,但因其特殊身份而被赋予了新的内涵。例如,劳动是国家根本大法——《宪法》规定的所有公民的权利和义务,但对于被组织从事公益活动的社区矫正对象来说,这种公益活动不仅具有奉献社会功能,同时也是其接受教育和改造的一种手段。因此,社区矫正对象的义务具有特殊性。

五、社区矫正对象的义务内容

(一)社区矫正对象普通法律义务内容

由于社区矫正对象享有行动自由,他们可以更好地通过自己的行动或者更方便地利用社会资源,履行自己作为公民的普通法律义务。除依法不需要履行的义务以外,这些义务主要包括:

(1)遵守宪法和法律的义务;
(2)维护国家统一和民族团结的义务;
(3)爱护公共财物的义务;
(4)尊重社会公德的义务;
(5)依法纳税的义务;
(6)婚姻家庭义务,包括维系婚姻关系的义务、父母抚养教育未成年子女的义务、成年子女赡养扶助父母的义务等。

社区矫正对象的义务,是指社区矫正对象依法应当遵守的事项或者应尽的责任,也就是法律对其设定的作出一定行为或不得作出一定行为的规则。这里所指的义务,应当理解为法律性质的义务,而不包括单纯的伦理道德上的义务。从法律意义上看,权利和义务的根本区别在于:权利可以放弃,义务必须履行,如果法律主体放弃义务的履行,则要承担相应的法律后果。

(二)社区矫正对象强制法律义务内容

在我国,公民的权利和义务是统一的。社区矫正对象作为我国的公民,首先必须履行一般公民的义务。此外,社区矫正对象由于其罪犯的法定身份,其必须承担多于一般公民的特定义务,这种义务主要包括日常报告义务、迁移报告义务、学习受教育义务、社区服务义务等。此外,还要遵守《刑法》对管制犯、缓刑犯和假释犯的规定义务以及特定的禁止令义务。总体而言,无论是关于社区矫正对象具体义务的法律规定,还是《刑法》中关于符合社区矫正条件的管制犯、缓刑犯和假释犯的规定,内容都十分简单、粗糙,难以真正有针对性地对矫正对象发挥积极作用。例如,对管制犯而言,《刑法》明确规定了遵守法律、行政法规和服从监督的义务,但实际上,守法是每个公民的义务,而不仅仅是管制犯需要履行的义务,这就没有体现出对管制犯相较于一般公民较重和刻意的义务特点。[①]且该规定并没有再细化,针对性不强,没有考虑到管制犯的具体行为人类型,在司法实践中不利于法官实现对管制犯义务判处的个别化,在司法实践中其义务的惩罚性体验和再犯预防效果都不是十分理想。

对于管制犯和缓刑犯的具体义务而言,禁止令的明确性、针对性和有效性在社区矫正实践中存在较大问题。

2011年,"两高两部"发布的《关于对判处管制、宣告缓刑的犯罪分子适用禁止令有关问题的规定(试行)》明确规定:在特定时期内,禁止管制犯和缓刑犯从事特定的一项或几项活动、进入一类或几类区域、接触一类或几类人员。禁止令并非新的刑罚,并不能单独适用,仅仅是一种辅助和配合刑罚发挥预防作用的强制性约束措施。禁止令的规范细化,无疑在一定程度上为有效实现对社区矫正对象的监管提供了前提和根据,充实了社区矫正执行的内容。但就刑事司法实践而言,禁止令仍然存在一定的问题。

1. 禁止令的用语表述的不明确性

"接触""娱乐场所""经营活动""不良人员"等普通术语的词汇,内涵和外延都比较宽泛,容易引起执法中的不确定性和任意性。"娱乐场所"如何界定?社区矫正对象和朋友去量贩式KTV唱歌算不算是进"娱乐场所"?使用微信等通信方式与其他人联系算不算"接触他人"?对金融从业人员来说,不再从事纯粹的金融业务,而从事与金融业务相关的衍生性或辅助性业务,如中介、咨询等,算不算"经营活动"?"不良人员"有什么标准?是以穿衣打扮,还是以是否有过违法记录,或是以有过犯罪记录为标准进行判断……

[①] 吴宗宪. 社区矫正比较研究(上)[M]. 北京:中国人民大学出版社,2011.

禁止令是对管制犯或缓刑犯的行为约束，本质上是一种对行动自由的限制。那么，禁止令宣告就应当特别注意所宣告的禁止性事项与罪犯、犯罪行为之间的关联程度，提高禁止令的针对性。但有些法院在适用禁止令时，往往不考虑禁止事项与罪犯和犯罪行为之间的关联性，使得禁止令的效果大打折扣。另外，有些法院适用禁止令时，却忽视了禁止令的可执行性，如"禁止罪犯饮酒"的禁止令，实际上很难执行，基于现实条件的限制，这一禁止令根本无法真正执行。执行这种禁止令不仅会为社区矫正执法人员增加负担，而且会降低社区矫正对象对禁止令严肃性和权威性的认可程度。

关于违反禁止令所设定的具体义务的行为，也应当进一步细化，增强可操作性。可以将禁止令的遵守和违反情况与社区矫正的考核挂钩，将遵守禁止令作为一项考核的激励措施，同时，适当加重违反禁止令的惩戒力度，确保禁止令的执行效果。在社区矫正实践中，有些地区采用手机定位、电子监控设备、电话查访、不定期走访等多种方式来确保禁止令的执行效果。《社区矫正法》颁布之后，手机定位和监控设备已经不允许让社区矫正对象从始至终佩戴，必须分类累进性规范使用。在这种法治背景下，如何提高禁止令的执行效果，成为一个值得探讨的新问题。禁止令的有效执行，根源还在于提高法官适用禁止令时对禁止令内容的关联程度和针对性的准确把握。

2. 对于管制犯和缓刑犯的具体义务而言，应当特别注意公益劳动问题

在社区矫正实践中，公益劳动意味着社区矫正对象必须在特定的时间、地点进行一定时长的无偿劳动，即公益劳动实质上就是执法机关为社区矫正对象设定了强制性的劳动义务，而劳动义务说到底也就是限制其行动自由的权利。对于公益劳动做法的引进，可见于我国社区矫正实践的规范性文件。如《暂行办法》明确规定了社区矫正对象应当参加公益劳动，后来，《社区矫正法实施办法》不仅再次确定了这一规定，还明确要求公益劳动每月不能少于 8 个小时。由于社区矫正实践中普遍将公益劳动作为一种具体的矫正措施加以运用，不少学者认为，应当在社区矫正立法中对此予以明确确认。有学者从我国刑罚执行和劳动矫正的历史渊源出发，认为"罪犯参加劳动是我国刑罚执行和罪犯教育改造长期经验的总结，社区服刑与监狱服刑仅仅是执行场所不同，因此，劳动改造的经验也适用于社区矫正对象。劳动矫正能够增强社区矫正对象的社会责任感，养成积极生活习惯，同时向被害人和社会忏悔，弥补对被害人和社会造成的危害，更容易得到被害人和社会的谅解"，鉴于此，应当将劳动矫正在社区矫正立法中予以确认。①

然而，对公益劳动的合法性与适当性问题也存在一些质疑。例如，有文献明确指出以下几点。

---

① 刘志伟，涂龙科，郭玮，等. 中国社区矫正立法专题研究［M］. 北京：中国人民公安大学出版社，2017.

第一，公益劳动的规定，主要散见于最高法、最高检、公安部和司法部的一些指导社区矫正的司法性文件中，规范效力的位阶较低。公益劳动就其实质而言，是对社区矫正对象人身自由的限制。根据《立法法》的基本原理，凡是涉及刑罚的事项，必须由法律加以规定。根据这一原理，在《社区矫正法》出台之前，公益劳动的合法性就存在分歧。①

第二，即便在社区矫正立法出台之后，公益劳动也并不能成为一种强制性的刑事义务。公益劳动可以作为罪犯承担刑事责任、接受刑事处罚的一种载体，也只能说明公益劳动是社区矫正人员接受教育矫正的一个有效的途径和方法，并不意味着公益劳动就是社区矫正对象必须承担的一项刑事强制义务。②

另外，有学者也指出，公益劳动在社区矫正实践中遇到一些难以解决的困境和问题。一是在社区服务中公益劳动的项目较为单一。在实践中公益劳动大多是卫生保洁，但实际上很多社区的保洁工作基本上都由物业公司承担了。如果社区矫正对象到社区进行公益劳动，往往需要社区矫正机构和街道、社区等多方协调和联系后，才能找到合适的时间和地点。到最后这种公益劳动就会沦为形式，难以真正发挥矫正实效。二是组织社区矫正对象集体进行劳动，社区矫正工作人员往往有一定的担忧和顾虑。如在劳动过程中社区矫正对象受伤或发生其他意外怎么处理？受伤或意外的费用如何承担？社区矫正对象提出索赔如何处理？大量的社区矫正对象聚集劳动，万一发生聚众性事件或者起哄闹事怎么处理？基层工作人员往往认为，这些情况一旦出现，无论怎么处理都是有风险的，都是没有根据的，觉得"上面一旦追责，就很麻烦"。三是组织社区矫正对象进行集体公益劳动，社区群众的围观、议论和见证都在很大程度上会强化惩罚性的标签效果，这反而不利于社区矫正对象复归社会。③ 再者，在个别地区，由于社区矫正对象法律意识普遍提高，或者因为监狱生活而对维权问题特别关注，一些社区矫正对象对社区矫正过程中的公益劳动明确认为"法律没有规定，公益劳动是一种法律之外的义务"，因此对公益劳动产生较强烈的拒绝和抵触行为，从而也影响到社区矫正的实际效果。④

3. 对于公益劳动是否应当成为社区矫正的"标配"问题的争论，实质上还是与如何认识我国社区矫正的基本性质有着极其重要的关联

如果认为我国社区矫正的性质强调和侧重监管，则很容易认为"十分有必要将公益劳动作为刑事义务"，如果侧重教育和帮扶，则一般不会坚持"公益劳动是社区矫正制度的标配手段"之观点。

---

① 但未丽. 中国增设社区服务刑之必要性及立法构想 [J]. 首都师范大学学报（社会科学版），2009（6）：67-72.

② 蔡雅奇. 社区矫正公益劳动并非刑事义务 [N]. 检察日报，2013-02-18（6）.

③ 廖斌，何显兵. 构建中国特色的社区矫正制度研究 [M]. 北京：中国政法大学出版社，2019.

④ 张来增. 剥夺政治权利社区服刑人员矫正方法的研究 [G] //北京市司法局. 社区矫正优秀理论研究成果汇编. 北京：北京市司法局，2005.

从社区矫正的性质来说，对社区矫正对象的监管，意味着对社区矫正对象的人身自由进行了一定的限制，这种限制主要还是法院根据《刑法》和《刑事诉讼法》的具体规定而作出的。因此，法院作出的判决和裁定本身已经为即将接受社区矫正的人员明确了具体的具有强制性的刑事义务。社区矫正机构更多的是在这种判决和裁定范围内对社区矫正对象进行监管和教育改造。对于管制犯而言，我国《宪法》明确规定了"在劳动中同工同酬"。对缓刑犯和假释犯，我国《刑法》也没有明确规定其劳动义务。退一步讲，虽然社区矫正对象应当遵守法律、行政法规和服从监督，即便认为这一项义务中包含行政法规中的劳动义务，但这种劳动义务是非公益性的，应当视为同工同酬的有偿劳动。即便认为这一项义务中"服从监督"可以包含服从社区矫正机构安排的监管措施或活动，但这种措施或活动不应当包括公益性劳动。因此，从立法的角度上讲，《社区矫正法》属于刑事执行的性质，本身就不适合在《刑法》和《刑事诉讼法》已经明确设定刑事义务的基础上，再将公益劳动设定为社区矫正对象必须履行的强制性刑事义务，否则就等于对罪犯设定了多重剥夺或限制人身自由的权利，无形中加重本身属于社会危害和人身危险性不大的罪犯的义务和负担，导致罪责刑不相适应。因此，公益劳动从法理上讲，适合作为社区矫正的必要手段。而且，所谓公益劳动，就是无偿性、非营利性的劳动。既然是"做公益"，那么对于行为人来说，就不是义务，是具有可选择性的。将参加公益劳动作为一种强制性义务，与一般人的理解存在较大偏差。

基于这些考虑，虽然公益劳动应当成为社区矫正"标配措施"在社区矫正理论与实践界呼声较高，但《社区矫正法》从刑事法理的高度考虑，并没有将公益劳动作为社区矫正的必要手段，仅仅使用了"公益活动"的概念。① 而对于社区矫正机构组织公益活动，也只采用了"可以型"的允许性规范形式，没有采用"应当型"的义务性规范形式。可以说，《社区矫正法》的规定具有较高的科学性，非常有利于我国社区矫正制度未来的良性发展。

生活不能自理类的监外执行犯在社区矫正过程中需要遵守什么样的具体义务，也缺乏明确规定。对生活不能自理类的罪犯予以监外执行，目的在于让罪犯能在扶养义务人的照顾下更好地生活或享受医疗，体现刑罚的人道色彩。但是，这类罪犯的社会危害性或人身危险性也必定能大幅度降低或减少，因此才能对其进行社区矫正。所以，对此类罪犯也同样应当规定相应的义务，如监外执行期间不能自伤自残、协助社区矫正机构提供适合担保人以及不能与担保人串通制造虐待等虚假事实欺骗社区矫正机构等。

在司法实践中，生活不能自理的监外执行犯的鉴别、确定标准和原则比较模糊，且监狱管理部门和公安机关在审批过程中比较封闭、不透明，因此存在一定的任意性和腐败的可能性。2016年，最高人民法院发布了《关于印发〈罪犯生活不能自理鉴别标准〉的通知》，从饮食、大小便、穿衣洗漱和行动等四个方面详细制定了生活不能自理的鉴定标准，一定程度上提高了监外执行诊断和鉴定工作的科学化和规范

---

① 王爱立. 中华人民共和国社区矫正法解读[M]. 北京：中国法制出版社，2020.

化水平。在实践中确实也存在着扶养义务人不愿意接收、不适合接收、不愿意担保等情况，导致罪犯无法享受监外执行这一福利，甚至还导致罪犯主动要求收监的现象，这些都在一定程度上说明监外执行的工作应当进一步明确细化和规范。社区矫正理论和实践部门应当以《社区矫正法》的颁布为契机，对监外执行进行深入的探讨，促进这一制度能够真正体现并充分展示制度的特色。

监外执行犯中还有一些比较特殊的群体，即孕妇和哺乳期妇女的监外执行问题。对于此类罪犯监外执行，法律的本意并非考虑其社会危害性或人身危险性大小或程度，而是出于保护胎儿或婴儿作为人的基本权利。实际上，有些孕妇或哺乳期妇女，其所实施的犯罪的社会危害性并不小、人身危险性并不低，甚至在实施严重犯罪之前就已经咨询律师或学习法律，知晓孕妇或哺乳期妇女可以监外执行的法律知识，将怀孕或哺乳作为逃避制裁的合法手段。因此，对于这类罪犯，应当本着矫正个别化的原则，严格评估和甄别其社会危害性和人身危险性，对不同的罪犯作出不同的要求，设定具体的差别性义务。

六、社区矫正对象的特殊权利与特殊义务

（一）社区矫正对象的特殊权利

社区矫正对象享有的特殊权利是指与在社区中服刑的特殊身份有关的各项法律权利。

根据《宪法》《刑事诉讼法》《监狱法》《社区矫正法》等法律的规定，社区矫正对象所享有的特殊权利主要包括以下几种。

1. 知情权

知情权是指社区矫正对象在服刑过程中知悉、获取相关信息的权利。知情权是社区矫正对象的一项基本权利，与这一权利相对应的就是社区矫正机构的告知义务。在实践中，社区矫正机构在接收社区矫正对象之后，会向矫正对象发放《社区矫正对象须知》，明确告知与其服刑有关的法律、政策及其相关的情况、信息。

2. 减刑权

减刑权是指社区矫正对象在刑罚执行过程中有良好表现，依照法律规定获得减轻其刑罚或者免除一部分刑罚的权利。

3. 依法接受刑事处罚权

依法接受刑事处罚权是指对社区矫正对象剥夺或限制权利的措施，必须由法定机构依照法定程序作出，且有关执行机构在执行中，不得超出原裁决所确定的剥夺或限制权利的范围和程度。在我国，虽然现行立法中没有直接规定此项权利，但根据罪刑法定和行刑法治原则，社区矫正对象也应享有此项权利。

4. 按期解除社区矫正权

按期解除社区矫正权是指在社区矫正对象服刑期满时,社区矫正机构必须按期解除社区矫正的权利。我国的社区矫正处在发展初期,有关立法和制度还不够健全。因此,更为详细的社区矫正对象权利的内容,需要在以后的发展中加以明确和完善。

5. 受教育及文体娱乐权

受教育及文体娱乐权是指社区矫正对象在服刑期间接受教育的权利,以及参加适当的文化娱乐和体育活动的权利。

6. 伤亡补偿权

伤亡补偿权是指社区矫正对象在刑事执行机构组织的劳动中致伤、致残或者死亡时,参照国家劳动保险的有关规定获得补偿的权利。

(二)社区矫正对象的特殊义务

社区矫正对象的特殊义务是指社区矫正对象在服刑过程中应当履行的特别义务,又称为服刑义务。

社区矫正对象除了应履行我国宪法和法律对公民规定的一般义务之外,还应当履行因犯罪和服刑而产生的某些特定的义务。社区矫正对象的权利和义务是相互依存、相互促进的两个方面。享有相应权利是履行义务的基础,履行义务是实现权利的保障。社区矫正对象只有严格履行义务,才能保证个人权利的充分实现;如果不认真履行义务,甚至实施违反法律法规及其他有关行为规则的行为,将会引发相应的法律后果,其权利会受到相应限制或剥夺。

因此,社区矫正对象的特殊义务是与其特殊身份密切相关的,这类义务因社区矫正对象的种类的不同而有一定区别。不过,所有社区矫正对象都应当遵循下列基本法律义务:

(1)遵守法律、行政法规和社区矫正有关规定的义务;
(2)服从社区矫正工作者监督管理的义务;
(3)定期报告自己活动情况的义务;
(4)未经批准,不得行使言论、出版、集会、结社、游行、示威权利的义务;
(5)离开所居住的市、县或者迁居,应当提前报告有关机关批准的义务。

这些法律义务的共同特征是:对社区矫正对象的行动自由进行一定限制。这种限制是对社区矫正对象进行法律惩罚的重要体现。

第三节 社区矫正对象基本信息掌握的规律

一、社区矫正对象基本信息掌握的要求

（一）登记接收

社区矫正机构接收社区矫正对象时应当核对法律文书、核实身份、办理接收登记、建立档案。社区矫正对象的接收是标志社区矫正开始的重要环节，是确保社区矫正依法开始、避免漏管情形发生的一项基础性工作。

（二）建立档案

1. 社区矫正机构建立社区矫正档案

社区矫正机构接收社区矫正对象后，应当建立社区矫正档案，包括以下内容：
（1）适用社区矫正的法律文书；
（2）接收、监管审批、奖惩、收监执行、解除矫正、终止矫正等有关社区矫正执行活动的法律文书；
（3）进行社区矫正的工作记录；
（4）社区矫正对象接受社区矫正的其他相关材料。

2. 受委托司法所建立社区矫正工作档案

接受委托对社区矫正对象进行日常管理的司法所应当建立工作档案。工作档案中包括社区矫正档案相关文书材料副本、司法所和矫正小组开展社区矫正工作记录，社区矫正对象接受社区矫正的相关材料等。

二、社区矫正对象基本信息掌握的规律

（一）决定机关履行教育告知义务

社区矫正决定机关判处管制、宣告缓刑、裁定假释、决定或批准暂予监外执行，应当按照《刑法》《刑事诉讼法》等法律规定的条件和程序进行。

社区矫正决定机关应当对社区矫正对象进行教育，书面告知其到执行地社区矫正机构报到的时间期限以及逾期报到或未报到的后果，责令其按时报到。

（二）社区矫正对象按时报到

（1）被判处管制、宣告缓刑、裁定假释的社区矫正对象，应当自判决、裁定生效之日起十日内，凭社区矫正告知书、生效判决书、假释裁定书、有效身份证明等，到执行地社区矫正机构报到。

（2）人民法院决定暂予监外执行的社区矫正对象，由看守所或者执行取保候审、监视居住的公安机关自收到决定之日起十日内将社区矫正对象移送社区矫正机构。

（3）监狱管理机关，公安机关批准暂予监外执行的社区矫正对象，由监狱或者看守所自收到批准决定之日起十日内将社区矫正对象移送社区矫正机构。

（4）暂予监外执行的社区矫正对象，原服刑地与居住地不在同一省、自治区、直辖市，需要回居住地暂予监外执行的，原服刑地的省级以上监狱管理机关或者设区的市一级以上公安机关应当书面通知犯罪居住地的监狱管理机关、公安机关，由其指定监狱、看守所接收社区矫正对象档案，负责办理其收监、刑满释放等手续。

（三）社区矫正机构依法接收

（1）被判处管制、宣告缓刑、裁定假释的社区矫正对象报到时，执行地社区矫正机构应当核对法律文书、核实身份，办理登记接收手续。

（2）社区矫正对象存在因行动不便，自行报到确有困难等特殊情况的，社区矫正机构可以派人到其居住地等场所办理登记接收手续。

（3）执行地社区矫正机构收到法律文书后，发现社区矫正对象未按规定时限报到的，应当立即组织查找，并向社区矫正对象的家属、监护人或直系亲属书面告知社区矫正对象未按规定时间报到的情况及后果。查找不到的，应当及时书面通知公安机关协助查找。公安机关应当采取必要措施进行查找，并将查找到的社区矫正对象的下落信息及时通知执行地社区矫正机构。执行地社区矫正机构应当及时将有关情况书面通报社区矫正决定机关、执行地同级人民检察院；被裁定假释的，还应当同时抄送原服刑的监狱、看守所。

思考题

1. 我国社区矫正的适用对象有哪些？
2. 我国社区矫正对象在社区矫正中享有哪些权利？应当承担哪些义务？
3. 我国社区矫正与监禁矫正相比教育上有哪些优势？
4. 社区矫正对象入矫时有哪些工作环节要求？

拓展练习

案例1 两位社区矫正对象无故不参加入矫教育被警告。在某区社矫局开展的集中入矫宣告和入矫教育学习中，矫正对象张某、王某未履行请假手续，且手机关机，无法与其取得联系。2019年5月26日，该司法局根据社区矫正相关规定，给予张某、王某警告处分。

点评 入矫教育学习，是社区矫正对象摆正身份、明白权利和义务的一课，也是为社区矫正对象"立规矩"的关键一课。不重视此教育，无故缺席，则会受到相应的处罚。

案例2 ××区社区矫正对象官某，因伪造公司印章罪经××县人民法院于2018年12月15日判处有期徒刑十个月，缓刑一年，附加处罚金3000元。社区矫正期限自2018年12月31日起至2019年12月30日止。2019年3月2日，官某到司法所报到后，再也没来报告，从此不见踪影。司法所多次查找无果，请公安机关运用技术手段协助查找，也未见其踪迹。4月6日，区司法局根据《刑法》第七十七条、《社区矫正法》第四十六条之规定，向××县人民法院提请对社区矫正对象官某撤销缓刑。法院依法作出判决，撤销缓刑，对官某执行原判有期徒刑十个月。

点评 社区矫正虽然是非监禁刑罚，社区矫正对象可以在社区自由活动、生活、工作，但这并不意味着没有约束，社区矫正对象的行为还是会受到一定的限制。报告制度就是社区矫正工作人员了解、掌握社区矫正对象日常情况和心理动态的最主要、最直接的方式。因此，社区矫正对象应该依规按时到所辖司法所报告，不得以任何理由拒绝。社区矫正对象不报告或未按时报告，是会受到相应惩处的。

案例3 根据《宪法》的规定，凡是具有中华人民共和国国籍的人都是中华人民共和国公民。钱某虽被判刑接受社区矫正，但仍属于中华人民共和国公民。

点评 钱某在社区矫正期应享有的权利有：
(1) 生命健康权；
(2) 人身自由权；
(3) 人格权；
(4) 住宅权；
(5) 通信权；
(6) 婚姻家庭权；
(7) 财产权和继承权；
(8) 知识产权；
(9) 政治权利；
(10) 宗教信仰自由；
(11) 批评、建议、申诉、控告、检举的权利；
(12) 获得国家赔偿权；

(13) 获得物质帮助权。

除此之外，社区矫正对象钱某依照《宪法》和相关法律还享有劳动权、教育权、文化娱乐权、依法获得减刑权、知情权、辩护权，以及各种诉讼的权利等。总之，凡是钱某未被依法剥夺或者限制的权利都是其应该享有的权利。

钱某在社区矫正期间应履行的义务有：

(1) 遵守国家法律法规的义务；

(2) 履行判决、裁定、暂予监外执行决定等法律文书确定的义务；

(3) 遵守国务院司法行政部门关于报告会客、外出、迁居、保外就医等监督管理规定，服从社区矫正机构管理的义务；

(4) 佩戴电子定位装置的义务；

(5) 参加教育学习，接受思想、法治、道德、技术教育的义务；

(6) 根据个人特长，参加公益活动的义务；

(7) 爱护国家财产，保护公共设施的义务；

(8) 维护正常矫正教育秩序，自觉接受改造的义务；

(9) 检举违法犯罪活动的义务；

(10) 法律法规规定的其他义务。

第三章

参与社区矫正的社会力量

2003年7月,"两高两部"联合发布《关于开展社区矫正试点工作的通知》,社区矫正工作进而在我国逐步开展。显然我国社区矫正制度这种"自上而下"的创设和普及的方式很大程度上决定了社区矫正工作在一定时期以来是以政府为主导,缺乏社会力量参与的状态。在欧美国家,社区矫正创立伊始即依靠社会力量推动,社会力量始终发挥着举足轻重的作用。近年来,随着我国社区矫正工作的不断推进,对于社会参与力量的挖掘和利用已经愈发得到重视。诸如"健全社区矫正制度"的改革任务在中共十八届三中全会中明确提出,逐步拓展和深化社区矫正社会化的理念。2014年11月,司法部等发布《关于组织社会力量参与社区矫正工作的意见》,明确指出社会力量参与社区矫正的基本方法和主要路径。党的十九大提出社会治理的转变,进一步明确了重视运用社会组织、引导社会力量参与社区矫正工作。《社区矫正法》以及《社区矫正法实施办法》(以下简称《实施办法》)等文件的颁布,更推进我国社区矫正工作的社会化、专业化。

第一节　社会力量参与社区矫正的含义和性质

社会力量参与社区矫正工作不仅是依托开放的社区环境教育改造罪犯，犯罪主体的人权也得到了更为实际的尊重和保障。同时，在一定程度上也避免了单纯依靠司法机关应对矫正对象不同而多元的矫正需求。从专业角度以及工作精力上捉襟见肘的现在，引入社会力量参与也就显得尤为重要。一方面，有利于增强社会认同，将社会力量引入社区矫正使得民众对于刑事犯罪的态度趋于良性转变，也促进社区矫正对象回归社会，轻缓化等刑罚理念更能为社会所理解和接受。另一方面，社会力量参与有助于提升教育改造的工作质量，作为社区矫正官方理论的补充，社会力量能弥补职能短板，提高改造效率，提升矫正效果。

一、社区矫正社会力量的含义

从 2003 年我国社区矫正制度试点开始，社会力量便参与其中，而如何组织社会力量参与社区矫正一直是制度改革的重点。国家立法层面，诸如《社区矫正法》《社区矫正法实施办法》《关于组织社会力量参与社区矫正工作的意见》等，不仅对社会力量参与社区矫正的重要性加以明确，也为这项工作提供了政策和法律依据。在地方立法层面，各省市基本结合本地区的实际情况出台有关社区矫正的规范性文件，并对社会力量参与加以明确。例如，2017 年湖北省司法厅、综治办、教育厅、民政厅、财政厅、人力资源和社会保障厅等联合印发的《湖北省关于进一步加强社会力量参与社区矫正工作的实施意见》，2019 年浙江省湖州市司法局发布的《社会组织参与社区矫正服务规范》等。实践中，各地也各具特色，探索多元的社会力量参与社区矫正的模式和范式。

（一）社会力量

按照《关于组织社会力量参与社区矫正工作的意见》的文件精神和主旨要求，结合社区矫正工作实际，2020 年 7 月 1 日实施的《社区矫正法》，在第三条中确立了"专门机关与社会力量相结合"的基本原则，并在第十一条至第十三条、第二十五条，第三十八条至第四十一条规定了社会力量参与社区矫正的形式与内容。上述条款非常明确地界定了执法主体、社会力量的内涵、职责以及彼此间的关系：

执法主体——社区矫正机构及其工作人员；

社会力量——社会工作者和志愿者；

有关部门、村（居）民委员会……

我们也将这类基层单位和个人视为社会力量，与社会工作者和志愿者不同的是，这类力量承担着一定的内在责任；彼此的职责关联其在社区矫正工作中的地位与作用，执法主体"组织指导"社会力量"参与""协助"社区矫正工作。提升社区矫正工作质量，完成保障安全稳定大局，需要明确社会力量参与社区矫正的构成。由司法社会工作者，承接政府购买服务的社会组织、企业、事业单位、社会中介机构，基层群众性自治组织，志愿组织、志愿者等构成。需要明确司法社工的配备标准，比如市司法行政部门按照1万名社区矫正和安置帮教人员配备1名司法社工，区司法行政部门按照1000名社区矫正和安置帮教人员配备1名司法社工，街道、乡镇司法所按照不低于30名社区矫正和安置帮教人员配备1名司法社工。还需要明确购买服务的流程，比如市司法局购买矫正帮教服务的内容执行一级目录，区司法局购买矫正帮教服务的内容执行二级目录。同时，社会力量参与社区矫正还会被列入维稳工作年度改革重点任务等。因此，探索社会力量参与社区矫正工作的新方法，通过向专业社会组织购买社区矫正服务，将社会工作理念和方法运用到教育矫正和社会适应性帮扶中，有针对性地消除社区矫正对象可能重新犯罪的因素，帮助其成为守法公民，促进社区矫正对象顺利融入社会，有效杜绝和减少社区矫正对象重新违法犯罪。

在实际工作中，社会力量参与的模式有哪些？如何鼓励和引导多元社会力量依法参与社区矫正工作？近年来，经过社区矫正系统的上下努力，社区矫正工作已初步具备了新时代格局和视野。社会力量参与社区矫正工作已经是不可或缺的组成部分，是司法行政机关开展社区矫正工作的有益补充。

（二）社会力量参与的主要模式

对常见的社会力量参与社区矫正模式进行分析，可归纳出以下三种模式：政府参与购买型模式，公益型参与模式，职能型参与模式。

1. 政府参与购买型模式

以政府为主导参与购买专业服务的实践。以上海市为例，上海市早在2004年就确立了"政府主导推动、社团自主运行、社会多方参与"的社区矫正工作思路，在司法行政部门的指导下组建了三个民办非企业性社工组织。社工组织自主公开招聘社区矫正社会工作者，政府向社工机构购买社区矫正服务。

2. 公益型参与模式

公益型社会力量参与社区矫正工作。志愿者是参与社区矫正工作的重要社会力量主体。以湖北省为例，湖北省在2005年社区矫正试点工作启动时，就诞生了第一批参与社区矫正的志愿者，此后，社区矫正志愿者队伍也伴随社区矫正工作的不断深入而逐渐发展壮大。2016年，武汉市出台规范性文件，正式将志愿者参与社区矫正的流程规范化。以民营爱心企业、慈善机构作为社会力量主体参与社区矫正的典型代表有：浙江省杭州市的"关心桥驿站"，浙江省宁波市奉化区的爱心企业"浙江捷达物业服务有限公司"，以及云南省曲靖市的爱心企业"云南固峰实业有限公司"等。

3. 职能型参与模式

职能型社会力量参与社区矫正工作。实践中,职能型社会力量主体有村(居)委员会、共青团、妇联、事业单位等。浙江"吴兴模式"是职能型社会力量参与社区矫正的典型代表之一。吴兴市司法局与妇联签订《关于整合资源推进社会管理创新的战略合作协议》,"巾帼助矫"是该协议的重要内容之一。通过创设"巾帼助矫"项目,实施专门针对女性社区矫正对象的帮教计划,对女性社区矫正对象进行行为纠正和心理辅导,充分发挥了妇联在妇女工作方面的职能属性。

二、社会力量参与社区矫正的性质

(一)社会力量参与社区矫正的必要性

引导和鼓励社会力量参与社区矫正工作,社区矫正工作离不开社会的参与,必须有深厚的社会力量参与才能获得成功。《社区矫正法》强调,在实施社区矫正过程中,要坚持专门机关和社会力量相结合的原则,体现在以下三个方面。

(1)社会力量是社区矫正工作可利用的人力资源、组织和设施、技术、资金等的总称。在这些可以利用的社会力量中,人力资源具有核心的地位,其虽然不具有执法者的身份,但在社区矫正工作中起着不可或缺的作用。

(2)社区矫正决定机关,在决定对某一个罪犯进行社区矫正时,首先要进行社区调查,评估有没有社会危险性。若将其放在社区,要评估其会不会对社区造成什么影响,社区矫正决定机关可以自己对罪犯进行调查,也可以委托社会团体组织对罪犯进行调查,这是社区力量参与进来的一个方面。比如某案件中,被调查人谢某是一名女性,因假冒注册商标罪,被判处有期徒刑一年零六个月。由于谢某正处于哺乳期,故法院予以取保候审。2020年7月××市××区法院委托××县司法局对该名罪犯做社会调查,以确定是否收监执行刑罚。在调查过程中,司法局调查组首先通过小区物业经理了解到谢某为人低调,和邻里关系较好,一人抚养两个孩子,每天带孩子在小区中散步。由于其丈夫是同案犯,目前在××监狱服刑,给他们读初中的大儿子带了比较大的影响,学习成绩下降很快。二儿子在本小区上幼儿园。谢某本人没有稳定的经济来源,靠其二弟每月接济一些生活费,平时帮别人送菜,贴补家用。在新冠肺炎疫情期间,她在微信上搞起了团购,生意很不错。在交谈中,她有深刻悔改,很清楚将要被收监,愿意接受处罚。谢某适用社区矫正对社区没有重大影响,且明显比在监狱内服刑效果好,既可照顾家庭,又能靠劳动获得经济来源;若是在监狱内执行,她所有的一切将重新开始,还有可能再犯罪。社区矫正的目的本来就是让矫正对象能更好地接触社会、融入社会,降低再犯罪率,达到刑罚处罚的目的和良好的社会效果。

(3)在确立社区矫正小组时,社区矫正小组成员不仅包括司法行政人员,还包括村委会、居委会的代表，以及罪犯的监护人、近亲属，罪犯所在单位或者学校，还有社工、志愿者，这些都是社会力量参与社区矫正的体现。首先，《社区矫正法》规定，可以通过向社会购买服务的方式，向社区矫正对象提供心理、教育、职业技能和改善社会关系等方面的帮扶。也就是说，社区矫正机构可以花钱请心理咨询师来对社区矫正对象进行心理疏导，可以委托社会职业技能机构对社区矫正对象进行技能培训。其次，《社区矫正法》规定，国家鼓励国有企事业单位、社会组织为社区矫正对象提供就业机会，招用符合条件的社区矫正对象的企业，可按照规定享受优惠政策。再次，《社区矫正法》规定，社区矫正对象可以按照国家规定申请社会救助、参加社会保险、获得法律援助，社区矫正机构应当给予必要的协助。有了社会力量的广泛参与，有利于提高社会对社区矫正制度的参与度，为全面推进社区矫正工作，维护社会和谐稳定作出积极贡献。

（二）社会力量参与社区矫正的可行性

1. 社会力量参与社区矫正有利于减少社区矫正工作人员的压力

社区矫正作为一种非监禁刑罚执行方式，相比监禁矫正，其突出优势之一就是能够节约刑罚执行资源。在开展社区矫正的过程中，社区矫正机构不必像监狱那样建设关押矫正对象的场所，不必购置保障监管安全的设施，不必负担矫正对象的生活费用。但是，由于我国的社区矫正工作起步不久，受人员编制的限制，大部分地区的社区矫正工作力量严重不足，以湖北省为例，目前湖北全省在册的社区矫正对象共有2.4万余人，而省、市、县三级在编的专职社区矫正工作人员仅有476人，司法所工作人员都是兼职从事社区矫正工作，社区矫正对象和专职工作人员的比例达到了50∶1，人少事多的矛盾突出。在人员数量如此悬殊的情况下，社区矫正工作要取得实质性成果还是非常困难的。要解决社区矫正工作力量不足的难题，可以通过采取购买服务的方式，引入社会力量，让社会人士参与社区矫正工作，更大力度地帮助社区矫正对象回归社会。

2. 社会力量参与社区矫正有利于提高社区矫正的成效

社区矫正的根本目标是促使矫正对象顺利回归社会。一方面，将社区矫正对象置于社区内接受矫正，并不意味着他们就已经回归社会了，只能说是在社会上生活，他们的身份仍然是服刑的罪犯。只有当他们能够和正常的社会公民一样生活、工作时，才能说他们已经顺利回归社会。而要想达到这一目标，必须帮助这些人解决存在于他们身上的各方面的问题，例如情绪方面的问题、认知方面的问题、社会适应方面的问题以及就业方面的问题等。其中涉及的知识和方法是多方面的，单纯依靠社区矫正工作人员的力量无法完成如此庞杂的工作。另一方面，相较于监禁矫正，社区矫正的惩罚功能相对较弱，虽然矫正对象的人身自由同样受到一定的限制，但是无法像监禁矫正一样，通过剥夺矫正对象的人身自由，使其感受到刑罚的痛苦，通过惩罚迫使其改变犯罪恶习，不再违法犯罪。因此，在教育矫正社区矫正对象的过程中，需要运用更为专业的手段和方法进行教育和引导。教育矫正社区矫正对象，需要运用到法学、社会学、心理学、教育学等方面的专业知识和技能，仅仅依靠社区矫正机构，无法为社区矫正对象提供多方面的专业教育。

（三）社会力量参与社区矫正的不可替代性

党的十九大明确提出，中国特色社会主义已经进入新时代。随着国家整体战略的推进，社区矫正工作作为中国特色社会主义事业的一部分，要践行治本安全观，已使社会力量的参与迫在眉睫。这些年来的社区矫正工作实践表明，在社区矫正工作中，要最大限度地践行总体国家安全观，既治标又治本。真正教育矫正好每一个罪犯，需要我们在社区矫正工作中，特别注重培养和引导社会力量参与社区矫正，切实发挥个人、社会组织、社会团体、企业单位等的优势，使社区矫正对象在思想道德、法制文化、心理辅导、时事政治等方面得到及时关心和教育，获得更加全面的指导和帮助，充分体现社区矫正工作的强大生命力。可以说，没有全社会的配合，社会力量的广泛参与、深度参与，社区矫正工作是不可能成功的。践行总体国家安全观，需要我们创新思维、勇于改革，积极探求社会力量参与社区矫正的新路径，让社会力量的参与在社区矫正工作中不可替代。

（四）社会力量参与社区矫正是自身的属性

社区矫正作为与监禁矫正相对的一种刑罚执行方式，其非监禁的基本属性决定了社区矫正工作必须有社会的参与。社区矫正需要依托村（居）委会、依靠基层组织，发挥各有关部门的职能作用，落实相关政策和措施。需要动员社会工作者、志愿者以及社会组织、社区矫正对象所在单位、学校、家庭成员等各种社会力量，综合运用社会学、心理学、法学等专业知识，实施科学矫正，共同做好社区矫正工作。同时，社区矫正对象在接受社区矫正期间，其自身也是社区居民，有着与普通人相同的各种需求，如基本生活安全和保障、劳动就业、精神心理健康等需求。面对这些需求，仅依靠社区矫正机构力量难以满足和解决。不同的社会机构、组织具有不同的社会功能，也拥有各自的专业技能，擅长解决某些方面的问题。这些社会力量共同作用，就能帮助解决好各方面的问题。此外，在新时代背景下，各种需求的解决途径更不能轻视。因此，社会力量的广泛参与是现今社区矫正制度本身的内在要求，也是社区自身的属性要求。

（五）社会力量参与社区矫正具有无可比拟性

社区矫正工作的特点就在于贴近社区，可以充分利用社会资源，来对社区矫正对象进行教育矫正和社会适应帮扶，帮助他们无障碍地回归社会，其优势也在于此。在新时代背景下，力求总体国家本安全，追求矫正质量。社会力量的广泛参与，能最大限度地实现这个矫正目标，社会力量的参与优势和无可比拟性，可以归纳为以下几个方面。

（1）社会力量的参与可以充实社区矫正工作人员的力量，缓解社区矫正领域专业人才短缺的困境。

（2）社会力量的参与为利害关系人表达利益诉求提供了平台，使国家（行刑机关）、社会（社区）、受刑人和受害人四位一体的行刑权力架构，取得了平衡渠道和问题解决途径。

（3）社会力量的参与可以合理配置刑罚资源，减少刑事司法活动成本，更好地惩治犯罪与预防犯罪。

（4）可以培养社会公众对社区矫正的认同感，提高社区矫正的工作效益。

（5）可以发挥基层群众性自治组织的作用，引导社区、社会组织、志愿者和居民群众广泛参与社区矫正工作，扩大交往融合，促进社区矫正对象融入社区、回归社会。

（6）真正实现"多赢"。通过组织和引导社会力量参与社区矫正工作，可以发挥人民团体、群众组织、社会组织的优势，吸收更多资源、吸引更多优秀的专业人才投身到社区矫正工作中去。这不仅有利于提高社区矫正工作水平，而且对国家、社区矫正机构、社区、社区矫正对象家庭、社区矫正对象来说，是真正的"多赢"。充分发挥这些优势，社区矫正工作质量就有了保障。

第二节　社会力量参与社区矫正工作中的问题与改进措施

社区矫正作为一项刑事执行措施，其根本优势和落脚点是在社区执行刑罚。充分认识运用社会力量参与社区矫正工作的重要性和必要性，找准问题的症结所在，潜心寻找提升社会力量参与度的有效途径，积极采取有力措施推进工作，完善社会力量参与社区矫正的各项制度，有助于进一步提高社区矫正工作的质量和水平。

一、社会力量参与社区矫正工作中存在的问题

近年来，各地着力探索社会力量参与社区矫正的本地化模式，丰富了实践经验，也取得了较为良好的效果。但也存在不少的问题和短板，比如社会观念与社会基础方面以及社会力量参与机制方面等等。概括起来，大致有"六个缺乏"，需要对症下药，寻找破解之策。

（一）社会力量参与社区矫正缺乏主观能动性

尽管《社区矫正法》已经颁布实施，但民众依然缺乏主动参与的意识。长期以来，刑罚威吓思想在我国刑法文化中根深蒂固。以监禁为主，国权刑罚观念浓重，使得社会力量缺乏参与刑事司法工作的空间。可以说，公众参与以及社会认

同是社区矫正得以有效实施的社会基础和制度前提。显然，由于各种历史的以及现实的原因，我国社会力量参与社区矫正的主动意识较弱，宽松的社会氛围尚未形成。在实践中的表现是，社会力量参与主体多数情况处于政府的号召和组织的引导之下。此外，社会参与基础薄弱。诚然，社区矫正的社会基础就在于社会力量参与。社区矫正制度并不是矫正与非监禁化的简单相加，它更为倚重的是市民社会的成熟发展，因而必须具备一定的社会基础。但与西方发达国家"小政府大社会"的市民社会管理模式相比，我国传统的"大政府小社会"的社会管理模式导致个体及团体对国家存有极大的依附性，加上我国市民社会管理模式尚未成熟，社会基础相对比较薄弱，也就造成社区矫正工作缺乏广泛的社会力量支持，社会参与基础薄弱。另外，由于各地经济社会发展水平不均衡，社区矫正也存在社会力量发展不平衡的问题，社会力量参与社区矫正热情不够、动力不足，明显缺乏主观能动性。

（二）社会力量参与社区矫正缺乏宣传力度

在西方国家，社区服刑工作能够被人们普遍接受，近年来有扩大适用的趋势。英国、德国、美国、日本等国将社区服刑以法律的形式规定为一种刑罚方式，使刑罚执行社会化和经济化。而在我国，大多数人对社区矫正还是缺乏深入的了解，对于社区矫正还存在距离感，社会力量难以真正融入社区矫正工作。因此，需要大力宣传社会力量参与社区矫正。

（三）社会力量参与社区矫正缺乏有效的机制推动

社会力量参与社区矫正，光靠一腔热情是不够的，还需要建立有效推动的体制机制，参与工作才能有条不紊地开展。从实践看，这种参与至少缺乏六种推动机制。

1. 缺乏科学的管理机制

社会力量具有分散性、异质性等特点，如何对这部分人进行有效管理，同时对那些不适宜继续从事社区矫正工作的人员如何进行调整、更换，将资源优势整合为发展优势，使其真正发挥社区矫正的辅助作用，目前缺乏一整套有效的管理机制。

2. 缺乏严格的选拔机制

对社区矫正对象这样的特殊人群，既需要有专业知识，又需要有职业素养的社会力量参与。如何来选拔社会力量？依照什么标准？从实践中来看，目前是明显缺乏的。

3. 缺乏利益保障机制

吸收社会力量参与社区矫正工作，需要必要的考核奖励和利益保障机制，对社会力量参与社区矫正工作进行检查和考核是确保矫正教育工作质量的前提之一。实践中，大部分地区没有设立专门的考核评价机制，只有个别地区在政府购买社区矫正服务的过程中设立了针对社会组织提供服务的过程以及结果的绩效考核制度。同时，参与社区矫正的社会力量有很大一部分是无偿的志愿活动，缺乏相应的利益保障机制，不能对为社区矫正付出精力、作出贡献的社会主体的奖励和权益提供保障，难以形成社会力量积极参与社区矫正的社会风气。

4. 缺乏沟通协调机制

政府部门与社会力量之间缺乏沟通协调机制。应当明确的是，政府组织社会力量参与社区矫正，二者之间并非管理与被管理或者领导与被领导的隶属关系，而是平等的合作关系。实践中，政府主体往往充当号召者、鼓励者的角色，而参与主体大多也是出于响应而不是主动自觉参与社区矫正工作。在具体工作中，普通民众对社区矫正也存在刻板印象，而一些地区的政府部门亦没能明确好自身定位，对社会力量的参与进行不必要的行政性的干预。以政府购买社区矫正服务为例，政府主体大多合同意识不强，往往过度干涉甚至一手包办。

5. 缺乏有效的配合机制

司法厅、综治办、教育厅、民政厅、财政厅、人力资源和社会保障厅、国税局、工商局、总工会、共青团省委、妇联等部门，要职责分工清晰，责任落实到人。如果职责不明，配合就会缺乏主动性，容易形成司法行政机关单打独斗的工作局面，影响社区矫正工作的顺利开展。

6. 缺乏有效的参与机制

社区矫正志愿者是专业力量的必要补充，是推动社区矫正工作社会化的重要角色。但当前大多数地区没有一个统一的组织，为组织人员培训、开展学习交流活动提供平台，参与机制明显缺乏。

（四）社会力量参与社区矫正缺乏强有力的法律规划和培育

为了推动社会力量参与社区矫正工作，司法部等于2014年11月发布《关于组织社会力量参与社区矫正工作的意见》，指出要充分认识社会力量参与社区矫正工作的重要性，对推动社区矫正工作起到了一定作用。由于参与的社会力量涉及面广，力量庞杂，人员众多，素质参差不齐，出现了许多困惑和问题，且迟迟得不到解决。即使我国先前颁布了《社区矫正实施办法》，但因立法规格太低，法律支撑和制度约束明显不够。需要及时出台更高规格的法律来规划和引领此项工作。

近年来，社区矫正对象数量不断攀升，监督管理任务越来越繁重，社区矫正工作人员不足的问题越来越突出。已参与的社会力量还是无法满足工作需求，需要加强队伍建设和人员储备，尤其是对那些在社区矫正工作中专业性、政策性、法律性较强的人，具备教育学、心理学、法学及社会学等专业背景的人，包括教师、医师、律师、心理咨询师等，需要着重培养，以提高社区矫正工作效率。

（五）社会力量参与社区矫正缺乏足够的经费保障

国家对社区矫正工作高度重视，相关经费有基本保障，一般来说，是按规定拨付经费的。但是，由于社区矫正工作的复杂性，工作推进的时间较短，许多问题考虑不全面，导致出现一些不良状况：

（1）开支项目不科学、不完整，在当前严格的财务制度下，几乎不可能中途增加项目；

（2）因人员变动以及物价上涨等因素的影响，经费使用、物资保障打了折扣；

（3）社区矫正对象会因社会治安情况的好坏而增减，如果矫正对象数量陡增，保障就会出现问题，经费保障机制存在明显缺陷，后续问题层出不穷，直接影响工作的开展；

（4）社会捐助渠道不畅通，社区矫正经费保障不足所引起的困难较突出，社工队伍人员较不稳定。

（六）社会力量参与社区矫正缺乏有效环节、路径的衔接

社会资源分布不均，导致社会力量参与社区矫正的环节、路径明显不畅。突出表现在以下两个方面。一方面，一些社会资源集中在经济条件较好的大城市，而一些中小城市、城镇或农村，社会力量比较薄弱，社会资源匮乏，而且，要引导社会力量参与到社区矫正工作中来，需要下大功夫、动大脑筋，才能推进此项工作。另一方面，社会资源在参与社区矫正工作时，在社区矫正的各个环节中的衔接路径不畅通，想参与的找不到着力点；参与到其中的，不知道如何做好社区矫正工作。各种社会力量各行其是，缺乏有效的领导和管理，缺乏强大动力，更谈不上形成合力及综合发力，难以取得理想的效果。

二、社会力量参与社区矫正工作的改进措施

（一）加大社会力量参与社区矫正的宣传力度

随着《社区矫正法》的颁布施行，公众对社区矫正的认识会提高到新的高度，借助各种新媒体手段，社区矫正宣传也与时俱进。在现阶段，号召社会力量参与社区矫正或者进行社区矫正宣传工作，要注重更新刑罚观念，逐步打破传统报应刑主义的思想壁垒。增强对社区矫正工作的认同感，提高社会力量参与的积极性。如何做好社区矫正宣传工作，大致可从以下几个方面进行。

（1）加大媒介舆论引导，不断扩大社区矫正工作的影响力和普及率。例如，发布社区矫正流程的动画短片或小视频等，以易于引人注意的宣传方式为主，使人们了解社区矫正工作以及社会力量的重要性。通过加强社区矫正的正面宣传，营造全社会关注、理解、支持、参与社区矫正工作的良好氛围，提高对社区矫正工作重要性和必要性的认识，扩大社区矫正的社会普及率。

(2) 大张旗鼓地开展宣传工作，动员和鼓励群众团体、民间组织和社会志愿者参与到社区矫正工作中来，积极探索社会力量的各种参与方式，从而提高广大干部群众积极参与和支持社区矫正工作的自觉性。例如，发挥村（居）民委员会的职能开展宣传工作，组织开展日常的各类活动和会议，设计宣传方案，进行社区矫正工作多方面的宣传。此外，还可以充分发挥社区党员或模范代表的带头作用，组织引导其他民众了解并参与社区矫正工作。

(3) 利用网络媒体与自媒体影响力开展线上宣传。通过电视、广播、报纸、网络、手机等传统和现代网络媒体影响力，充分考虑各宣传手段的优缺点，根据不同受众的习惯，有计划、有针对性地进行宣传报道，普及社区矫正及志愿服务知识，提升公众参与社区矫正的热情和素质，为开展社区矫正营造良好的社会氛围。例如，开展线上宣传＋线下宣传相结合的模式。在线上，可以制作宣传片在网络上播放；可以开启讨论话题，让全民参与讨论，提升话题热度；也可以申请微信公众号，及时推送关于此方面的文章和事迹等等。在线下，可以举办法律知识有奖竞答比赛，提高参与人员的积极性；可以举办法制宣传活动，组织志愿者进社区，到街道进行宣传，等等。实行"线上和线下"双轨服务，引入更多的社会力量参与社区矫正工作。

(4) 发挥参与社区矫正的社会力量的作用开展宣传。例如，成立社区矫正志愿者协会、爱心企业社团等。通过分享和交流参与社区矫正工作的经验和感悟，传播公众支持司法工作的正能量，吸引和倡导民众加入协会，共同做好社区矫正工作。

(5) 尝试开展全国性或地区性的统一宣传活动。通过举办专场经验交流会的形式，向企业、社工组织、志愿者团体、民间协会等发出参与邀请，由社会力量参与社区矫正形成特色模式或取得良好效果的地区，作为代表进行演讲和经验推广，加快营造社会力量参与的社会氛围。

（二）加强社会力量参与社区矫正的机制建设

体制机制建设是社会力量参与社区矫正工作成败的关键，要加强参与机制建设就必须注意探索建立社会力量参与社区矫正的准入退出新机制，注重社会力量参与社区矫正工作的可持续发展，突出保障机制建设。

1. 经费保障机制

建立以财政资金投入为主，社会资金、公益资金为辅的资金筹措机制。

2. 组织保障机制

重点加强社区矫正执法机构建设，力争建立起与社区矫正刑罚执行性质相匹配的社区矫正机构，保障社区矫正机构依法独立的执法主体地位。同时要加强开发区、大型国企社区矫正执法机构的建设，扫除社区矫正工作盲区。

3. 队伍保障机制

按照"专群结合、社会力量参与"的原则，完善以社区矫正执法人员为主体、社会工作者为辅助、社会志愿者为补充的社区矫正工作队伍。

4. 环境保障机制

优化社区矫正执行环境，改变社区矫正工作人员的工作理念。一直以来，受重刑主义理念影响，现行刑事立法仍强调对矫正对象的惩戒，法律制度仍为矫正对象设置了重重障碍，以实现防卫社会的目标，于是，社区矫正工作人员也秉持重刑主义的理念。但是，社区矫正对象需要的不仅是"管"还要注重"教"，所以，应当优化社区矫正执行环境，给社会力量参与社区矫正创建良好的平台。社区矫正要尽可能让被矫正对象感觉到自己并没有脱离社会，并不是在执行某种监禁刑罚。让社会力量充分参与到社区矫正工作中，除了对社区对象进行管控、教育和帮扶，更重要的是让社区矫正环境区别于传统监禁刑，真正使被矫正对象积极接受社区矫正，从而顺利回归社会。

（三）搭建好社会力量参与社区矫正的工作平台

畅通社会力量参与社区矫正工作渠道，实施社区矫正社会化大矫正，需要有效整合分散的社会资源，搭建起社会力量共同发力的社区矫正工作阵地和实战平台，重点要搭建好"五个平台"。

1. 安置帮教平台

切实协调解决社区矫正对象就业、就学、最低生活保障、临时救助、社会保险等问题，为社区矫正对象安心改造并融入社会创造条件。

2. 体验教育平台

通过与就近的监狱签订战略合作协议，共同打造监狱与地方合作的司法社区矫正工作体验教育平台，起到警示教育作用。

3. 政校合作平台

推进高校人才智力、科研成果与社区矫正实践有效对接，使理论研究、教育培训、社工培养等方面工作得到全面开展。

4. 信息监管平台

通过积极推动社区矫正信息化监管平台建设，建立和完善社区矫正工作信息平台、社区矫正对象信息库等，推进与法院、检察院、公安机关、监狱等部门互联互通、信息共享，实现网上处理业务，提高执法效率。

5. 志愿服务平台

通过建立志愿者数据库，并对数据库进行动态管理，使志愿者在社区矫正工作中所受奖励与惩处等信息及时录入和更新，确保志愿者数量与质量，提高社区矫正实际效果。

（四）建立推动社工参与社区矫正的动态管理制度

设立专门的社区矫正社会工作团体组织，承担对社区矫正社工进行管理、培训、注册、资格认证等相关工作，研究制定行业标准、执业规范、监督评价体系等有关规则，培育、扶持民办社会工作服务机构。条件具备时，及时将其纳入到国家民办社会工作服务机构建设整体规划中，实现动态管理，加快社区矫正民办社会工作服务机构建设步伐，推动社工参与工作的有效开展。

（五）建立、完善社会力量参与社区矫正的奖励制度

社会力量参与社区矫正，也需要对工作突出的单位、个人予以必要的奖励。落实奖励制度需从以下五个方面进行。

1. 建立好相关工作保障制度

通过逐步提高社工的待遇，制定有利于社工职业发展空间的配套政策措施，为社会力量参与社区矫正提供所需设备、技术及其他条件支持。例如，司法行政机关在进行绩效考核时，可以参考志愿者所在行业的规范，有针对性地设置社区矫正志愿者的管理制度以及考评体系。

2. 施行好相应的奖励政策

对积极参与社区矫正工作的社工、志愿者及其他人员，可以给予就业、上学、晋升等方面的政策倾斜，在同等条件下优先录用、录取和提拔，并对有关人员给予表彰和物质奖励。例如，依据志愿者星级认证制度，对志愿者人力资源进行有效的筛选、分类、管理和评价。同时，也要及时通过向社区矫正对象进行调查反馈的方式，了解社会力量参与社区矫正的工作效果。注重社会力量工作的整个过程的考核评估，通过考核评议，有差别地进行奖励和激励。

3. 完善好相关优惠政策

根据《关于进一步加强社区矫正经费保障工作的意见》的有关规定，进一步明确政府有关部门根据企事业单位捐赠资金物资、提供工作岗位、提供技能服务的情况核免税收，并明确简便易操作的减免程序。在免除税收外，还可以对这些单位给予相应的政策扶持。例如，提供资金、技术项目支持等，明确个人捐赠也应减免所得税。

4. 促进志愿者协助开展社区矫正工作的鼓励政策

一方面鼓励高校、专业机构及社会专业人士，参与到社区矫正志愿服务活动中，建立由大学生、教师、律师等组成的能力突出、专业性强、综合素质高的志愿者队伍，积极探索精准服务、定向服务、救助服务等模式；另一方面协调工会、青年志愿者协会、妇联等群团组织，适时开展针对性强的专项教育帮扶活动。

5. 设置个性化的奖励办法

例如，对于爱心企业，可以给予优惠政策方面的激励，如一定数额比例的税收优惠。或者通过与金融机构协商，给予在参与社区矫正方面发挥重要作用的企业融资方面的红利等，以此激励和提高企业参与社区矫正的积极性。对于志愿者，可以给予一定的物质激励。虽然志愿者无偿性地提供一定的参与社区矫正的服务，也应给予适当的补贴，报销其参加矫正帮扶工作所花费的交通、伙食等基本费用。此外，还可以结合考核结果，奖励工作能力突出的志愿者。

（六）强化对社会工作者、志愿者及相关人员的教育培训

资格认证制度要求，对社工、志愿者、村（居）委员会成员、社区矫正对象所在单位人员、就读学校人员、家庭成员或监护人、保证人等，都需要进行必要的教育培训，以促进相关人员对社区矫正工作的深度认识和密切配合。培训工作可以由社区矫正机构牵头，培训内容可涉及社区矫正的性质、有关法律法规、对罪犯的教育矫正、帮困扶助政策、社区矫正对象沟通技巧等方面。通过一些专题教育，为社区矫正机构储备充足的后备力量，能为社区矫正对象提供比较专业的服务。

（七）创造善用新模式，组建社会力量参与社区矫正的基础队伍

在国家普及"163"社区矫正执行模式的基础上，积极探索新的矫正模式。如湖北省推进的"6+1"矫正小组模式。这种模式中，小组成员是由司法所、居民委员会、村民委员会的人员，社区矫正对象的监护人、家庭成员、所在单位人员，以及社会工作者、志愿者组成的，并共同参与社区矫正。这种模式的优点是：进一步丰富了矫正小组的机构；充实了矫正小组的人员构成；规范了矫正小组的工作机制；明确了矫正小组成员各自的职责、权利和义务；建立了相应的运行机制。在探索新的社区矫正对象教育管理和帮教队伍的建设过程中，需要努力探索更新、更好的参与模式，以提升矫正质量。

（八）努力构建社会力量参与社区矫正的基层网格化管理方式

在新时代背景下，创新社会治理体制机制，网格化管理、社会化服务是突破方向。在实施网格化管理过程中，将人、地、物、事、组织等基本治安要素纳入网格管理范畴，做到信息掌握到位、矛盾化解到位、治安防控到位、便民服务到位，构建社会力量参与社区矫正工作网络。形成"以人为本、网格化管理、信息化支撑、

全程化服务"的"一本三化"格局。有力提高社区矫正对象监管教育的针对性和时效性，使社区矫正工作向着规范化、标准化、智能化发展。

（九）加强政府购买服务，引入社会力量参与社区矫正工作

通过购买社会工作者服务、社会组织服务以及社会团队服务等吸收社会力量参与社区矫正工作，政府提供较好的经济条件与环境，保证社会力量长期且有效地参与社区矫正工作，为社区矫正对象提供各方面的专业技能或知识，帮助社区矫正对象得到该有的教育，顺利回归社会。

（十）完善社会力量参与的经费保障

由于机制、经费短缺，社区矫正发展受到一定的制约。发达国家的社区矫正经费往往来源渠道都较为多元、丰富。例如日本，主要是民间力量推动社区矫正发展，因此募集社会资金占社区矫正资金的比重较大，政府同时也会给予一定的资金支持。就拿"更生保护制度"来说，其资金来源主要由两部分组成：一是来源于社会爱心人士及慈善机构的募捐；二是来源于政府的一部分拨款资助。结合我国《社区矫正法》中的规定以及各地区的实际情况来看，社会力量参与社区矫正工作经费的主要来源是政府拨款。虽然我国有部分学者认为，社区矫正的制度优势就在于节省司法成本，但实际上，仍然需要投入一定经费，才能保障引入多方社会力量，实现矫正效果的最优化。除此之外，我们还可以尝试拓宽渠道，面向社会筹集社会力量参与的资金，同时也要让社会力量参与的资金来源尽可能丰富，以此减轻财政负担。具体而言，设立专项经费，即社会力量参与社区矫正的财政经费，确保资金充足；扶持相关社会力量发展，进一步加大政府购买社区矫正服务等形式的经费投入，从而实现效益最大化。拓宽渠道，筹措社会力量参与社区矫正资金，如成立社区矫正基金会，鼓励和动员社会热心人士以及爱心企业进行捐赠，以此募集专项资金，促进社会资金支持社区矫正工作，助力社区矫正发挥其制度优势。

综上所述，社区矫正工作不能单纯依赖公权力的支撑，应当吸纳一切可以吸纳的社会力量参与到社区矫正工作中来。首先，充分尊重社会工作者的自身发展规律和工作内容（边界），既要充分发挥社会力量的作用，又不能越俎代庖。应当由执法主体履行的职责和完成的工作，只能由执法主体负责，社会力量只能"参与"或"协助"；相应地，在社会力量的社会工作范围内，执法主体也只能积极地"组织指导"，而不能横加干涉，以行政命令干预他们的专业性工作。其次，以正确的方式方法对社会力量的参与进行组织指导。一是以聘用合同或协议为依据进行组织指导和行为约束；二是通过成立志愿者协会、促进会等行业性自治组织进行组织指导。最后，积极引导、动员社会力量参与社区矫正，树立起"只有向社会敞开大门才能搞好社区矫正"的理念。

总而言之，要通过积极组织、指导已参与和有潜在参与可能的社会力量及相关行业组织提高自身素质、加强自身建设，使这支队伍在中国大地上不断壮大成熟，成为社区矫正工作的主力军；要通过广泛宣传调研，收集和掌握更多的社会资源和人才信息，建立社会工作者、志愿者人才信息库，积极动员更多的人才和相关资源

参与社区矫正工作，使社区矫正工作如虎添翼、左右逢源，获得深厚的社会基础和强大的社会力量支持；要通过选准路径，落实好改进措施、提高社区矫正工作的质量、提升社区矫正工作专业化水平，使社区矫正工作取得新的进展，更上一层楼。

思考题

1. 我国社会力量参与社区矫正工作的主要模式是什么？
2. 简述社会力量参与社区矫正的性质。
3. 谈谈我国社会力量参与社区矫正工作中存在的问题有哪些？
4. 论述社会力量参与社区矫正工作的改进措施。
5. 如何利用其他社会力量参与开展社区矫正工作？

拓展练习

案例 卢某因诈骗罪被判处有期徒刑三年，因符合法定条件，被批准暂予监外执行。在社区矫正期间，卢某又被一些不良因素诱惑，社区居民及时发现了这一情况，马上向社区提出建议。社区矫正工作人员对卢某开展谈话，了解他的思想状况和生活状况，及时作出合理调整，让卢某避免走上再犯罪的道路。

点评 社会力量参与社区矫正工作，一方面有利于增强社区矫正工作队伍的力量，提高社区矫正的工作效率，降低社区矫正对象的再犯罪率；另一方面有利于强化社区矫正对象的自我改造意识，在全社会的共同参与和监督中，保持正确的思想和行为方式，使之能够更好地回归和融入社会。

第二篇　社区矫正调查评估与管理制度

第四章　社区矫正调查评估制度
第五章　社区矫正工作管理制度
第六章　社区矫正信息化监管制度
第七章　社区矫正对象的考核与奖惩制度

第四章

社区矫正调查评估制度

关于社区矫正适用前的调查评估制度，在当前社区矫正界的具体称谓多种多样。不少文献为了突出强调调查评估工作是在社区矫正适用前进行的，将调查评估表述为"审前评估"[1]、"判前评估"[2][3]、"裁（决）前评估"[4][5]等；也有不少文献为了突出调查评估工作的基本性质与主要内容，将调查评估表述为"社会调

---

[1] 任文启.完善我国社区矫正审前调查评估制度的思考——基于文本和现实的比较分析[J].甘肃政法学院学报，2016（2）：128-135.

[2] 陈庆.社区矫正判前调查评估制度探析[J].中北大学学报（社会科学版），2013，29（2）：16-20.

[3] 张籐卿.关于社区矫正审前调查的实践与思考[J].犯罪与改造研究，2011（6）：21-23.

[4] 余俊.社区矫正裁前评估：现状、问题与完善[J].贵州警官职业学院学报，2016，28（2）：69-76.

[5] 蔡雅奇.论社区矫正中的裁决前调查制度[J].铁道警官高等专科学校学报，2012，22（2）：88-93.

查"①、"风险评估"②、"人格调查"③等。然而，这些提法虽然在表述上比较简练，却未能全面揭示社区矫正调查评估制度的内涵与特性。"审前""判前""裁（决）前"等说法都忽视了社区矫正适用的法定根据包括判决、裁决和裁定，从而导致每一种概念提法都未能很好地涵盖其他类型的矫正法定根据。而且"审前"提法也不准确，因为社区矫正的适用并不是法院在审判前启动的，而是在审判过程中涉及是否判处管制或缓刑或者是否决定假释时才得以启动的。与此同时，将社区矫正调查评估称之为"社会调查""风险评估""人格调查"，无意中又不适当地扩大或限缩了社区矫正调查评估的基本内容，不能明显体现社区矫正调查评估的基本性质和特色。为了更加准确地界定和表述社区矫正调查评估制度，在必要的时候不能为了简练而省略"社区矫正"这一前缀，因此，这一制度直接称为"社区矫正调查评估制度"即可。

---

① 司绍寒.《刑事诉讼法》视野下的社区矫正社会调查程序[J]. 中国司法，2012（10）：82-88.

② 于阳，刘晓梅. 完善我国社区矫正风险评估体系的思考——基于再犯危险的分析[J]. 江苏警官学院学报，2011（2）：118-123.

③ 刘立霞，路海霞，尹璐. 品格证据在刑事案件中的运用[M]. 北京：中国检察出版社，2008.

第一节 社区矫正调查评估制度的现状与发展趋势

一、社区矫正调查评估制度的内涵

社区矫正调查评估制度是指社区矫正决定机关委托社区矫正机构或特定社会组织对拟社区矫正的被告人或罪犯等相关情况进行专门调查，并对其人身危险性和再犯罪可能性进行综合评估，对其是否具备社区矫正监管条件以及对所居住社区的影响等进行评估，形成评估意见，在规定的时限内提交委托机关，以供社区矫正决定机关在决定是否对其适用社区矫正时参考的一种制度。

从我国社区矫正实践来看，社区矫正调查评估的委托方为法院、检察院、监狱、看守所，受托方为司法行政机关中的社区矫正机构，很多地区具体实施调查评估的机构为司法所，也有个别地区由其他社会组织进行。调查评估的适用范围为拟适用社区矫正的被告人、罪犯和人民法院拟对其适用禁止令的被告人。在社区矫正实践中，调查评估一般是由委托方根据案件需要向县级司法行政机关发正式的委托调查函，县级司法行政机关接受委托后，登记并指定居住地的乡镇（街道）司法所具体实施调查。司法所将形成的调查评估意见上报县级司法行政机关，县级司法行政形成最终的调查评估报告，函复委托方。委托方通过调查评估所获得的有关信息和资料，在社区矫正决定作出后制定有针对性的矫正方案，有效地对矫正对象开展监督管理和教育帮扶工作。因此，构建完备的调查评估制度，有助于科学地推进社区矫正工作，在严把社区矫正入口关的同时促进矫正质量的提高。

二、社区矫正调查评估制度的现状

（一）从历史渊源看

我国的调查评估制度最初是从苏州等地的未成年人刑事案件特殊处理机制中发展起来的。2001年，《最高人民法院关于审理未成年人刑事案件的若干规定》明确规定了调查评估制度。2009年，"两高两部"在《关于在全国试行社区矫正工作的意见》中，将调查评估制度扩大到了可能适用非监禁刑的被告人。2012年，在《社区矫正实施办法》中明确、详细地规定了调查评估制度，同时《刑事诉讼法》也将调查评估制度正式纳入未成年人案件。2016年，"两高两部"《关于进一步加强社区矫正工作衔接配合管理的意见》进一步明确，调查评估意见作为委托机关依法适用或提请适用社区矫正的参考。与此同时，一些省市也专门出台了一些关于调查评估的较为详细的规范性文件。2020年颁布施行的《社区矫正法》第十八条明确对调查评估的委托主体、受托主体、对象、调查评估内容以及协助单位等问题作出了原则性规定：社区矫正决定机关根据需要，可以委托社区矫正机构或者有关社会组织对被告人或者罪犯的社会危险性和对所居住社区的影响，进行调查评估，提出意见，供决定社区矫正时参考。居民委员会、村民委员会等组织应当提供必要的协助。

（二）从表述看

社会调查评估程序的执行机构由"县级司法行政机关"变为"社区矫正机构或者有关社会组织"。这意味着，在《社区矫正法》实施以后，除了司法行政机关外，"有关社会组织"也将具有进行调查评估的权限。

调查评估工作能够充分体现有关部门拟适用社区矫正制度时的审慎态度，为决定机关依法适用社区矫正提供重要的参考依据，有利于提前预判并降低社会风险，也是把好入口关、保证社区矫正质量和秩序的关键。但值得注意的是，在调查评估实践过程中，有一个比较棘手的问题，即社区矫正机构提供了调查评估意见，但对审判机关是否必须采纳该评估意见，法律没有明确规定，完全根据法官的自由裁量。这就导致法官在审判案件时只能依靠客观案情与主观印象来判断，并没有其他能够体现犯罪人员人身危险性的信息作为参考，调查评估工作的作用与价值也因此大打折扣。对于有些被告人或罪犯而言，社区矫正机构认为可以适用社区矫正，但法院不予适用；而对于有些被告人或罪犯而言，社区矫正机构认为不能适用社区矫正，但法院予以适用。社区矫正机构的工作人员往往认为，对于法院不予适用的，若是被告人则肯定就被判处刑罚去监狱服刑，若是罪犯则也会继续在监狱服刑，"我们省事了，不用接收更好"；比较担忧的是自己认为不能适用社区矫正的法院予以适用了，"接收不接收都是烫手山芋，接收了，意味着我们没有执法权威，法院不尊重我们，再往深处说，万一这个罪犯真的在我们这里再犯罪，我们不仅日常考核会受到影响，而且检察院马上就行使监督职能，介入进来调查我们是不是存在渎职或滥用职权，麻烦得很"。应当说，上述担心在基层社区矫正工作人员中比较普遍。对此，首先应当明确的是，基于此类情况，社区矫正机构应当对该被告人或罪犯接收，因为社区矫正机构接收被告或罪犯并执行社区矫正，本身属于刑事执行权的范畴，而是否决定适用社区矫正属于刑事审判权即司法权的范畴。《社区矫正法》从立法层面将社区矫正机构的调查报告定性为"意见参考"，因此，调查评估意见对于法官是否适用社区矫正没有强制约束性。

（三）从实践工作看

从社区矫正机构正常工作的风险规避角度出发，应当从程序规则和具体证据两方面避免社区矫正工作出现问题。一方面，法官确实应当对调查评估报告作出审查判断，这是法官的权力。但是，如果法官不采纳调查评估报告，应当充分阐释理由，并告知司法行政机关。另一方面，社区矫正机构应当详细保留对该被告人或罪犯做的所有调查评估报告案卷材料，并保留法院不适用社区矫正理由的文件附件，按照正常工作程序对该被告人或罪犯重点监管，从而有效避免工作风险。

从我国社区矫正调查评估的法律依据和实践情况来，对于调查评估制度的现状，我们可以做以下总结和评论：

（1）调查评估制度的事实与法律性质至今仍存在一定争议；

（2）调查评估制度的法律依据在很长一段时间并不规范，并不统一；

（3）调查评估的实际地位、适用范围各地尺度不一；

（4）委托主体和受托主体存在一定争议；

（5）社区矫正决定机关对于调查评估制度的选择权规定，导致调查评估制度难以真正发挥其应有的作用。

三、社区矫正调查评估的原则

调查评估原则是指在调查评估工作中应遵循的基本原则。调查评估工作涉及对象多、内容广、事项复杂、工作难度大。同时，调查评估意见书会被提交社区矫正决定机关，对相关的裁定和被调查人的刑事责任发生影响。因此，调查评估是一项极其严肃的工作，也是专业性很强的工作，对调查者有较高要求。在开展调查评估的全过程中，调查人员必须坚持客观原则、直接原则、系统原则、科学原则、保密原则。

四、社区矫正调查评估的内容

《社区矫正法实施办法》第十四条对调查评估的主要内容作了原则性的规定：社区矫正机构、有关社会组织接受委托后，应当对被告人或者罪犯的居所情况、家庭和社会关系、犯罪行为的后果和影响、居住地村（居）委会和被害人意见、拟禁止的事项、社会危险性、对所居住的社区的影响等情况进行调查了解，形成调查评估意见，与相关材料一起提交委托机关。从理论上讲，社会危险性衡量的具体标准和考量因素有多种，不同国家的评估量表也千差万别。从实践的具体做法和经验来看，调查评估内容是调查评估的核心所在，即调查评估的程序应该合法，内容真实，出具的调查评估意见应该客观公正、充分准确，避免受主观意识的影响；应当充分全面，具有可参考价值，避免偏信"一家之言"，通过调查准确反映犯罪嫌疑人、被告人、罪犯的社会危险性和对所居住社区的影响。其内容包括以下几个方面。

（一）程序合法

程序合法是实体合法的基础和保障，目前《社区矫正法》和《社区矫正法实施办法》对调查评估的程序没有作出明确具体规定，各地在司法实践中，调查评估程序规则不统一。在此提出建议如下。

1. 调查主体

由社区矫正机构或者有关社会组织两名以上工作人员共同进行。

2. 笔录记录

调查中形成的调查笔录、询问笔录、走访记录等应写明调查时间、调查人员、调查地点、被调查人姓名、身份及联系方式、调查内容等基本情况。形成的笔录应由被调查人签字确认、写明日期，笔录记录形成后亦应由调查人签字确认。

3. 调取证明材料

进行调查的工作人员向村（居）民委员会、派出所等有关单位调取的相关证明文件，应有出具单位负责人签字或盖章，无法签字或盖章的，工作人员应注明调取证明材料的来源、时间、调取人。

4. 留存保管

调查评估的相关材料除随评估意见提交委托机关外，受委托的社区矫正机构或有关社会组织应当整理保存。

（二）内容充分

调查评估内容是调查评估的核心所在，即调查评估意见书中需填写的"有关情况如下"的相关内容。调查评估内容应当做到客观、公正、真实、充分、准确，通过调查准确反映犯罪嫌疑人、被告人、罪犯的社会危险性和对所居住社区的影响。在此提出建议如下。

1. 个人情况

个人情况包括生理状况、心理特征、性格类型、爱好特长、优点与缺点等；犯罪前表现包括工作或学习表现、生活情况（业余生活）、邻里关系、社会交往、违法违纪情况；犯罪后表现包括对犯罪的认识态度、悔罪态度、退赃或附加刑的执行情况、和解或谅解情况、附带民事赔偿履行情况和履行能力等。

2. 居住情况

包括有无住所、居住房屋权属性质，以及居住状况、共同居住人员等。

3. 家庭关系

包括家庭成员数量与结构、子女抚养与夫妻关系、经济收入来源、赡养老人情况、接纳程度等。

4. 社会关系

包括邻里关系、社会交往情况、对适用社区矫正的态度等。

5. 犯罪前表现

包括工作学习表现、生活情况，违法违规情况等。

6. 悔罪表现

包括对犯罪行为的认识、悔改态度、罚金刑和附带民事赔偿履行情况、履行能力等。

7. 村（居）民委员会意见

包括对适用社区矫正的意见，是否愿意协助做好社区矫正相关工作等。

8. 被害人意见

包括道歉谅解情况，赔偿及消除危害情况，对适用社区矫正的意见等。

9. 社会危险性及再犯可能性

包括是否有反社会倾向、是否有滥用药物情况、是否有悔过表现行为、对行为的控制能力等。

（三）调查评估公正

调查评估即调查评估意见书中"评估意见为"的相关内容。综合前述调查情况后，出具的调查评估意见应力求客观公正、全面真实，有充分的调查事实予以支持。

五、社区矫正调查评估的发展趋势

我们认为，在《社区矫正法》出台之后，社区矫正实践部门应当充分学习、理解和领悟立法的深意，尽快将思想认识以及实践做法与立法规定和精神进行详细的对比分析，将与立法规定和精神不一致的思想和做法及时调整，并充分思考在现有立法规定和精神的引领下，如何更有效地发挥调查评估制度的积极价值。

《社区矫正法》明确了调查报告的委托主体，实际上仍然将检察院排除在委托主体之外；明确了受托主体为双重主体，即社区矫正机构或特定社会组织，并规定了居委会或村委会作为协助主体；明确了调查评估制度的基本内容，即对被告人或罪犯的人身危险性以及对所居住社区的影响；当然，立法仍然使用了"可以"而非"应当"的具体规定，依旧赋予了社区矫正决定机关对于是否进行调查评估的选择权和裁量权；另外，立法已经将调查评估定性为参考意见。[①] 因此，不能将调查评估材料作为证据。

《社区矫正法》虽然比较明确和详细地规定了调查评估制度的基本内容，但是，进一步提高调查评估制度的可操作性和精确性仍然是我们努力的方向。

---

① 王爱立. 中华人民共和国社区矫正法解读［M］. 北京：中国法制出版社，2020.

（1）在受托主体方面，除了社区矫正机构作为调查评估主体外，在其他社会组织承担调查评估工作时，应对社会组织的基本属性、服务领域范围以及职能等进行大体框定，便于基层社区矫正实践部门选择合适的机构。

（2）在对机构选择方面，应当积极推动司法行政部门建立调查评估机构的专门信息库，然后面向信息库内的机构组织招投标程序，或者采用随机抽签的方式在库内遴选专门的调查评估机构，通过向其购买社会服务的途径，鼓励其参与到调查评估工作中，依托调查评估过程中第三方机构较为客观、中立和专业的评估工作，从整体上推进调查评估工作朝着规范和公正方向发展。

（3）应当结合我国当前的《刑法》《刑事诉讼法》等相关法律和司法解释规定，对调查评估的具体范围予以明确。

（4）对于拟适用社区矫正的未成年人罪犯，根据我国《刑法》《刑事诉讼法》相关规定及其具体精神，应当进行调查评估。

（5）对于判处管制刑、适用禁止令以及暂予监外执行的社区矫正对象，社区矫正决定机关是否对其进行调查评估，可以由决定机关根据具体案件的情况以及社区矫正对象的具体情况自主决定。

第二节　社区矫正调查评估的应用程序

一、社区矫正调查评估的要求

（一）社区矫正调查评估的时限要求

（1）社区矫正机构、有关社会组织应当自收到调查评估委托函及所附材料之日起十个工作日内完成调查评估，提交评估意见。

（2）对于适用刑事案件速裁程序的，应当在五个工作日内完成调查评估，提交评估意见。

（3）需要延长调查评估时限的，社区矫正机构、有关社会组织应当与委托机关协商，并在协商确定的期限内完成调查评估。

（4）因犯罪嫌疑人、被告人或者罪犯的姓名、居住地不真实、身份不明等原因，社区矫正机构、有关社会组织无法进行调查评估的，应当及时向委托机关说明情况。

（二）社区矫正调查评估的方式要求

调查可以参考但不限于采取以下方式进行。

（1）走访。走访对象可包括家庭成员、被害人及其近亲属、村（居）民委员会、派出所、工作单位、就读学校有关人员等。

（2）座谈。座谈对象可包括村（居）民委员会、工作单位、就读学校有关人员等。

(3) 个别谈话。谈话对象可包括家人、亲朋好友、本人等。
(4) 查阅调取相关资料。
(5) 要求相关机关或企事业单位协助等。

对调查核实的情况进行综合性评估后,出具评估意见。可根据需要,组织召开由社区民警、社会工作者、社会志愿者、有关单位、部门和社区居民代表等参加的评议会,对适用社区矫正可能产生的社区影响、再犯罪风险以及是否具备监管教育条件等因素进行综合评估。

(三) 社区矫正调查评估应注意事项

调查评估的程序合法是实体合法的基础和保障,目前《社区矫正法》和《社区矫正法实施办法》对调查评估的程序未作出明确具体规定,要求社区矫正机构或者有关组织进行调查评估并提出意见,村(居)民委员会等组织提供必要协助。各地方在制定社区矫正相关细则中规定亦不甚统一。从司法实践角度,应注意严格按照前述程序上的要求操作。

二、社区矫正调查评估分阶段的流程

(一) 侦查阶段的调查评估流程

(1) 公安机关发送委托社会调查函及相关材料至犯罪嫌疑人居住地的社区矫正机构或者有关社会组织。

(2) 社区矫正机构或者有关社会组织收到委托社会调查函后,应当指派调查人员开展调查,并及时通知执行地县级人民检察院。

(3) 调查人员应当围绕需要调查的事项通过实地走访、信息化核查等方式展开调查,并在调查过程中留存调查记录。经综合评估,形成规范的书面调查评估报告后提交社区矫正机构或者有关社会组织。

(4) 社区矫正机构或者有关社会组织收到调查人员的调查记录和评估报告后,应当认真审核,并形成《调查评估意见书》,与相关材料一起提交发起委托的公安机关,同时抄送执行地县级人民检察院。

(5) 公安机关在侦查阶段委托社区矫正机构或者有关社会组织进行调查评估,社区矫正机构或者有关社会组织在公安机关移送审查起诉后完成调查评估的,应当及时将评估意见提交受理案件的人民检察院或者人民法院,并抄送公安机关。

(二) 审查起诉阶段的调查评估流程

(1) 人民检察院发送委托社会调查函及相关材料,至犯罪嫌疑人居住地的社区矫正机构或者有关社会组织。

(2) 社区矫正机构或者有关社会组织收到委托社会调查函后,应当指派调查人员开展调查,并及时通知执行地县级人民检察院。

(3) 调查人员应当围绕需要调查的事项通过实地走访、信息化核查等方式展开调查，并在调查过程中留存调查记录，经综合评估，形成规范的书面调查评估报告后提交社区矫正机构或者有关社会组织。

(4) 社区矫正机构或者有关社会组织收到调查人员的调查记录和评估报告后，应当认真审核，并形成《调查评估意见书》，与相关材料一起提交发起委托的人民检察院，同时抄送执行地县级人民检察院。

(5) 人民检察院提起公诉时，已收到调查评估材料的，应当将材料一并移送；未收到调查评估材料的，应当将委托文书随案移送；在提起公诉后收到调查材料的，应当及时移送人民法院。

（三）决定阶段的调查评估流程

(1) 决定机关发送委托社会调查函及相关材料，至被告人、罪犯居住地的社区矫正机构或者有关社会组织。

(2) 社区矫正机构或者有关社会组织收到委托社会调查函后，应当指派调查人员开展调查，并及时通知执行地县级人民检察院。

(3) 调查人员应当围绕需要调查的事项，通过实地走访、信息化核查等方式展开调查，并在调查过程中留存调查记录，经综合评估，形成规范的书面调查评估报告后提交社区矫正机构或者有关社会组织。

(4) 社区矫正机构或者有关社会组织收到调查人员的调查记录和评估报告后，应当认真审核，并形成《调查评估意见书》，与相关材料一起提交决定机关，同时抄送执行地县级人民检察院。

(5) 决定机关收到《调查评估意见书》后，应当充分参考评估意见后作出决定。决定机关对调查评估意见的采信情况，应当在相关法律文书中说明。

三、社区矫正调查评估的程序

（一）登记建档

社区矫正机构应将调查评估案件登记建档，收到调查评估委托函后及时登记，标明签收日期、委托机关、委托内容、联系人、联系方式、办理期限，并根据后续工作进程相应注明调查人员、调查方式、评估意见、办结日期等，建立统一规范的调查评估案件卷宗和台账。

（二）文书核查

社区矫正机构收到委托文书后，应对委托函及所附材料进行核查，发现缺项的，应及时联系委托机关补齐材料。委托调查材料应包括以下内容。

1. 调查评估委托函

调查评估委托函应包括被告人、罪犯的姓名、住址、案由及委托机关联系人和联系方式等内容。

2. 人民法院委托

应当附带起诉书或自诉状；监狱或公安机关委托的，应当附带终审法院的判决（裁定）书、执行通知书、历次减刑裁定书及服刑期间表现情况。

（三）指派调查人员

社区矫正机构应当及时指派调查评估人员，填写《调查评估处理单》。调查评估由社区矫正机构和受委托的司法所二名以上工作人员组成，调查成员有下列情形之一的，应当回避：一是属于本案当事人或当事人的近亲属的；二是本人或其近亲属和本案有利害关系的；三是与本案当事人有其他关系，可能影响公正处理的。

（四）拟定调查方案

调查人员应根据案件情况拟定调查方案，其中包括调查对象、调查方法、调查时间、调查地点、调查内容等。

（五）组织评估

调查人员应当认真梳理分析调查掌握的情况，对是否可以适用社区矫正提出初步建议，提请社区矫正刑事执行评审委员会审议，并做好记录，形成评估意见，制作《调查评估意见书》。

（六）文书移交

社区矫正机构向委托机关移交《调查评估意见书》，同时抄送执行地人民检察院。

（七）材料建档

社区矫正机构应当建立调查评估卷宗。对依法适用社区矫正的被告人、罪犯，社区矫正机构应当将《社区矫正社会调查评估卷宗》归入社区矫正对象执行档案。

（八）需要特别注意事项

（1）注意未成年人社区矫正特别规定。《社区矫正法》第五十四条规定：社区矫正机构工作人员和其他依法参与社区矫正工作的人员对履行职责过程中获得的未成年人身份信息应当予以保密。调查评估意见涉及对象为未成年人的，应当遵守保密规定。应当对其身份信息采取适当的保护措施，对其调查材料予以保密，充分保障其合法权益。有条件的地方,可以邀请共青团、妇联、教育部门、未成年人保护组织的工作人员参加。

(2) 对调查评估意见以及调查中涉及的国家秘密、商业秘密、个人隐私等信息,应当保密,不得泄露。

(3) 对于采取走访、座谈、个别谈话等方式进行调查的,调查人员应当现场制作调查笔录,经被调查人核实无误后签字确认。

(4) 被调查人拒绝签字的,应当在笔录中注明。签字或注明后,调查人员亦应签名并填写制作日期。

(5) 对于通过查阅、调取相关资料方式进行调查的,应当由提供单位确认无误后盖章。必要时,在调查过程中可以录音、录像。

四、社区矫正调查评估意见书的撰写与应用

在信息收集与分析工作完成后,即可开始调查评估意见书的撰写。考虑到被调查人的主体类型(如成年人还是未成年人)、犯罪行为类型(如故意犯罪还是过失犯罪)以及拟适用社区矫正措施的不同,不同案件的调查意见书的侧重点可以有所不同。

一般来说,调查评估意见书涉及以下内容。

(一)被调查人基本信息

(1) 姓名;

(2) 性别;

(3) 出生日期与出生地点;

(4) 民族;

(5) 宗教信仰;

(6) 住址;

(7) 联系方式等。

(二)本次犯罪情况

(1) 被指控的罪名;

(2) 涉嫌犯罪的性质,如故意犯罪还是过失犯罪,预谋犯罪还是临时起意犯罪,暴力犯罪还是非暴力犯罪,是否涉黑、涉恐、涉枪、涉毒等;

(3) 犯罪形态(既遂、预备、未遂、中止);

(4) 是否共同犯罪,在共同犯罪中的作用(主犯、从犯、胁从犯);

(5) 犯罪的起因,被害人或第三人是否有过错;

(6) 犯罪的目的与动机;

(7) 犯罪的手段等。

如果被调查人是拟适用假释或暂予监外执行的罪犯,则应标明原判的罪名与刑罚、服刑期间的表现、减刑情况、剩余刑期等。

(三)被调查人的犯罪历史

(1)曾经的违法、犯罪经历;
(2)是否构成累犯、惯犯等。

(四)被调查人犯罪后的表现

(1)被采取强制措施的情况,在看守所羁押期间或在取保候审、监视居住期间的表现等;
(2)认罪悔罪态度;
(3)自首、立功表现;
(4)退赃、退赔情况;
(5)赔偿被害人的态度和赔偿情况等。

(五)被害人状况

(1)被害人的基本情况;
(2)被害经过;
(3)被害后果;
(4)被害人及其家属是否谅解等。

(六)被调查人的婚姻家庭情况

(1)是否结婚;
(2)婚姻是否稳定、是否离异;
(3)家庭结构与主要家庭成员;
(4)家庭经济状况;
(5)家庭关系是否和睦;
(6)被调查人在家庭中的地位和作用等。

如果被调查人是未成年人,要注意考察涉案未成年人的家庭是否完整,是否存在父亲或母亲去世、父亲或母亲被判刑入狱以及父母离异等情况;还要注意考察家长的管教方式是否得当、是否对子女有溺爱或者体罚虐待等不良现象,父母是否具有赌博、酗酒、吸毒等不良行为,父母之间是否因感情不和而经常发生吵骂、斯打现象等。

(七)被调查人的教育背景与职业情况

(1)文化程度;

(2) 就业历史与技能；

(3) 职业技能；

(4) 目前所从事的职业，是否处于失业状态；

(5) 收入情况及支付罚金和赔偿的能力；

(6) 在单位的表现情况，领导、同事的评价等。

如果被调查人是未成年人，要注意考察其在校学习还是务工、务农，是否有辍学、流浪等情况。

（八）被调查人的健康状况与个性特征

(1) 身体健康状况，有无残疾、精神病史等；

(2) 心理健康状况，是否有心理疾病；

(3) 性格特征，如性格是否孤僻、多疑、冷漠，脾气是否暴躁、易冲动，是否有暴力倾向等。

（九）被调查人的社会交往、习惯及爱好情况

(1) 是否同违法、犯罪人员或其他有不良倾向的人员交往；

(2) 是否有赌博、吸毒、酗酒、"网瘾"等不良习惯或嗜好等。

（十）社区环境情况

(1) 居住情况；

(2) 邻里关系；

(3) 所在社区居民的评价意见；

(4) 社区的监管条件等。

调查评估意见书在形式上大体分为首部、正文、尾部三大部分。

第一，在首部，应列明意见书名称、文书字号、呈交机关、调查时间和简要经过等。文书字号由年度、社区矫正机构代字、类型代字、文书编号组成，使用阿拉伯数字，如"（2020）××矫调评字第1号"。

第二，在正文部分，应按照前述调查意见书的主要内容，写明被告人或者罪犯的基本情况、居所情况、家庭情况及社会关系、犯罪前的一贯表现、接收地村（居）民委员会和居住在同一社区的被害人意见等情况。"评估意见为"可以填写被告人或者罪犯适用社区矫正是否存在社会危险性以及对所住社区的影响，对是否适用社区矫正的建议和理由以及其他需要说明的情况。

第三，在尾部，主要是签署、日期、用印等内容。

调查评估意见书一式三份：一份存档，一份与相关材料一起提交委托机关，同时抄送执行地县级人民检察院一份。

司法部2020年6月发布了调查评估意见书的统一格式范文（见表4-1）。

表 4-1　调查评估意见书的统一格式范文

```
                       调查评估意见书
                                          （　　）字第　　号
_____人民法院（公安局、监狱管理局）：
    受你单位委托，我单位于____年__月__日至____年__月__日对被告（罪犯）____进行了调查评估。
    有关情况如下：
_____
_____
_____
_____
_____
_____
_____
_____
    综合以上情况，评估意见为_____

                                              （公章）
                                              年　月　日
    注：抄送_____人民检察院。
```

社区矫正审前调查评估笔录格式范文如表 4-2 所示。

表 4-2　社区矫正审前调查评估笔录格式范文

```
                社区矫正审前调查评估笔录
    时间：　　年　　日　　时　　分至
    地点：
    被调查人：
    调查人：
    我们是××县司法局社区矫正工作人员（出示工作证），受××省××监狱的委托，依法对被告人（罪犯）××进行社区矫正调查评估，请予以配合。
    问：请问你的姓名、性别、民族、出生年月日、身份证号码、文化程度、工作单位、职务、家庭住址、联系电话，以及与被告人的关系是什么？
    答：姓名：　　　　性别：　　　　民族：
    出生年月日：　　　年　　月　　日
    身份证号码：
    文化程度：
    工作单位：
    职务：
    家庭住址：　　县　　镇　　村　　门牌号
    联系电话：
                                    调查人：（阅读并签名）
```

社区矫正调查评估笔录格式范文如表 4-3 所示。

表 4-3　社区矫正调查评估笔录格式范文

社区矫正调查评估笔录

和被告人（罪犯）的关系：父子。

问：受××省××监狱的委托，对你儿子×××进行社区矫正调查评估，你是否同意×××假释回家？

问：×××假释回家后，你是否会在生活、思想上帮助他？

答：会的。帮助他回到正常人的生活。

问：你家是否有固定住所？

答：有，有正房一间，厢房两间。

问：主要经济来源主要是哪些？

答：……虽然我们家不是很富裕，但是温饱还是可以保证的。

调查人：（阅读并签名）

社区矫正调查评估意见书格式范文如表 4-4 所示。

表 4-4　社区矫正调查评估意见书

调查评估意见书

（2020）××矫调评字第 1 号

××市××区人民法院：

受你单位委托，我单位于 2020 年 6 月 10 日至 2020 年 6 月 15 日对被告人王某某进行了调查评估。有关情况如下：王××，男，1990 年 10 月出生，初中文化，已婚，居住地为××市××区××街道××号，户籍地为××市××区××街道××号。其自 2009 年于××中学毕业后在自家饭馆干活，2018 年自购小型翻斗货车做道路运输拉渣土。据了解，王××一岁多丧父，之后母亲再婚。通过走访邻居、村委会，均反映由于家庭特殊性，王××从小就被祖辈溺爱，且因其曾于某武术学校学习两年，人际交往比较复杂，经常拉帮结派惹是生非，在村里评价很差，号称"小痞子"。王××此次涉嫌犯罪是因为与同村郭×发生矛盾后，纠集其朋友对郭×实施报复性打击，造成郭×身体伤害。经与村委会、被害人沟通，均表示不同意其在村内实施社区矫正。

综合以上情况，评估意见为王××宣告缓刑后，其社会危险性较大，对所居住社区的影响较大，不符合社区矫正的条件。

××市××区社区矫正机构（公章）

2020 年 7 月 17 日

注：抄送××人民检察院。

思考题

1. 调查评估执行部门是什么？有何理论依据？
2. 简述社区矫正调查评估程序。
3. 社区矫正调查评估意见书的性质是什么？

拓展练习

案例 陈×，男，1983年10月出生，因违反国家烟草专利管理法规，未经许可贩卖电子烟弹等，于2017年1月25日被法院以非法经营罪判处有期徒刑五年，刑期自2017年10月24日起至2022年10月23日至。陈×在服刑期间，认罪态度良好，服从管教，改造方向明确，态度端正，遵守各项监规纪律，无扣分情况，并认真参加各项学习和劳动，综合评估各方面情况良好。现监狱对其提请假释，委托社区矫正机构开展调查评估。

社区矫正机构对陈×的社区矫正调查评估意见书如表4-5所示。

表4-5 社区矫正机构对陈×的社区矫正调查评估意见书

社区矫正调查评估意见书

（2020）××矫调评字第3号

××监狱：

受你单位委托，我单位于2020年7月2日至2020年7月10日对罪犯陈×进行了调查评估。有关情况如下：陈×，男，1983年10月出生，汉族，大学本科文化，户籍地为××市××区××街道××号，居住地为××市××区××街道××号，居住地房屋60平方米，为其父亲所有，现有父母二人在此居住。其父母均已退休，经济情况稳定，并表示愿意为其提供经济帮助及监督帮教。经查，其无前科劣迹，成长经历正常。此次犯罪为非法经营，在社区无特定被害人，社区居委会亦同意其适用社区矫正。

综合以上情况，评估意见为陈某适用社区矫正存在社会危险性，对所居住社区的影响一般。

××市××区社区矫正机构（公章）
2020年7月17日

注：抄送××人民检察院。

点评 从调查评估记录的有关情况来看，陈×居住、家庭、社会关系、成长经历、帮教条件以及社区接受程度等各方面均较为良好，评估意见为存在社会危险性的认定未见调查事实予以充分支持。后经向调查人员了解，其作出该评估意见时主要考虑到陈×此次犯罪为非法经营罪，属破坏社会主义市场经济秩序犯罪，可能存在再犯罪风险，故出具了存在社会危险性的意见。建议虽然调查事项范围较广，但还可以开展深入调查，如成长经历方面是否自幼好学、是否尊敬师长、是否孝敬父母，家庭关系方面父母的年龄及家庭收入、对子女的管教能力，社会关系方面社区邻里相处是否和睦、是否愿意接纳等。对于经调查认为确有社会危险性的因素亦应指出相关的调查事实或证据材料，作出具体明确表述，供决定机关参考。

第五章

社区矫正工作管理制度

社区矫正工作需要完善的运行机制和一整套规范的管理制度。社区矫正工作管理制度包括执行地的确定制度、矫正接收制度、日常管理制度、档案管理制度和入（解）矫制度等。

第一节　社区矫正工作环节的管理制度

一、执行地的确定

（一）执行地问题的梳理

自我国开展社区矫正试点以来，社区矫正对象在何处执行一直是困扰社区矫正基层实践工作的难题。我国不同领域和不同时代的法律法规和规范性文件的概念使用和基本内涵不统一，即我国法律体系和法律秩序的统一性仍然有待加强。例如，在刑事和民事立法领域，不同的法律法规和规范性文件对于住所地使用的称谓存在明显差异，甚至在民事立法这种同一立法领域，由于时代变迁，前后不同法律法规对于住所地概念表述也不一致。立法表述的概念差异，无疑在很大程度上增加了基层社区矫正工作对于执行地的认识和辨别困难。

我国《社区矫正法实施办法》中采纳了居住地的称谓，但并没有明确提出如何认定居住地。在实践操作中，大部分地区往往也是以户籍所在地与经常居住地两方面相结合来判断并确定社区矫正对象的居住地。

应当说，社区矫正实践过程中采纳居住地的提法，在一定程度上的确可以填补因人员流动导致的"人户分离"现象在法律规定上的空白，防止对社区矫正对象脱管或漏管，减轻在户籍地之外务工生活的社区矫正对象的负担，节约了一定的社会与司法资源，符合国家基层治理的发展方向。

然而，就居住地的实际确定问题而言，最现实和最困难的问题是不同省市对于居住地标准的规定差异很大。经过各省市的不断摸索，现在已经基本形成社区矫正对象要在犯罪地有一定的居所，至于居所性质、居住时间长短、有无生活保障问题以及有无保证人等则各有侧重。这就意味着，各省市的居住地标准差异的客观事实，在实践中很可能使得社区矫正决定机关与社区矫正执行机构对跨省、跨市拟适用社区矫正的对象产生分歧，不利于社区矫正交付衔接时的配合，甚至可能产生推诿扯皮现象，造成社区矫正对象脱管或漏管。[①] 另外，在司法实践中，法院往往根据公安、检察院移送时的居住地或社区矫正对象或其近亲属自报的居住地进行核实，很少进行实地查验核实。当法院对社区矫正对象或其近亲属所提供的居住地有疑问时，更多的是直接将户籍所在地确定为居住地，让社区矫正对象回户籍所在地接受矫正。然而，在东部和沿海经济发达地区，外来人员往往是全家在某一个地方务工生活，那么，让社区矫正对象回原籍进行社区矫正时，其他成员仍然在本地务工，势必造成夫妻和子女的家庭分居，这本身就不利于社区矫正对象的教育和矫正。而且，如

---

① 但未丽. 社区矫正立法若干问题研究——以《社区矫正法（征求意见稿）》为分析对象 [J]. 首都师范大学学报（社会科学版），2018（2）：58-64.

果社区矫正对象回原籍进行社区矫正，可能由于当地缺乏帮教等社会力量而使得原籍社区矫正机构拥有矫正的大部分监管职能和权力，而社区矫正机构工作人员如果审查不细致或基于某种乡土性的血缘关系、"裙带关系"等原因滥用职权，容易造成事实上的无序流动和脱管，影响对社区矫正对象的监管效果，同时也会给基层治理带来更多问题。

（二）解决原则与方案

《社区矫正法》以法律的形式，第一次正面回应了社区矫正对象的执行地的确定和选择问题。《社区矫正法》第十七条明确规定：社区矫正决定机关判处管制、宣告缓刑、裁定假释、决定或者批准暂予监外执行时应当确定社区矫正执行地。社区矫正执行地为社区矫正对象的居住地。社区矫正对象在多个地方居住的，可以确定经常居住地为执行地。社区矫正对象的居住地、经常居住地无法确定或者不适宜执行社区矫正的，社区矫正决定机关应当根据有利于社区矫正对象接受矫正、更好地融入社会的原则，确定执行地。

这一规定，一方面确定了社区矫正执行地的居住地原则，如前所述，意在淡化户籍地的实质性影响；另一方面确立了居住地的替代或变通规则，即允许在特定情况下将经常居住地作为执行地。在无法确定居住地和无法替代或变通时，立法确立了以更好地融入社会为目的，确定社区矫正执行地的基本思路。从总体上看，《社区矫正法》是从立法的高度表达了对社区矫正执行地的基本态度倾向和原则，积极发挥对社区矫正实践操作的规范引领作用。虽然居住地的提法正式写入《社区矫正法》中，但是如果居住地的认定只要存在着地方标准的差异，那么，跨省市的社区矫正执行地的确认仍会存在问题。对此，在现有的立法态度和倾向指引下，应当注意以下几点。

第一，决定机关在确定社区矫正执行地时，特别是有多个居住地或居住地不适合社区矫正时，应当征求社区矫正对象的意见。实际上，只要社区矫正对象本人内心对自己的工作、生活状况有一定的期许和深度了解，只不过是他愿不愿意向社区矫正决定机关表露而已，也就是说，绝大部分社区矫正对象对自己在哪里服刑和接受社区矫正内心还是比较清楚的。有些罪犯不愿意在犯罪发生地接受社区矫正，可能该地区是他的一个伤心地，心理上存在排斥；有些罪犯不愿意回原户籍地接受社区矫正，则可能主要是由于人情社会的因素对其产生的"耻感"作用。对于社区矫正对象内心的真实想法，社区矫正对象因为执行地而可能产生的抵触情绪，社区矫正机构在决定社区矫正时，应当征求居住地社区矫正机构和社区矫正对象的意见，必要时委托其做相应的调查评估工作，从而提高执行地确定工作的准确性和规范性。

第二，逐步尝试建立罪犯所在社区执行社区矫正的制度。事实上，我国所进行的社区矫正实践，在一定程度上是限制流动人口执行社区矫正的，而且，对于被执行社区矫正的社区矫正对象，也是将其限定在特定社区内而不鼓励矫正对象流动的。在很多地区，针对流动人口犯轻罪的问题，很多法院并不敢轻易适用社区矫正，认为社区矫正执行地难以确定。① 流动人口一旦判缓刑而社区矫正跟不上，其后续可能会再犯罪，并且会对法官的职业生涯产生一定影响。因此，对于流动人口犯轻罪，法官宁可稍微判轻一点，也要判实刑。从法理上讲，这种从管理风险角度来区分能否对轻罪犯适用社区矫正的做法，在一定程度上有违《宪法》的平等原则，在很大程度上也限制了社区矫正功能的充分发挥。当前，以居住地为主导和核心的社区矫正执行地确立原则，实际上是一种以"居住地社区"为执行地的矫正，而不是在社区矫正对象"行为地社区"进行的矫正。从社区发展趋势的角度来看，罪犯在哪个社区犯了罪，或者在哪个社区犯过罪，就可以在该社区执行社区矫正。也正是在这种意义上讲，从"居住地的矫正"到"居住社区的矫正"的转变应当是社区矫正实践的基本发展方向。当然，这一转变需要以社区的条件和功能比较成熟作为基本保障。

第三，随着基层社会治理的现代化和法治化发展，可以尝试在全国范围或部分省市之间统一居住地标准，即在尝试居住地标准区域一体化的基础上，推进全国范围内居住地标准的趋同化。凡是符合国家规定的居住证申领条件的，当地公安机关出具书面证明或本人持有居住证，就可以认定为居住地。这一规定为居住地标准的统一化提供了法律依据。当然，居住地标准统一化涉及社会保险和医疗、人力资源、街道社区以及公安派出所等多部门和多职能的协调对接，而这些部门和职能的对接，正是基层社会治理现代化改革所必须面对和解决的问题。正因如此，社区矫正执行地的确定和选择，与我国基层治理法治化和现代化改革有着极为密切的关系。只有与流动人口管理相关的基层治理制度机制健全，社区矫正执行地的确定和选择问题才能不再被称为"老大难"问题。

二、交付接收

交付接收是指社区矫正机构对社区矫正决定机关判决、裁定或决定的社区矫正对象按规定办理交接，并为其依法办理社区矫正接收手续的活动。

（一）文书交付接收的程序及相关要求

1. 接收法律文书

社区矫正机构应接收的法律文书有以下几种。

（1）被判处管制、宣告缓刑社区矫正对象的文书材料，包括起诉书、刑事判决书、执行通知书、结案登记表等。

（2）被裁定假释社区矫正对象的文书材料，包括起诉书、刑事判决书、假释裁定书、假释证明书副本、结案登记表、出监鉴定表、改造质量评估报告等。

---

① 但未丽. 社区矫正立法若干问题研究——以《社区矫正法（征求意见稿）》为分析对象[J]. 首都师范大学学报（社会科学版），2018（2）：58-64.

(3) 暂予监外执行社区矫正对象的文书材料。由人民法院决定的文书材料，包括起诉书、刑事判决书、暂予监外执行决定书、结案登记表、病残鉴定书等；由公安机关决定的文书材料，包括起诉书、刑事判决书、暂予监外执行决定书、结案登记表、暂予监外执行具保书、病残鉴定书、出监鉴定表等；由监狱管理机关决定的文书材料，包括起诉书、刑事判决书、暂予监外执行决定书、结案登记表、暂予监外执行具保书、病残鉴定书、出监鉴定表等。

2. 回执送达

社区矫正机构收到法律文书后，应当在五日内送达回执。

3. 建立执行档案

收到法律文书后，社区矫正机构应当建立社区矫正对象执行档案。

4. 法律文书流转

社区矫正机构应当将判决书、执行通知书、基本情况表的复印件移送受委托的司法所。

（二）人员交付接收的程序及相关要求

1. 报到

（1）正常报到情形。社区矫正对象在判决、裁定生效之日起十日内到执行地县级社区矫正机构报到。县级社区矫正机构应当及时为其办理登记接收手续。

（2）未在规定时间报到情形。发现社区矫正对象未在规定时间报到的，应督促其立即报到。发现去向不明的，县级社区矫正机构应及时组织查找；查找不到的，应当及时通知公安机关协助查找，并将有关情况通报决定机关和同级人民检察院。超过一个月仍未报到的，启动收监执行程序。

（3）报到时法律文书不全或未送达情形。社区矫正对象前来报到时，其相关法律文书尚未收到或不齐全，经查证属实后应当为其办理登记接收手续，并制作《社区矫正法律文书补齐通知书》，送达社区矫正决定机关，及时补送或送达相关法律文书。决定机关未按规定送达法律文书或法律文书不全的，应及时通报同级人民检察院。

（4）特殊情形。对社区矫正对象存在因行动不便、自行报到确有困难等特殊情况的，社区矫正机构可以派员到其居住地等场所办理登记接收手续。

2. 暂予监外执行社区矫正对象的交接

人民法院决定暂予监外执行的社区矫正对象，由看守所或者执行取保候审、监视居住的公安机关自收到决定之日起十日内将社区矫正对象移送社区矫正机构，办理交接。监狱管理机关、公安机关批准暂予监外执行的社区矫正对象，由监狱或者看守所自收到批准决定之日起十日内，将社区矫正对象移送社区矫正机构，办理交接。

3. 核实身份

社区矫正机构应对社区矫正对象身份、基本情况以及是否按时报到进行审查登记，并由社区矫正对象签名、填写报到日期。

4. 信息采集

社区矫正机构应当采集社区矫正对象面容、指纹等，指导社区矫正对象填写《社区矫正对象基本信息表》，并拍摄电子照片，在社区矫正信息管理系统上完成社区矫正对象基本信息录入。

5. 首次谈话

社区矫正机构应当对社区矫正对象进行首次谈话教育，制作谈话笔录。

6. 办理通信信息核查手续

社区矫正对象应如实登记通信联络方式，进行实名验证。

7. 出境报备及边控

社区矫正机构应当及时填写《法定不批准出境人员通报备案通知书》一式两份，一份送县级公安机关出入境管理部门备案，一份经县级公安机关出入境管理部门确认后存入社区矫正对象执行档案。告知社区矫正对象不得申请办理出国（境）证照；已经持有的，应当责令其上缴执行地社区矫正机构代为扣押，并按程序处理。

接收外国籍和我国港澳台社区矫正对象的，社区矫正决定机关没有办理边控的，执行地社区矫正机构应当根据法律规定，作出不准出境决定，层报省级社区矫正机构，由省司法厅作为交控机关，向国家移民管理部门办理边控。

8. 报到告知

社区矫正机构完成矫正接收后，填写《指定代收人确认书》（入矫宣告时，代收人与社区矫正对象一并完成签名、按手印手续），开具《社区矫正接收通知书》，并告知社区矫正对象三日内到受委托的司法所报到。

三、社区矫正宣告

社区矫正宣告一般在社区矫正中心宣告室举行，宣告时应当符合《××省社区矫正中心运行管理规定》要求，远程视频督查系统应当开启，参加宣告人员衣着得体，主持人语言举止文明，保持宣告气氛庄严肃穆。

（一）入矫宣告

入矫宣告由县级社区矫正机构组织实施，司法所应当配合并全程参与。入矫宣告应在接收社区矫正对象后及时进行。社区矫正机构、司法所应当在社区矫正对象纳管后及时制定矫正方案，并根据分类管理的要求、实施效果和社区矫正对象的现实表现等情况作出适时调整。

1. 通知相关人员到场

社区矫正机构通知司法所协助向社区矫正对象本人、矫正小组成员及相关人员通知到位，并告知宣告的时间、地点和内容，可邀请同级检察机关和公安机关派员参加。

2. 组织宣告

入矫宣告由县级社区矫正机构工作人员主持，按下列流程进行。
（1）宣布宣告现场纪律。
（2）介绍参加宣告人员的姓名、工作单位、职务等。
（3）核实社区矫正对象身份。
（4）社区矫正对象起立听取《社区矫正宣告书》；工作人员宣读判决书、裁定书、决定书、执行通知书等法律文书的主要内容。具体包括：判决书、裁定书、决定书、执行通知书等相关法律文书的主要内容；社区矫正期限；社区矫正对象应当遵守的规定、被禁止的事项以及违反规定的法律后果；社区矫正对象依法享有的权利和被限制行使的权利，以及应当履行的义务；社区矫正对象分类管理及处遇；矫正小组成员、监护人或保证人及职责。
（5）社区矫正对象进行入矫宣誓，并签订《接受社区矫正保证书》。
（6）矫正小组代表表态、发言。
（7）被宣告人在宣告书上签名并确认宣告内容。

3. 宣布宣告仪式结束

宣布宣告仪式结束后，对被宣告人进行入矫教育。

（二）入矫工作流程

1. 社区矫正对象报到

社区矫正对象按时报到，正确填写入矫信息。社区矫正对象报到是社区矫正的首要环节，是对社区矫正对象开展监督管理、教育矫正工作的起始步骤，标志着社区矫正对象已被正式纳入社区矫正。社区矫正对象应当自人民法院判决、裁定生效之日或者离开监所之日起十日内到居住地县级司法行政机关报到。未按规定时间报到的，县级司法行政机关将通报决定机关，提请公安机关组织查找。未按规定时间报到超过一个月的，社区矫正机构将向同级人民法院提请撤销缓刑、假释等。

2. 县级司法行政机关工作标准和流程

县级司法行政机关应当及时为社区矫正对象办理登记接收手续，并告知其三日内到指定的司法所接受社区矫正。

3. 司法所工作标准和流程

司法所在接收社区矫正对象后，应当按照规定程序与其开展首次入矫谈话。一方面，强化社区矫正对象身份意识，让其知晓虽然执行刑罚的方式和空间发生了变化，但自己仍然是罪犯身份。另一方面，通过谈话进一步深入了解掌握社区矫正对象思想行为特点、心理状态以及犯罪动因、认罪态度等，为制定矫正方案做好准备。例如，2014年6月，××人民法院对李某依法判处拘役4个月、宣告缓刑6个月，责令罪犯李某在7日内前往社区矫正机构报到，接受社区矫正。但至法院判决生效之日已过去10天，李某仍未报到。××司法局到李某家走访得知，李某因与父亲发生争执而离家出走，至今音讯全无。××司法局以罪犯李某未按规定时间报到超过1个月为由，向人民法院申请撤销缓刑。法院经审理后依法裁定，撤销对罪犯李某宣告缓刑6个月的执行部分，将李某收监执行原判拘役4个月，同时向公安机关送达了《逮捕决定书》，决定将罪犯李某予以逮捕。据此分析可知，按照规定，社区矫正对象应当自法院判决、裁定生效之日起或者离开监所之日起十日内到居住地县级司法局报到。未按规定时间报到的，可以给予警告处罚。超过一个月未报到的，撤销缓刑、假释或收监执行。有的社区矫正对象以为判缓刑或假释后就没事了，也不认真按照法院或监狱的有关告知执行报到手续，因此受到了相应的处罚。

（三）解矫宣告工作的组织实施

解矫宣告由县级社区矫正机构组织实施。

1. 通知相关人员到场

社区矫正机构通知司法所协助将社区矫正对象本人、矫正小组成员及相关人员通知到位，并告知宣告的时间、地点和内容。

2. 组织宣告

由县级社区矫正机构工作人员主持，按下列流程进行。

（1）宣布宣告现场纪律。
（2）介绍参加宣告人员。
（3）核实社区矫正对象身份。

(4) 社区矫正对象起立听取《解除社区矫正宣告书》；工作人员宣告法律、法规规定的内容。具体包括：宣读对社区矫正对象的鉴定意见；宣布社区矫正期限届满，依法解除社区矫正；对判处管制的，宣布执行期满，解除管制；对宣告缓刑的，宣布缓刑考验期满，原判刑罚不再执行；对裁定假释的，宣布考验期满，原判刑罚执行完毕；对在暂予监外执行期间刑期届满的，宣布刑罚执行完毕。

(5) 向社区矫正对象发放《解除社区矫正证明书》。

(6) 参加宣告代表表态、发言。

（四）未成年人宣告特别规定

对未成年人的宣告不公开进行，参加宣告的人员为主持人、社区矫正机构和司法所工作人员、监护人等。

四、矫正对象报告制度

社区矫正对象应当按照监管规定，定期到社区矫正机构、司法所或通过信息联络等方式报告自身思想、工作、学习、生活等情况，报告的时间、形式、内容记入社区矫正工作台账。

（一）当面报告

严管的社区矫正对象每周到社区矫正机构或司法所当面报告一次并递交书面汇报材料。普管的社区矫正对象每两周到社区矫正机构或司法所当面报告一次并递交书面汇报材料。宽管的社区矫正对象每月到社区矫正机构或司法所当面报告一次并递交书面汇报材料。在特殊时期、重点时段等，社区矫正机构和司法所可根据要求通知社区矫正对象在规定的时限内到司法所报告。

（二）暂予监外执行社区矫正对象身体情况的报告

社区矫正对象应当每月向社区矫正机构或司法所报告本人身体情况，因患严重疾病正在治疗或行动不便、怀孕且行动不便、生活不能自理、年老体弱且行动不便而不能当面报告的，经社区矫正机构同意可以委托其家属、监护人或保证人代为提交书面情况报告。保外就医的，每三个月向社区矫正机构、司法所提交在省级人民政府指定医院的病情复查情况材料。县级社区矫正机构应对病情复查情况材料认真审查，根据需要将情况通知批准、决定机关。

社区矫正机构根据社区矫正对象的病情及保证人等情况，可以调整报告身体情况和提交复查情况的期限。

1. 申请

社区矫正对象或其保证人提出延长报告身体情况和提交病情复查情况的期限。

2. 审核上报

县级社区矫正机构根据病情及保证人等情况，填写《社区矫正对象保外就医延期报告审批表》，提交市（州）级社区矫正机构审批。

3. 批准

延长一个月至三个月的，市（州）级社区矫正机构批准；延长三个月以上的，层报省级社区矫正机构批准。

4. 告知

县级社区矫正机构填写《社区矫正事项审批告知书》，书面告知审批结果，同时告知社区矫正对象应遵守的相关要求。

5. 通报

批准延长的，县级社区矫正机构及时通报同级人民检察院。

（三）重要事项报告

社区矫正对象如发生居所变化、工作变动、家庭重大变故以及接触对其矫正产生不利影响人员等情况，应当及时报告。

五、禁止令执行

（一）汇报

被宣告禁止令的社区矫正对象应当严格遵守禁止令规定，服从社区矫正机构管理，每月向社区矫正机构汇报遵守禁止令的情况。

（二）协助执行

社区矫正机构根据执行禁止令的需要，可以要求有关部门、单位、场所、个人协助配合执行禁止令。需要有关单位部门协助时，向协助单位发出《禁止令协助执行函》。

（三）会客规定

未经执行地县级社区矫正机构批准，社区矫正对象不得接触其犯罪案件中的被害人、控告人、举报人，不得接触同案犯、有其他违法行为的人员等可能诱发其再犯罪的人。

（四）从事进入特定区域场所（会客）审批

根据人民法院禁止令规定，社区矫正对象进入特定区域场所（会客）需办理审批手续。

1. 申请

社区矫正对象从事特定活动、进入特定区域（场所）的，应当提前3日向司法所提出申请。

2. 审核

司法所审核后，填写《社区矫正对象进入特定区域场所（会客）审批表》。当天提交县级社区矫正机构审批。

3. 审批

县级社区矫正机构应认真审查，及时批准。

4. 告知

县级社区矫正机构填写《社区矫正事项审批告知书》，书面告知审批结果，同时告知社区矫正对象应遵守的相关要求。

5. 抄送

将审批情况通知原判人民法院和执行地县级人民检察院。

六、外出审批

社区矫正对象因就医、就学、参与诉讼、处理家庭或者工作重要事务等理由离开执行地，需办理外出审批手续。如遇社区矫正对象危重疾病就医、家庭突发重大变故等突发情况，可特事特办，事后补办相关手续。

（一）7日以内的外出审批程序

司法所根据县级社区矫正机构的委托，可以直接审批。

1. 申请

社区矫正对象应当提前3日向司法所提出书面申请，并如实提供诊断证明、单位证明、入学证明、法律文书等材料。

2. 审批

司法所应当对社区矫正对象的申请理由进行核查核实，填写《社区矫正对象外出审批表》并签署审批意见，报县级社区矫正机构备案。

3. 告知

司法所填写《社区矫正事项审批告知书》，书面告知审批结果，同时告知社区矫正对象外出期间应遵守的相关要求。

4. 销假

社区矫正对象返回执行地时应当及时向司法所报告，并提供交通、住宿、就医等资料，司法所应及时录入销假信息，及时报告县级社区矫正机构。

（二）7日以上30日以内的外出审批程序

1. 申请

社区矫正对象应当提前3日向司法所提出书面申请，并如实提供诊断证明、单位证明、入学证明、法律文书等材料。

2. 审核

司法所应当对社区矫正对象的申请理由进行核查核实，填写《社区矫正对象外出审批表》并签署意见，报县级社区矫正机构审批。

3. 审批

县级社区矫正机构及时完成审核审批工作，并在《社区矫正对象外出审批表》上签署意见。

4. 告知

县级社区矫正机构填写《社区矫正事项审批告知书》，书面告知审批结果，同时告知社区矫正对象外出期间应遵守的相关要求。

5. 销假

社区矫正对象返回居住地时应当及时向社区矫正机构报告，并提供交通、住宿、就医等资料。县级社区矫正机构应及时录入销假信息，并及时告知司法所。

（三）30日以上或两个月内累计超过30日的外出审批程序

1. 申请

社区矫正对象应当提前3日向司法所提出书面申请，并如实提供诊断证明、单位证明、入学证明、法律文书等材料。

2. 审核

司法所、县级社区矫正机构认真审核，填写《社区矫正对象外出审批表（扩大活动范围）》并逐级签署意见，报市（州）级社区矫正机构审批。

3. 审批

市（州）级社区矫正机构及时完成审核审批工作。

4. 告知

县级社区矫正机构填写《社区矫正事项审批告知书》，书面告知审批结果，同时告知社区矫正对象外出期间应遵守的相关要求。

5. 通报

批准社区矫正对象外出的，县级社区矫正机构应当及时通报同级人民检察院。

6. 销假

社区矫正对象返回居住地时应当及时向县级社区矫正机构报告，并提供交通、住宿、就医等资料，县级社区矫正机构应当及时录入销假信息，并及时告知司法所。

7. 备案

社区矫正对象销假后，县级社区矫正机构应当及时报市（州）级社区矫正机构备案。

（四）特殊情况处理

社区矫正对象外出因特殊原因无法按期返回的，应及时向社区矫正机构或者司法所报告情况。确因就医、家庭重大变故等需延长请假时间的，社区矫正对象本人应返回居住地按规定程序办理续假手续；确有特殊情况，经司法所同意，社区矫正对象可以书面委托其家属、监护人或保证人代为办理续假手续。续假均需司法所签署意见后报县级社区矫正机构批准。

（五）经常性跨市、县活动审批

社区矫正对象确因正常工作和生活需要经常性跨市、县活动的，可以申请外出至居住地以外的市、县，或者根据其外出情形划定活动范围。经常跨市县活动批准一次的有效期为六个月。批准的期限到期后，社区矫正对象仍需要经常性跨市、县活动的，应当重新提出申请。

经常性跨市、县活动审批流程如下。

（1）申请。社区矫正对象提前 7 日向县级社区矫正机构提出书面申请，写明理由，经常性去往市、县名称、频次等，并附相应证明材料。

（2）核实。县级社区矫正机构应当对社区矫正对象的申请理由进行核查核实，司法所应当配合。

（3）审批。核查属实的，县级社区矫正机构填写《社区矫正对象经常性跨市、县活动审批表》，完成审批工作。

（4）告知。县级社区矫正机构填写《社区矫正事项审批告知书》，书面告知审批结果，同时告知社区矫正对象应遵守的相关要求。

赴异地求学的社区矫正对象管理参照"经常性跨市、县活动"规定执行。

七、执行地变更

社区矫正对象因工作、居所变化等需要变更执行地的，需办理社区矫正对象执行地变更审批手续。

（一）执行地变更迁出审批

1. 申请

社区矫正对象因居所变化确需变更居住地的，应当提前1个月提出书面申请，并提供相应证明材料。

2. 审核

司法所收到申请后，及时进行审核，填写《社区矫正对象执行地变更审批表》，连同相关材料审核上报执行地县级社区矫正机构。

3. 函商

执行地县级社区矫正机构在5日内制作《变更居住地征求意见函》，连同相关材料寄送新执行地县级社区矫正机构。

4. 回函

新执行地县级社区矫正机构收到征求意见函后，5日内核实有关情况，作出是否同意接收的意见并书面回复。

5. 决定

执行地县级社区矫正机构根据回复意见，同意变更的，应当制作《社区矫正对象执行地变更决定书》《社区矫正事项审批告知书》。

6. 档案移交

新执行地县级社区矫正机构同意接收的，执行地社区矫正机构应当自作出决定5日内，将有关法律文书和社区矫正档案移交新执行地县级社区矫正机构。

7. 抄送

变更完成后,执行地县级社区矫正机构将《社区矫正对象执行地变更决定书》抄送社区矫正决定机关和原执行地县级人民检察院、公安机关。

8. 告知

执行地县级社区矫正机构将《社区矫正事项审批告知书》、《社区矫正对象执行地变更决定书》送达社区矫正对象,告知社区矫正对象应当7日内到新执行地县级社区矫正机构报到以及违反报到规定的后果。

(二)执行地变更迁入审批

1. 核实

新执行地县级社区矫正机构收到《变更居住地征求意见函》后,应对社区矫正对象是否符合居住地条件进行调查核实。

2. 反馈

调查结束后,新执行地县级社区矫正机构应提出是否同意迁入的意见,在5日内将意见反馈至原执行地县级社区矫正机构。

3. 接收

新执行地县级社区矫正机构在收到有关法律文书、矫正档案后,在5日内送达回执,根据社区矫正接收程序进行衔接,并将社区矫正对象报到情况告知原执行地县级社区矫正机构。

4. 抄送

变更完成后,新执行地县级社区矫正机构将有关法律文书抄送所在地县级人民检察院和公安机关。

(三)指定管辖

原执行地县级社区矫正机构对新执行地县级社区矫正机构的回复意见有异议的,在同一市(州)的,可以报市(州)级社区矫正机构指定管辖;在本省内的,可以先由市(州)级社区矫正机构协调,仍有异议的,报省级社区矫正机构指定管辖;跨省的,可以报省级社区矫正机构协调解决。

八、免除参加集中教育学习和公益活动审批

社区矫正对象原则上应当全部参加社区矫正机构或司法所组织的集中教育学习和公益活动。

（一）可以免除的情形

具有以下情形之一的，可以申请免除集中教育学习和公益活动：
（1）患严重疾病正在治疗或行动不便的；
（2）怀孕且行动不便的；
（3）生活不能自理的；
（4）年老体弱且行动不便的；
（5）其他不宜参加集中教育和公益活动情形的。

（二）可以免除的办理程序

1. 申请

具有上述情形的社区矫正对象不能正常参加集中教育学习和公益活动，须向司法所提出书面申请。

2. 审核

司法所认真进行核查，填写《免除参加集中教育学习和公益活动审批表》，报县级社区矫正机构审批。

3. 审批

县级社区矫正机构收到司法所上报的《免除参加集中教育学习和公益活动审批表》及相关证明材料后，应认真审查、审批，审批表存入社区矫正对象工作档案。

九、分类管理

社区矫正机构应当根据社区矫正对象的不同裁判内容和犯罪类型、矫正阶段、再犯罪风险等情况，进行综合评估，划分为严管、普管、宽管三类，实施分类管理。具体按各省（自治区、直辖市）《社区矫正对象分类管理分级处遇规定》的要求执行。

十、核查查访

社区矫正机构、司法所应当根据社区矫正对象的个人生活、工作及所处社区的实际情况，有针对性地采取通信联络、信息化核查、实地查访等措施，了解掌握社区矫正对象的活动情况和行为表现。

（一）实地查访

重点时段，重要时间节点，社区矫正对象有受惩处、出现重大思想问题或其他特殊情况时，社区矫正机构、司法所可以根据需要，到社区矫正对象家庭及其所居住的村（社区）或单位、学校等地实地查访，了解掌握相关情况。实地查访时，要做好登记或调查取证工作，制作笔录，存入社区矫正对象的工作档案。

（二）信息化核查方式

包括手机信号定位，微信、钉钉、QQ等即时通信软件实时位置共享或其他手机监管软件等。

（三）信息化核查内容

核查社区矫正对象是否在辖区范围内活动；核查分析本辖区的越界警告信息；核查社区矫正对象区域监管手机、腕表是否存在报警、关机和停机等异常情况，并做好记录。

第二节 社区矫正刑事执行权力运行程序

一、市（州）级社区矫正机构刑事执行权力运行程序

（一）社区矫正对象减刑建议审核及提请

县级社区矫正机构提出减刑建议，市（州）级社区矫正机构审核，提请执行地中级人民法院裁定。

（二）对中级人民法院裁判的缓刑、假释社区矫正对象撤销缓刑、假释的建议

县级社区矫正机构提出撤销缓刑、假释建议，市（州）级社区矫正机构审核，并提请原判人民法院撤销缓刑、假释（如果原判人民法院与执行地同级社区矫正机构不在同一省、自治区、直辖市的，可以报请执行地人民法院裁定，裁定书同时抄送原判人民法院），人民法院依法作出裁定。

（三）向中级人民法院提请撤销缓刑、假释的同时提请逮捕

县级社区矫正机构提出撤销缓刑、假释建议，提交提请逮捕的相应证据，市（州）级社区矫正机构审核，并提请原判人民法院（如果原判人民法院与执行地同级

社区矫正机构不在同一省、自治区、直辖市的，可以报请执行地人民法院裁定，裁定书同时抄送原判人民法院）缴销缓刑、假释的同时，提请先行予以逮捕，人民法院依法作出是否逮捕的决定。

（四）社区矫正对象外出请假时间超过 30 日审批

社区矫正对象申请外出请假时间连续超过 30 日或 2 个月内外出时间超过 30 日，司法所审核，县级社区矫正机构审核并提出建议，市（州）级社区矫正机构审批。

（五）执行地变更异议指定

社区矫正对象提前 1 个月向司法所提出书面申请，司法所在 5 日内审核上报，执行地县级社区矫正机构在 5 日内发函征求新执行地县级社区矫正机构意见，新执行地县级社区矫正机构在 5 日内作出答复，执行地县级社区矫正机构，在 5 日内作出是否准予变更决定。省辖市（州）范围内执行地和新执行地的市（州）级社区矫正机构意见不一致的，由省辖市社区矫正机构指定；省辖市（州）范围内执行地与新执行地的县级社区矫正机构意见不一致的，市（州）级社区矫正机构报省级社区矫正机构指定。

（六）调整保外就医的社区矫正对象报告身体情况和提交病情复查情况时间延长 1 个月至 3 个月的批准

每 3 个月组织一次保外就医等罪犯到指定医院复查，县级社区矫正机构根据病情及保证人等情况，可以调整报告身体情况和提交复查情况的期限。延长 1 个月至 3 个月的，报市（州）级社区矫正机构批准。

（七）社区矫正对象边控办理的报告

县级社区矫正机构根据法律规定，作出不准出境决定，附带相关材料，提请上级机关交控。市（州）级社区矫正机构审核后报告，层报省级社区矫正机构提请上报办理。

二、县级司法局刑事执行权力运行程序

（一）对社区矫正对象使用电子定位装置的审批

对可以使用电子定位装置五种情形的社区矫正对象，县级社区矫正机构提请（不超过 3 个月），报县级司法行政部门负责人批准。

（二）延长对社区矫正对象使用电子定位装置的审批

使用电子定位装置期限届满后，经评估仍有必要继续使用的，县级社区矫正机构提请（每次延长时间不超过 3 个月），报县级司法行政部门负责人批准。

三、县级社区矫正机构刑事执行权力运行程序

（一）调查评估

县级社区矫正机构根据委托，组织进行调查，形成书面意见，在 10 个工作日内（速裁程序的 5 个工作日内）提交委托机关。

（二）管理等级（调整）审批

司法所根据考核表现，提出管理等级（调整）建议，县级社区矫正机构批准实施。

（三）经常性跨市、县活动申请的审批

社区矫正对象提出申请和证明材料，司法所审核，县级社区矫正机构审批（一次有效期为 6 个月）。

（四）外出请假审批

社区矫正对象申请外出 30 日以内的，司法所审核，县级社区矫正机构审批（申请外出 7 日以内的，县级社区矫正机构可委托司法所直接审批）。

（五）执行地变更审批

社区矫正对象提前一个月向司法所提出书面申请，司法所在 3 日内审核上报，执行地县级社区矫正机构在 5 日内发函征求新执行地县级社区矫正机构意见，新执行地县级社区矫正机构 5 日内作出答复，执行地县级社区矫正机构在 5 日内作出是否准予变更决定。

（六）进入特定场所审批

社区矫正对象提出进入禁止令规定的特定场所申请，司法所审核，县级社区矫正机构审批，通报同级人民检察院和原判人民法院。

（七）会客审批

社区矫正对象提出接受媒体采访、接触被害人、控告人、举报人，或者接触同

案犯、有其他违法行为的人员等可能诱发其再犯罪等人的申请，司法所审核，县级社区矫正机构审批。

（八）社区矫正对象遵守禁止令情况的审查

被宣告禁止令的社区矫正对象应当定期报告遵守禁止令的情况，县级社区矫正机构审查。

（九）暂予监外执行的社区矫正对象身体情况的审查

暂予监外执行的社区矫正对象应当每个月报告本人身体情况，县级社区矫正机构审查。

（十）保外就医的社区矫正对象病情复查情况审查

保外就医的社区矫正对象，应当到省级人民政府指定的医院检查，每3个月提交确切复查情况，县级社区矫正机构审查复查情况。

（十一）调整延长保外就医的社区矫正对象报告身体情况和提交病情复查情况时间的建议

每3个月组织一次保外就医的社区矫正对象到指定医院复查，县级社区矫正机构根据病情及保证人等情况，可以调整延长报告身体情况和提交复查情况的期限，报市（州）级社区矫正机构批准。

（十二）表扬审批

社区矫正对象接受社区矫正6个月以上，经考核符合条件，司法所呈报表扬，县级社区矫正机构审批。

（十三）减刑建议

县级社区矫正机构提出减刑建议，市（州）级社区矫正机构审核、提请。

（十四）训诫

司法所对违反监督管理规定具有相关情形的社区矫正对象提请给予训诫，县级社区矫正机构批准，或由县级社区矫正机构直接给予训诫。

（十五）警告审批

司法所对违反监督管理规定具有相关情形的社区矫正对象提请给予警告，县级社区矫正机构审批，或由县级社区矫正机构直接给予警告。

（十六）提请治安管理处罚

对违反监督管理规定或人民法院禁止令的社区矫正对象，司法所提出治安处罚建议，县级社区矫正机构审核提请或直接提请治安管理处罚，公安机关决定。

（十七）提出撤销缓刑建议

社区矫正对象有《社区矫正法实施办法》第四十六条情形之一的，县级社区矫正机构提出撤销缓刑建议，原判人民法院裁定（如果原判人民法院与执行地同级社区矫正机构不在同一省、自治区、直辖市的，可以报请执行地人民法院裁定，裁定书同时抄送原判人民法院）。

（十八）提出撤销假释建议

社区矫正对象有《社区矫正法实施办法》第四十七条情形之一的，县级社区矫正机构提出撤销假释建议，市（州）级社区矫正对象审核，提请收监。

（十九）对暂予监外执行的社区矫正对象收监执行建议

社区矫正对象有《社区矫正法实施办法》第四十九条情形之一的，县级社区矫正机构提出收监建议，执行地或者原社区矫正决定机关作出决定。

（二十）提请对社区矫正对象使用电子定位装置

对可以使用电子定位装置五种情形的社区矫正对象，县级社区矫正机构提请（不超过3个月），报县级司法行政部门负责人批准。

（二十一）提请延长对社区矫正对象使用电子定位装置的时间

使用电子定位装置期限届满后，经评估仍有必要继续使用的，县级社区矫正机构提请（每次延长时间不超过3个月），报县级司法行政部门负责人批准。

（二十二）社区矫正对象不准出境报备

县级社区矫正机构向同级公安机关通报社区矫正对象情况，公安机关出入境管理部门办理法定手续。

（二十三）作出社区矫正对象不准出境决定

县级社区矫正机构根据法律规定，作出社区矫正对象不准出境决定，附带相关材料，提请上级机关交控，市（州）级社区矫正机构审核后，层报省级社区矫正机构提请上报办理。

（二十四）向同级人民法院提请撤销缓刑的同时提请逮捕

县级社区矫正机构提出撤销缓刑建议的同时，提请先行予以逮捕（附相应证据），人民法院依法作出是否逮捕的决定。

（二十五）提请追捕在逃的社区矫正对象

县级社区矫正机构向同级公安机关通报在逃社区矫正对象情况，公安机关追捕（撤销缓刑、撤销假释裁定书和对暂予监外执行罪犯收监执行决定书，可以作为公安机关追逃依据）。

（二十六）委托司法所开展社区矫正工作

《社区矫正法》第十条规定：司法所根据社区矫正机构的委托，承担社区矫正相关工作。根据法律规定，结合本地区实际，梳理工作事项，明确委托主体、方式、机制、内容，由县司法局审核同意。

思考题

1. 简述社区矫正工作中市（州）级社区矫正机构刑事执行权力运行程序。
2. 简述社区矫正工作中县级社区矫正机构刑事执行权力运行程序。
3. 简述社区矫正工作中执行地的确定和交付管理制度规定。
4. 简述社区矫正工作的入矫和解矫工作流程。
5. 简述社区矫正对象外出审批制度与执行地变更情况。

拓展练习

案例 1　社区矫正对象王某，男，1990 年 8 月 1 日出生，因犯交通肇事罪被人民法院判处有期徒刑一年，缓刑一年。判决生效后，法院依法向社区矫正机构送达法律文书，并告知王某到社区矫正机构报到。王某按时报到，社区矫正机构对其登记接收。

请填写社区矫正对象基本信息登记表，见表 5-1。

表 5-1 社区矫正对象基本信息登记表

单位：××区社区矫正机构（公章）　　编号：×××

填表日期：××××年××月××日

姓名		曾用名		身份证号码			一英寸免冠照片
性别		民族		出生年月日			
文化程度		健康状况		原政治面貌		婚姻状况	
户籍地							
居住地							
执行地							
现工作单位					联系电话		
个人联系电话							
罪名		刑种			原判刑期		
社区矫正决定机关					原羁押场所		
禁止令内容					禁止期限起止日		
附加刑内容		矫正期限			起止日		
法律文书收到时间及种类						接收方式及报到时间	
在规定时间内报到		超出规定时限报到			未报到且下落不明		
主要犯罪事实							

续表

本次犯罪前的违法犯罪记录			
个人简历	起止时间	所在单位	职务
家庭主要成员及社会关系	姓名	关系	工作单位或家庭地址	联系电话
备注				

注意与提示

1. **个人联系电话**

社区矫正对象有多个联系电话的，要登记全面，便于日后的监管和查找。

2. **禁止令内容**

人民法院裁判文书中明确禁止从事特定活动，进入特定区域、场所，接触特定的人的，在填写基本信息表时应严格按照人民法院刑事判决、裁定认定的内容及期限进行填写。

3. **附加刑内容**

严格按照人民法院刑事判决、裁定认定的内容填写，对于罚金刑要了解执行情况以便日后提请减刑时予以准确认定；对于附加剥夺政治权利的，写明判决时及历次减刑后的刑期。

4. 矫正期限及起止日

应按照决定机关送达的有关法律文书、执行通知书认定的期限进行填写，发现执行文书有误的应及时同决定机关进行联系，保障刑事执行依法进行，维护社区矫正对象的合法权益。

5. 法律文书收到时间及种类

应写明收到决定机关法律文书的时间及收到文书的种类。对于法律文书不齐全的，应当先记录在案，为社区矫正对象办理登记接收手续，并通知决定机关补齐法律文书。

6. 超出规定时限报到

查明未按时报到的原因并做好记录，对因无正当理由不按规定时间报到的，应据具体情形给予相应社区矫正处罚。

案例 2 2020年7月13日，李某某因犯寻衅滋事罪被人民法院判处有期徒刑一年，缓刑一年，同时宣告禁止李某某在缓刑考验期内进入夜总会、酒吧、迪厅、网吧等娱乐场所。判决生效后，李某某按时到社区矫正机构报到。社区矫正机构接收李某某后，为其确定了矫正小组，并对其组织入矫宣告。

社区矫正宣告书模板如表5-2所示。

表 5-2　社区矫正宣告书模板

社区矫正宣告书

社区矫正对象_____：

你因犯_____罪经_____人民法院于___年__月__日判处（同时宣告禁止_____）。___年__月__日经_____人民法院（监狱管理局、公安局）裁定假释（决定、批准暂予监外执行）。在管制（缓刑、假释、暂予监外执行）期间，依法实行社区矫正。

社区矫正期限自___年___月___日起___年__月__日止。现就对你依法实施社区矫正的有关事项宣告如下：

一、在社区矫正期间应当遵守法律、行政法规，履行法律文书确定的义务，遵守关于报告、会客、外出、迁居、保外就医等监督管理规定，服从社区矫正机构的管理；按照规定参加社区矫正机构（受委托的司法所）组织的教育活动，参加公益活动。

二、如违反社区矫正监督管理规定，将视情节依法给予训诫、警告、提请公安机关予以治安管理处罚，或者依法提请撤销缓刑、撤销假释、收监执行。

三、依法享有的人身权利、财产权利和其他权利不受侵犯，在就业、就学和享受社会保障等方面不受歧视。

四、社区矫正机构（受委托的司法所）为你确立了社区矫正小组，小组成员由_____组成，协助对你进行监督管理、教育帮扶，你应积极配合。

特此宣告。

（公章）　年　月　日
社区矫正对象（签名）：

> **注意与提示**

（1）本文书根据《社区矫正法》第二十二条以及《社区矫正法实施办法》第二十条的规定制作。

（2）执行地县级社区矫正机构接收社区矫正对象后应当组织或者委托司法所组织入矫宣告。文书加盖公章，社区矫正对象签名后存档。

（3）社区矫正作为刑事执行活动，在对社区矫正对象宣告时，对判处刑罚建议全面宣告，包括判处的主刑、附加刑、禁止令等内容，使社区矫正对象明确认识到所处刑罚内容并严格遵守，以维护刑事执行的严肃性。

（4）该文书为制式模板，对于已过上诉抗诉期的一审生效判处管制、宣告缓刑可按照制式格式进行填写，对于二审生效裁判建议将两审情况宣告完整。

（5）矫正期限要严格按照法律文书认定的期限填写。发现法律文书认定的期限有误的，要及时同社区矫正决定机关进行沟通改正。确保社区矫正期限准确，切实维护社区矫正对象的合法权益。社区矫正决定机关重新作出的，社区矫正机构或司法所应按照重新作出的法律文书认定的期限进行宣告。

（6）对于文书中规定的社区矫正期间应当履行的义务、享有的权利及违反监管规定的行为后果等内容，建议可在入矫宣告后首次教育谈话时予以进一步明确，教育谈话等建议亦由社区矫正对象签字确认。

（7）在社区矫正期间，矫正小组成员发生变化的，社区矫正机构或司法所应将调整后的矫正小组人员组成情况向社区矫正对象补充宣告。文书加盖公章，社区矫正对象签名后存档。

（8）对未成年社区矫正对象的入矫宣告不公开进行。

> **案例3** 2016年12月，××司法所对违反社区矫正管理规定的社区矫正对象黄某给予警告处分。黄某因刑事犯罪于2016年10月5日到××司法所接受社区矫正。按照规定，社区矫正对象每个月应参加社区矫正管理部门组织的教育学习、社会公益服务等活动。黄某自10月5日到××司法所报到后，一直未按时参加任何组织学习和活动，司法所工作人员多次与其联系，黄某均以各种理由推脱，拒绝参加。为了警示教育社区矫正对象，严肃社区矫正执法管理，经报上级机关批准，给予黄某警告处分。

> **点评** 教育学习是法律规定的社区矫正对象应该履行的义务，社区矫正对象必须严格按照社区矫正机构的要求，按时保质地完成学习内容，确有困难不能参加的，需提前向社区矫正机构请假并说明原因。

> **注意与提示** 每月按规定完成社区服务时长是社区矫正机构对社区矫正对象进行计分考核的依据之一。不按规定参加公益活动，经教育仍不改正，也是被处以警告处罚的情形之一。

接受社区矫正保证书模板如表5-3所示。

表 5-3　接受社区矫正保证书模板

接受社区矫正保证书

我自愿接受社区矫正，保证在社区矫正期间遵守以下规定：

一、严格遵守国家法律、法规和相关规章，不再犯罪。

二、坚决服从社区矫正机构的监管，严格遵守社区矫正制度，并履行社区矫正期间的法定义务。

三、严格遵守社区矫正告知书中的相关规定。

四、严格执行社区矫正分类管理规定。按照"三分管理"的要求，服从社区矫正工作人员的管理，主动积极、认真落实好社区矫正教育学习、社区服务、书面报告，及时电话联系并报告活动情况。

五、严格遵守请假、会客、迁居、禁止令等有关规定。

六、按时参加社区矫正机构组织的各项活动，做到不迟到、不早退、不旷课。

以上规定，我保证做到！

保证人：
年　月　日

（注：裁决机关未让社区矫正对象签订保证书时使用）

案例 4　李某某被人民法院宣告缓刑后，依法交付至社区矫正机构实施社区矫正。李某某社区矫正期满，没有撤销缓刑等情形，现社区矫正机构依法对李某某解除社区矫正，并发放解除社区矫正宣告书和解除社区矫正证明书。

解除社区矫正宣告书模板和解除社区矫正证明书分别如表 5-4 和表 5-5 所示。

表 5-4　解除社区矫正宣告书模板

解除社区矫正宣告书

社区矫正对象＿＿＿＿＿＿：

依据《中华人民共和国刑法》、《中华人民共和国刑事诉讼法》及《中华人民共和国社区矫正法》之规定，依据＿＿＿＿人民法院＿＿＿＿号判决书，在缓刑期间，对你依法实行社区矫正。矫正期限自＿＿＿年＿月＿日起至＿＿＿年＿月＿日止。现矫正期满，依法解除社区矫正。现向你宣告以下事项：

1. 对你接受社区矫正期间表现的鉴定意见：<u>在报到时即能认罪认罚，态度良好；在社区矫正期间，能够自觉接受社区矫正机构及司法所的监督管理，遵守各项规章制度规定，无惩罚记录；能够积极参加各类教育学习和公益活动，有强烈的回归社会的意愿并能够付诸实际行动；根据司法所及矫正小组成员意见，结合你的个人总结情况及现实表现，经综合鉴定，对你考核评定为良好等次</u>。

2. 缓刑考验期满，原判刑罚不再执行。

　　　　　市　　　　区社区矫正机构（公章）
年　月　日

社区矫正对象（签名）：

表 5-5 解除社区矫正证明书模板

解除社区矫正证明书

(存根)

（202×）××矫解证字第×号

社区矫正对象_____，（男/女），____年____月____日出生，汉族，身份证号码_____，居住地_____，户籍地_____。因犯故意伤害罪于_____年__月__日被____人民法院判处_____。依据____人民法院__号判决书，在缓刑期间，依法实行社区矫正。于____年__月____日矫正期满，依法解除社区矫正。

发往_____人民法院（公安局、监狱管理局）。

____市____区社区矫正机构（公章）

年　　月　　日

注：抄送_____人民检察院、_____公安（分）局

第六章

社区矫正信息化监管制度

《社区矫正法实施办法》第十一条规定：社区矫正机构依法加强信息化建设，运用现代信息技术开展监督管理和教育帮扶。

社区矫正工作相关部门之间依法进行信息共享，人民法院、人民检察院、公安机关、司法行政机关依法建立完善社区矫正信息交换平台，实现业务协同、互联互通，运用现代信息技术及时准确传输交换有关法律文书，根据需要实时查询社区矫正对象交付接收、监督管理、教育帮扶、脱离监管、被治安管理处罚、被采取强制措施、变更刑事执行、办理再犯罪案件等情况，共享社区矫正工作动态信息，提高社区矫正信息化水平。

有过多年监禁生活的假释类社区矫正对象都会感叹高墙外社会生活的日新月异，在社区服刑的矫正对象也知道通过网络学习法律知识，社区矫正对象在矫正期间往往会接受信息化定位……信息化已经融入到生活的方方面面，大大改变了的生活方式，给生活带来了极大的便利，也给社区矫正工作带来了新的风险和挑战。要顺应时代的发展，学习信息化相关知识，利用信息化的便捷资源发展自我，提高工作效率和矫正效果。本章主要介绍信息化在社区矫正工作中的运用，以更好地适应信息化时代的网络工作和生活。

第一节 社区矫正信息化概述

信息技术通过几十年的发展，已深刻影响和改变着人们的工作和生活。信息技术最早进入社区矫正领域主要是日常办公和对社区矫正对象的监管。为了更好发挥信息化技术和手段在监管改造、教育矫正中的作用，提升社区矫正工作效果和质量，各社区矫正行政机构大多使用了电子定位、指纹签到技术。在教育矫正中采用电子教学、远程教学，在安置帮教中应用远程视频、信息推送等技术，提升了工作质量和效果，解决了人员不足、场地不够、信息不对称、资源不丰富等问题。尽管如此，在社区矫正监管工作中还是出现了指膜欺骗、人机分离、越界脱矫、出境外逃等情况。随着信息化由IT（信息技术）时代向DT（大数据技术）时代的跨越，上述问题将得到有效解决。运用虚拟世界、轨迹跟踪、数据共享、数字画像等技术将解决监管工作中的新问题，社区矫正工作也将向着精细化、科学化、智能化方向发展。

一、社区矫正信息化的作用

社区矫正工作常用的监管方式主要是考勤签到、公益活动、集中教育、限制活动范围等。采用信息化技术协助监管的方式主要有考勤机签到、指纹签到、人脸签到、手机定位、手环定位等。这些措施虽然使得社区矫正工作取得了一定的进展，但由于社区矫正工作开放、动态、即时、严格的特点，这项工作具体实施是在司法所或社区矫正中心。可是很多基层司法所和社区矫正中心人员配置不足，如果采用"人管人""人盯人"进行社区矫正监管，势必使社区矫正工作陷入效率低、效果差、人情关系复杂等诸多困境。

随着信息技术不断发展、应用和普及，一些地方采用手机定位、电话查岗、指纹打卡、钉钉签到等信息技术辅助社区矫正工作，对矫正对象核查起了较好的帮助作用，有效减轻了社区矫正工作人员劳动强度。《社区矫正法》第二十六条对信息化核查提出了明确要求：社区矫正机构应当了解掌握社区矫正对象的活动情况和行为表现。社区矫正机构可以通过通信联络、信息化核查、实地查访等方式核实有关情况，有关单位和个人应当予以配合。社区矫正机构开展实地查访工作时，应当保护社区矫正对象的身份信息和个人隐私。另外，《社区矫正法》第二十九条中对使用电子定位装置也有明确规定，只在符合特定条件的少数人群、有限时间内使用。因此，随着信息时代的深入发展，原有的社区矫正监管模式需要进一步升级改造，原有的监管制度需要进一步修改完善，监管业务流程必将随着新技术的应用进行再造。信息化与社区矫正监管工作形成了一种相互促进、相互影响、相互改进的态势，信息化将更好地服务社区矫正监管工作，使社区矫正监管工作规范、精准、安全、可控，使信息化更充分地运用到社区矫正监管工作的每一个环节、每一个对象、每一个场景，让信息技术得以创新发展。

二、社区矫正信息化的技术应用

社区矫正非监禁刑罚的性质可以使社区矫正对象在不脱离社会、不脱离生活的情况下，借助政府、社区、社会爱心人士以及亲人的帮助，更好地适应社会并且回归社会，实现再社会化。社区矫正信息化使用的技术有：矫正对象指纹签到、手机定位、手环定位、远程教育、视频点名等。社区矫正信息化技术虽然保障了监管安全和监管秩序，也解决了人员、场地、资源不足的问题，但是也出现了指膜欺骗、人机分离、越界脱矫、出境外逃等新的躲避监管和犯罪方式，现有技术相对独立、易被破解，存在安全隐患，需要不断升级改造才能发挥更好的作用。

（一）矫正对象身份核查

矫正对象身份核查主要核查社区矫正对象姓名、性别、年龄、学习经历、工作履历、社会关系、起诉书、判决书、裁定书、决定书、病残鉴定书、保证书、具保书、评估函、评估意见书、矫正接收通知书，身体状况核查和心理状况核查等。用以保障社区矫正对象的法律程序、入矫程序以及矫正实施的合法性和可行性。此处的重难点是信息的真实性、有效性和准确性核查，社区矫正中心或司法所的工作人员并不是各专业的专家，也不是以上各种信息的数据中心，有很多信息需要进行核实、比对、校验。如社区矫正对象已来报到，但社区服刑通知书还没有从法院投送到社矫局，矫正对象的身份信息和家属信息需要到派出所核实等。

（二）矫正对象思想动态、现实表现、身体状况核查

矫正对象的思想动态、现实表现、身体状况的核查，可通过对社区矫正对象本人或对其家属、亲友、邻里和相关人员以访谈、问卷、现场查看等方式来进行。对社区矫正对象的思想动态、活动范围、行为表现、身体状况等情况进行检查并记录，用于判断其是否有改造效果，是否影响周围民众生产生活，是否违反相关规定和禁令。如矫正对象不能认识自己所犯罪行，反而因执行非监禁式社区服刑，而有藐视法律的言行，给周围民众造成不良影响的，要及时发现、及时制止，给予批评教育或收监处理。

（三）矫正对象地理位置核查

矫正对象地理位置核查，含常驻地理位置、工作地理位置、参与活动地理位置和外出、迁居位置的核查。《社区矫正法》第二十七条规定：社区矫正对象离开所居住的市、县或者迁居，应当报经社区矫正机构批准。社区矫正机构对有正当理由的，应当批准；对于因正常工作和生活需要经常性跨市、县活动的，可以根据情况，简化批准程序和方式。需要有相应信息化核查手段对其活动位置进行核查。如社区矫正对象因工作需要频繁跨市、县活动，如果每次都以纸质报告或电子报告提交申请，

再由管理人员审批，再进行核实，仅靠"人盯人"难以实现，很难保障人员地理位置核查的及时性、准确性、真实性。

（四）矫正对象时空变化核查

为加强监管、确保安全，有时需要进行矫正对象的时空变化核查，主要是核查矫正对象活动地点随时间变化的轨迹，用以防止和预警社区矫正对象活动越界、脱管、脱逃事件的发生。

（五）法院禁止令执行核查

《刑法》规定，对于被判处拘役、3年以下有期徒刑的罪犯，犯罪情节较轻、有悔罪表现、没有再犯罪的危险、宣告缓刑对所居住社区没有重大不良影响的，应当宣告缓刑，同时发出禁止令，禁止在缓刑考验期限内从事特定活动，进入特定区域、场所，接触特定的人。如某社区矫正对象缓刑考验期限内不得接触同案犯和进入夜总会、酒吧、迪厅、网吧等娱乐场所，这些禁止令需要进行严格执行和监督，采用信息化技术核查必不可少。

（六）自媒体与音视频资料佐证的核查

时代在进步、社会在发展，信息技术已深深融入到生活的方方面面，对社区矫正对象的教育改造如果还停留在仅利用传统的上课、劳动、思想汇报等形式上，则社区矫正工作很难有所提升。自媒体、音视频宣传等，可以成为社区矫正对象改造的新路径，真正实现"以案说法""以身示法"，提高周边人员的守法意识。这种方式虽然只是探索，但不妨作为立功减刑的新模式。

例如，某社区矫正对象因故外出，已履行外出请假手续，但外出并不代表可以暂时不监管，凡是外出的社区矫正对象可以要求其携带定位装置或运用智能手机的定位功能，通过钉钉、微信、百度地图等第三方平台进行位置打卡，或与公安系统的宾馆住宿平台和交通购票平台对接，进行外出核查。信息化核查同步启动，通过通话核查、视频核查等方式，防止人机分离，确保核查的有效性和准确性。

第二节 社区矫正信息化监管方式与应用

社区矫正信息化需要建设一套以省级社区矫正管理局为主体的社区矫正系统，这个系统要有提供业务执行、定位监管、审批、考核和统计分析功能；通过与公、检、法、人社、民政等部门系统联网，实现信息共享。在构建社区矫正对象数据库的基础上，利用大数据和人工智能技术辅助提高社区矫正业务开展效率，特别是在监管模式中采用新技术融合来达到监管安全的提升。

一、电子定位装置管理

(一) 电子定位装置定性

《社区矫正法》第二十九条规定,社区矫正对象有下列情形之一的,经县级司法行政部门负责人批准,可以使用电子定位装置,加强监督管理:

(1) 违反人民法院禁止令的;
(2) 无正当理由,未经批准离开所居住的市、县的;
(3) 拒不按照规定报告自己的活动情况,被给予警告的;
(4) 违反监督管理规定,被给予治安管理处罚的;
(5) 拟提请撤销缓刑、假释或者暂予监外执行收监执行的。

前款规定的使用电子定位装置的期限不得超过三个月。对于不需要继续使用的,应当及时解除;对于期限届满后,经评估仍有必要继续使用的,经过批准,期限可以延长,每次不得超过三个月。

社区矫正机构对通过电子定位装置获得的信息应当严格保密,有关信息只能用于社区矫正工作,不得用于其他用途。

(二) 使用电子定位装置的审批

1. 提请

司法所可以提出建议,由县级社区矫正机构填写《社区矫正对象使用电子定位装置审批表》并签署意见。

2. 批准

县级司法行政部门中分管社区矫正工作的负责人或者县级司法行政部门的主要负责人批准后,制作《社区矫正对象使用电子定位装置决定书》《对社区矫正对象使用电子定位装置告知书》。

3. 告知

批准使用后,《社区矫正对象使用电子定位装置决定书》《对社区矫正对象使用电子定位装置告知书》送达社区矫正对象,告知社区矫正对象监管的期限、要求以及违反监管规定的后果。

4. 解除

使用电子定位装置的期限不得超过三个月。对于不需要继续使用的,应当及时解除。

5. 继续使用

对于期限届满后，经评估仍有必要继续使用的，经过批准，期限可以延长，每次不得超过三个月。

社区矫正对象电子定位管理系统通过电子手环可以对社区矫正对象进行定位监控和综合管理。电子手环可有效解决使用手机定位时人机分离事件的发生，平台接收定位终端发送上来的位置信息、生理数据并自动转换成可视化的数据，准确形象地显示在电子地图中。可以实时查看社区矫正对象位置，查看历史活动轨迹，具有设定电子围栏限制社区矫正对象活动范围等功能。可以对社区矫正对象数据进行管理，并可以对设备拆除、逃脱、人机分离、低电量等各种情况进行智能分析和告警，满足社区矫正工作对社区矫正对象的管理和监控需要。

社区矫正对象电子定位管理系统通过定位数据服务子系统接收定位终端上传的位置信息，并管理定位数据，根据数据模型和业务需要，分析矫正对象的行为特征，根据规则发出预警和报警，并启动相关业务流程。定位功能适用于空间位置查询、轨迹查询、轨迹回放及存储、越界及关（停）机记录管理、统计查询。告警功能用于越界告警、进入禁止令限制区域告警、关闭告警、拆卸告警、低电告警、警示人员档案查询、报警时间查询、报警状态查询、报警统计、报警区域设定及修改、个人信息查询和个人信息导出、人员围栏管理、终端管理、特定对象不准靠近管理、特定区域不准进入管理等。外出管理功能用于越界不报警设置、围栏手动变更设置、地图基本操作、测距、离线地图接入等。

（三）使用电子定位装置的注意事项

（1）社区矫正对象使用的电子定位装置，应当具有独立定位功能。应当符合国务院标准化行政主管部门或者国务院司法行政部门发布的技术标准或者规范，目前，已出台的标准为《社区矫正电子定位腕带技术规范》。应当统一部署在省级社区矫正定位管理系统，并纳入社区矫正信息化一体化平台中，以确保定位数据安全运行。

（2）要依法使用电子定位装置。对于某些地方过去对社区矫正对象入矫时普遍使用电子定位腕带的做法应予纠正。

（3）在治安管理处罚的种类中，如果被吊销公安机关发放的许可证，必须是社区矫正对象本人为该许可证单位的法定代表人才可以使用电子定位装置。

二、社区矫正对象的信息管理

社区矫正对象信息管理系统主要实现社区矫正对象的基本信息、监督管理、奖惩考核、矫正教育、矫正质量评估等信息的管理以及社区矫正工作的管理，建立社区矫正对象信息和社区矫正工作统计信息数据库，全面了解社区矫正的工作开展情况，提供可自定义的数据统计、分析功能，为今后工作更好开展和领导决策提供数据支持。社区矫正对象个人信息数据可直接转入到其他系统中，实现数据同步、添加或修改，减少重复录入工作，提高基层数据录入和处理分析的工作效率。

通过对社区矫正对象进行信息录入和分析，充分利用数据库强大的存储检索和统计功能，根据社区矫正对象的不同特点实行个案矫治，有针对性地开展教育矫正工作，从而提升对社区矫正对象的教育矫治工作实际效果。通过查看社区矫正对象的基本信息，根据具体案情及社区矫正对象罪责过错，制定和调整教育内容、教育手段和教育师资，从而有针对性地制定思想教育、法制教育、社会公德教育等措施。根据社区矫正对象犯罪原因、犯罪类型、心理特点等进行综合系统分析，研究确定矫正方法措施，制定个案心理矫正预案，运用心理咨询和心理治疗等方法加强对社区矫正对象的心理矫治工作，增强社区矫正对象的认罪悔罪意识，帮助他们形成正常心态，增强其适应社会、服务社会的信心。利用社区矫正对象数据库信息互联互通的优势，及时组织调动有劳动能力的社区矫正对象

参加社会公益劳动，增强他们的社会责任感，提高教育矫正效果，促进社区矫正对象顺利回归和融入社会。

通过信息的共享和分析，可以加强地区之间、部门之间的沟通与协作，协调解决社区矫正对象在生活、就业等方面遇到的困难，能够及时使有关部门把符合最低生活保障条件的社区矫正对象纳入最低生活保障范围。对符合条件的农村籍社区矫正对象，落实责任田，保障其基本的生活。能够及时协调人力资源和社会保障、民政等有关部门，开展就业技能培训，帮助他们掌握一技之长，推荐指导社区矫正对象到企业社区等地方进行就业，帮助他们得到一份力所能及的工作，缓解他们的经济负担，切实解决他们的后顾之忧，鼓励他们重新树立生活的信心，促使他们积极接受矫正，防止重新违法犯罪。

三、社区矫正监管工作的信息化

（一）与天网工程对接，实现视频报到，人脸识别

将社区矫正系统与当地天网工程对接，实现监控、对讲及调度融合，通过手机（安装移动指挥 App）、无人机、移动指挥车等设施的结合，在移动执法的过程中，实现执法人员与指挥中心的实时交流，对在矫人员进行视频跟踪，可实现在矫人员就近视频反馈，确认在矫人员位置和状态。指挥中心还可对执法人员执法过程进行监管，实时了解执法人员的工作状态和地理位置，并对紧急情况进行指挥调度，以利于对整个执法过程进行管控。

在社区矫正对象的日常管理中，对社区矫正对象进行集中教育时，通过人脸识别、指纹识别，可以记录社区矫正对象的报到次数；各级社区矫正工作人员通过查询系统，可以了解和掌握社区矫正对象的当前状况和日常表现记录，减少纸质文件的使用，降低矫正难度和成本。

（二）公安大数据比对与分析

社区矫正对象日常报道、教育培训、社矫宣告、报到接收时，人、证比对通过与公安人口数据库比对，读取身份证信息，进行人脸识别，实现签到打卡。通过与公安系统购票信息、住宿信息比对，掌握社区矫正对象出行轨迹，研判是否越界、是否与报批出行线路一致、是否有再犯罪倾向。

（三）追捕及出入境数据同步联动

目前公、检、法、司各部门数据还没有完全实现互通共享，司法行政机关为了严格有效地控制社区矫正对象出境，通过特殊人群大数据管理，对每一个社区矫正对象的禁止出境报备进行数据同步，司法局向同级公安机关通报社区矫正对象情况，由公安机关出入境管理部门办理法定不准出境手续，并将数据录入系统实现自动同步。

如果社区矫正对象脱逃，县级司法局应立即向同级公安机关通报，提请追逃并收监执行，同时启动应急指挥程序，由公安机关对该社区矫正对象进行追捕。

（四）线上审批，线下同步管理

1. 进入特定区域审批

司法所工作人员通过"进入特定区域"选项进行申请，选择申请进入特定区域的矫正对象和进入场所，填写相关理由后进行保存，待上级司法局审批，审批通过后自动同步到定位管理系统，解除原虚拟周界的不可进入状态。

2. 外出请假审批

司法所工作人员可通过系统新增外出请假申请，选择矫正对象，填写外出地、事由和时间等信息，由区县社矫局进行审批。

3. 会客审批

社区矫正对象在移动应用软件中提交会客审批申请，并提交给司法所进行审核，结果以通知的形式发送给社区矫正对象。

4. 居住地变更审批

司法所工作人员通过系统居住地变更选项，新增居住地变更申请，选择矫正对象和填写迁入地等信息，提请本区县社矫局进行审批，如果居住地变更涉及跨行政区和社区矫正管辖权变更，则数据自动同步到社区矫正管辖权变更流程中。

5. 行政奖励表扬审批

需要根据社区矫正对象的表现记录自动筛选出可以进行通报表扬的人员，由司法所提交表扬申请给县级司法局审批，通过后系统将会发送表扬通知，对该社区矫正对象进行通报表扬。

四、多部门协同监管与业务联动

（一）联动公安局提请治安管理处罚审批

司法所工作人员通过治安处罚选项，提请治安处罚申请，并选择矫正对象，填写治安处罚的理由和依据，区县级社矫局审核通过后，将申请提交给区县级公安机关，由区县级公安机关回复意见做决定。

（二）联动法院提请撤销缓刑（假释）、收监执行、减刑审批

撤销缓刑（假释）、收监执行、减刑审批业务申请由司法所提交，区县级社矫局审批通过后提交法院裁定，司法部门接收裁定结果并执行。

（三）联动街道社区服务、教育、劳动请假审批

在社区矫正对象使用的应用软件中需提供社区服务、教育、劳动请假审批申请，经审核后，街道、司法所、社矫局系统流程对接，审批结果以通知的形式发送给社区矫正对象。

（四）联动帮扶人员

对安置帮教人员添加和补录服刑信息、安置帮教基本信息、人员管理类别、家庭成员情况、帮教小组情况和备注信息等。

（五）联动人社系统

提供用工信息、企业信息、技能培训，给被帮教人员提供就业技能培训和就业岗位推荐。

（六）联动民政系统

司法所对社区矫正对象进行审核，将符合申请特困救助金发放条件的社区矫正对象在民政系统中进行资格审查，通过系统提交给上级社矫局逐级审批，实现困难救助。

第三节　社区矫正信息化建设的思考

一、研判数据化——实现矫正方案量化定性

根据裁判内容和社区矫正对象的性别、年龄、心理特点、健康状况、犯罪原因、犯罪类型、犯罪情节、悔罪表现等情况，制定有针对性的矫正方案，实现分类管理、个别化矫正。矫正方案应当根据社区矫正对象的表现等情况相应调整分析研判。设置需求分析、态势分析、质效分析等3个模块，抓取、集成社区矫正相关数据，以定性与定量相结合的分析研判为导向，确立总体工作、阶段工作、专项工作的方案部署，进一步提高社区矫正工作科学性。

（一）由数据导向需求

每名社区矫正对象在入矫报到时，就填写一份《需求调查表》，调查结果统一传送到指挥中心平台进行综合分析，自动生成需求信息，使需求信息从单纯的个体意向，转化为对社区矫正工作的任务引领，为分类矫正、个别矫正提供客观依据。

（二）凭数据剖析风险

采集社区矫正对象案由、持有护照（出入证）情况、户籍、就业情况、工作性质、前科、同案犯信息、奖惩情况、外出情况等个体元素，以及重点对象列管、监管等级、居住地变更等工作要件，分析得出最需要解决的问题，辅助预判社区矫正工作面临的主客观影响和发展变化趋势，给动态分析研判提供更具说服力的证据参考。

（三）依数据评价质效

以即时、月份、年度以及历年为时间窗口，收集、汇总社区矫正对象人数、调查评估采纳率、重新犯罪情况、收监执行情况、考核管理执行情况、集中教育、个别教育和见面报到情况等基础数据，将分析比对结果作为质效评价、绩效考核的重要依据。

二、保障一体化——实现矫正资源共享

《社区矫正法》第三条规定，社区矫正工作坚持监督管理与教育帮扶相结合。信息化建设应围绕社区矫正对象的分类管理、个别化矫正这一要求进行设计开发。依托报警联动、移动互联、资源供给等模块的技术支持，紧密地把各个部门、各个层级、各个服务机构组成社区矫正工作网络，并以指挥中心为中枢加以统筹，结合当地社会经济发展水平、地形地貌、生活习俗，构成快速反应指挥协调体系。

（一）指挥一体响应

指挥中心作为组织指挥中枢，向上可直通省、市社区矫正管理局，第一时间请示、报告情况，获得指示部署；横向可直连社区矫正中心各部门，通过内部广播发布工作指令，调动人员力量；对下可直达基层司法所、工作点，通过视频会议布置任务，通过视频巡视督促检查，通过视频直播指导工作，实现指挥直通直达，响应即时即效。

（二）应急一体处置

在报警触发、地图联动、视频调取、预案启动软件支持下，一旦触发执法区域的报警按钮，系统立即高亮显示事发位置，发出警报，展播视频实况，值班指挥员可启动相应应急预案，发布应急处置指令，调动各方力量，协同开展应急处置工作。

（三）推行移动执法

在区县层面建立社区矫正指挥中心，在各个街镇集中教育、社区服务、入解矫宣告等集中活动场所安装监控设备。指挥中心依托社区矫正信息管理平台，实时反映当前本区县内社区矫正工作情况。例如，社区矫正工作者出勤情况，能显示各街镇专职人员、社工、社区志愿者在岗情况，方便第一时间联系到具体负责人。社区矫正对象在册情况，能显示当前在册多少人，今日新收入矫多少人，期满解矫多少人。基层上报执法情况，能显示各街镇当日将举行的执法活动数量，按时间节点，提前十分钟自动提醒，同时能依托移动互联技术，将执法活动现场视频在主屏幕上显示，方便远程指挥。同时，社区矫正指挥中心与监狱、戒毒、公安、检察院、法院等部门的系统进行互联，确保第一时间得到各部门关于社区矫正对象的实时动态信息。

目前我国警用设备中，便携式警务执法仪不仅轻便实用，而且能较好地对执法过程进行实时录像录音。可以将执法记录仪与移动执法仪进行无线连接，所有实时拍摄画面第一时间传输至移动执法仪，并在社区矫正信息管理平台进行备份。社区矫正指挥中心能通过信息管理平台实时关注基层执法者现场执法行为，有利于规范执法程序，提供远程执法支援。

以移动执法仪为依托，升级移动管理系统，开发社区矫正对象使用的 App。使之成为可以由普通手机下载安装的软件，采用"账号＋密码＋指纹"的登录方式，使社区矫正对象独立地登录 App。在 App 中设置网络学习、心理评估、执法公示、矫正提醒等模块，督促社区矫正对象更好地进行社区矫正活动。网络学习模块，结合计分考评，分级社区矫正对象进行网络教育，由 App 自动计算教育时间，实现分级处遇。设置执法公示模块，根据有关部门要求开展执法公示，在移动 App 中开设执法公示模块，让每名社区矫正对象能够查询其纳管后，报到、集中教育、社区服务等相关执法环节的动态信息。强化矫正提醒，将社区矫正对象基本情况和犯罪信息后台导入 App 客户端，系统根据其接受社区矫正的阶段，自动提醒该社区矫正对象参加集中教育、社区服务、个别教育等。一方面以提醒防止社区矫正对象忘记参加相关活动；另一方面有利于社区矫正对象故意不参加社区矫正活动时的证据采集工作。App 客户端信息能与移动执法仪进行数据同步，社区矫正对象 App 使用信息自动同步植入移动执法仪，使社区矫正工作人员能够进一步深入了解社区矫正对象的情况。

思考题

1. 我国社区矫正信息化的作用有哪些？
2. 使用电子定位装置的审批程序有哪些？
3. 使用电子定位装置应注意哪些事项？
4. 如何认识社区矫正信息化的应用？
5. 如何理解我国社区矫正信息化建设？

拓展练习

案例 1　2017 年 7 月，王某因诈骗罪被法院判处有期徒刑 2 年，缓刑 3 年。社区矫正期间，司法局对其采取了手机定位措施，并告知其手机不得关机、停机、呼叫转移以及人机分离，以确保矫正机构能随时掌握其活动轨迹。8 月份，为了逃避监管，王某将定位手机关机放在家中，在未办理外出请假手续的情况下，擅自前往外地。司法所以王某违反定位监管及外出规定为由，向司法局提请给予王某警告处罚。经审议决定，司法局给予王某警告处罚一次。

点评　刑罚的本质特征就是具有惩罚性。虽然社区矫正是一种较为人性化的非监禁的刑罚执行方式，但并不能改变其执行刑罚的性质。社区矫正作为刑罚执行活动，必然具有惩罚性，这是作为罪犯的社区矫正对象对其犯罪行为给社会造成的危害所应承担的后果。

案例 2　社区矫正对象吴某因交通肇事罪被判处有期徒刑 1 年，缓刑二年。2018 年 11 月 20 日，吴某因工作原因，需要前往长沙处理事务，想着武汉距离长沙很近，来回一天时间即可，应该不会被司法所发现。于是抱着侥幸心理，吴某在未向××司法所请假的情况下就擅自外出前往长沙。××司法所社区矫正工作人员在查看手机定位系统时发现，吴某的手机定位显示已越界，即刻电话联系吴某，要求其立即返回并至司法所报到。鉴于吴某这一行为已违反了社区矫正管理办法的相关规定，为严肃矫正纪律，经过调查核实后，××司法局对吴某作出了警告处分。

点评　社区矫正对象要严格按照"先申请后审批、先请假后销假"的规定，按要求说明申请外出的原因。司法所工作人员要对其提出外出注意事项，依据程序规定办理批准手续。社区矫正对象返回时须及时报告外出期间的有关情况,办理销假手续。切实做到"请假有交代,中间有联系,返回有报告"。

案例3 宋某某,男,因犯生产、销售假药罪被人民法院判处有期徒刑一年,缓刑二年,并处罚金五万元,同时宣告禁止在缓刑考验期内,从事药品生产、销售及相关活动。判决生效后,依法实施社区矫正。社区矫正期间,司法所工作人员到宋某某住所进行实地查访发现,其住所处有一张药品广告宣传海报。经工作人员调查询问,宋某某承认其帮助他人设计制作药品广告宣传海报样品。后经××市××区司法局批准,决定对宋某某使用电子定位装置,期限为三个月。现书面告知宋某某使用电子定位装置期限、要求以及违反规定的后果。

表6-1为对社区矫正对象使用电子定位装置告知书模板。

表6-1 对社区矫正对象使用电子定位装置告知书模板

对社区矫正对象使用电子定位装置告知书

社区矫正对象宋某某:

你在接受社区矫正期间,因在缓刑考验期内从事药品相关的广告设计制作活动,违反了人民法院禁止令要求,依据《中华人民共和国社区矫正法》第二十九条第一款第(一)项之规定,对你使用电子定位装置,加强监督管理。使用电子定位装置的期限自2020年9月22日起至2020年12月21日止。在使用电子定位装置期间,必须遵守以下规定:

一、不得私自拆卸毁坏电子定位装置;

二、如果电子定位装置无法正常使用,应立即向社区矫正机构(受委托的司法所)报告;

三、未经批准不得擅自离开规定的活动区域。

如果违反上述规定之一的,社区矫正机构将依法予以处置。

××市××区社区矫正机构(公章)
××××年××月××日

以上内容我已知晓并保证严格遵守。

社区矫正对象(签名):

××××年××月××日

第七章

社区矫正对象的考核与奖惩制度

考核与奖惩是社区矫正管理工作中的两个重要环节。考核与奖惩关系到社区矫正对象的切身利益,关系到社区矫正目的的实现。考核是奖惩的前提和基础,奖惩是考核的结果和落实。社区矫正对象考核主要涉及考核的含义、功能、原则、内容、方法等方面的问题。根据奖惩机关性质的不同,社区矫正对象奖惩分为行政奖惩和司法奖惩两类。行政奖惩可分为行政奖励和行政处罚,司法奖惩可分为司法奖励和司法处罚。行政奖惩和司法奖惩,主要涉及不同的奖惩种类的含义、条件、程序等方面的问题。再犯罪惩处主要涉及再犯罪惩处的程序、结果等。

第一节　社区矫正对象的考核

考核与奖惩是指社区矫正机构依据有关法律法规和监管规定，对社区矫正对象思想行为表现等情况实施评审（评议），并对其进行奖励和惩处的活动。

一、社区矫正刑事执行委员会

县级社区矫正机构应当成立社区矫正刑事执行委员会，负责社区矫正调查评估、考核奖惩等工作的审议。县级社区矫正机构作出调查评估结论、给予表扬、提请减刑、提请撤销缓刑、提请撤销假释、提请收监执行等建议时，应当提请社区矫正刑事执行委员会审议，制作《刑事执行委员会审议记录》，并签字确认。

二、考核的实施与内容

（一）计分考核（奖、扣分数的设定仅为提供设计参考）

对社区矫正对象的日常考核实行月考核制度，采取计分考核的方式，考核以奖、扣分形式予以量化。社区矫正对象自入矫报到之日起纳入考核，由受委托的司法所负责对社区矫正对象进行考核，填写《社区矫正对象月考核登记表》。社区矫正对象考核得分根据其日常遵守社区矫正规定的具体行为表现进行实时考评，在基础分上进行加分或减分，社区矫正对象月考核得分一般情况下不会超过 100 分/月。

1. 基础分

社区矫正对象每月基础分为 60 分。

2. 奖分

奖分可以分为三种形式。

1）遵守监督管理规定奖分

每月上限不超过 15 分。社区矫正对象有下列情形之一的，应当奖分：

（1）揭发他人违法线索，经认定有一定价值的，奖 10 分（此项奖分可以不受上限限制）；

（2）服从社区矫正机构和司法所管理，无受到训诫、警告、治安管理处罚的，奖 5 分；

（3）每月按照规定时间到司法所报到，汇报思想的，奖 5 分；

（4）主动向司法所报告其他社区矫正对象家庭、工作、思想等重大变故的，奖5分。

2）教育矫正奖分

每月上限不超过15分。社区矫正对象有下列情形之一的，应当奖分：

（1）积极参加教育学习，完成规定的教育学习任务的，视具体情况奖3～5分；

（2）积极参加公益活动的，视情况奖3～5分；

（3）结合自身实际，在社区矫正机构和司法所组织的教育活动中以身说法，视效果影响奖3～5分；

（4）积极参加社区矫正机构和相关组织的活动，获得省级奖项的，奖10分，获得市级奖项的，奖5分，获得县级奖项的，奖3分（获得省、市级奖项奖分可以不受上限限制）；

（5）参加职业技能学习，取得国家认可的职业等级证书的，奖3分（此项奖分可以不受上限限制）；

（6）社区矫正期间有创造发明，获得相关部门认可的，奖5分（此项奖分可以不受上限限制）。

3）社区表现奖分

每月上限不超过10分。此项奖分征求矫正小组相关成员意见。社区矫正对象有下列情形之一的，应当奖分：

（1）积极参与社区公益活动和其他相关活动的，奖3分；

（2）家庭关系和睦，邻里关系融洽的，奖3～5分；

（3）因表现突出，受到所在单位和相关组织表彰的，奖3分；

（4）积极帮助他人或参与爱心慈善事业的，奖5～10分（此项奖分可以不受上限限制）。

3. 扣分

扣分可以分为三种形式。

1）违反监督管理规定扣分

社区矫正对象有下列情形之一的，应当扣分：

（1）无故缺席宣告会的，扣5分；无故迟到的，扣3分；

（2）不按规定到司法所报到的，扣5分；当天迟于约定报到时间的，扣3分；

（3）不按规定提交思想汇报的，扣5分；迟交的，扣3分；内容不符合要求，书面不认真的，扣2分；

（4）违反信息化核查管理规定，不足以给予训诫处分的，扣5分；

（5）有不服从社区矫正机构管理情形，不足以给予训诫处分的，扣5分；

（6）有以上未列举的违反社区矫正相关规定情形的，视情况扣3～5分。

2）教育矫正扣分

社区矫正对象有下列情形之一的，应当扣分：

（1）无故缺席教育学习活动、公益活动的，扣5分；

（2）不遵守教育学习现场秩序的，扣3～5分；

(3) 在教育学习、公益活动中，不服从安排的，扣 3～5 分；
(4) 不配合社区矫正机构组织的个别教育、心理测试、心理咨询的，扣 3～5 分；
(5) 有以上未列举的违反教育矫正规定情形的，视情况扣 3～5 分。

3) 社区表现扣分

矫正小组相关成员可提出此项扣分意见。社区矫正对象有下列情形之一的，应当扣分：

(1) 在社区和网络传播不实言论，尚未造成重大影响的，扣 5 分；
(2) 制造家庭矛盾、邻里关系矛盾的，扣 3～5 分；
(3) 有其他未列举的社区表现，造成不好影响的，未达到其他处罚标准的，视情况扣 3～5 分。

4. 考核等次

考核等次分为优秀、良好、合格和不合格。司法所每月根据社区矫正对象考核得分和现实表现，按下列标准确定考核等次。

(1) 优秀等次。考核得分 90 分以上。优秀等次原则上按照不超过在册人数的 15％，采取四舍五入的办法确定名额。对考核分在 90 分以上，没有确定为优秀等次的，确定为良好等次。
(2) 良好等次。考核得分 80～89 分。
(3) 合格等次。考核得分 60～79 分。
(4) 不合格等次。考核得分 60 分以下的。

5. 考核结果的运用

将对社区矫正对象的考核结果作为实施分类管理的依据。社区矫正对象获得 2 个优秀等次，其他均为合格以上等次的，可调整晋升一个管理类别，具体按各省、自治区、直辖市《社区矫正对象分类管理分级处遇工作规定》实施。

6. 其他要求

(1) 公示。司法所应当将社区矫正对象的奖分、扣分及考核等次等内容进行公示，做到准确及时、公开公平，公示期不少于 7 日。
(2) 异议处置。社区矫正对象对考核结果有异议的，司法所应当予以答复。社区矫正对象对答复不服的，可以向县级社区矫正机构申请复核，县级社区矫正机构应当及时处理，并将处理结果告知社区矫正对象。
(3) 社区矫正对象违反社区矫正相关规定，受到训诫、警告、治安管理处罚等，当月直接认定为不合格等次。

（二）定期考核

对社区矫正对象的定期考核每三个月组织一次，可以和社区矫正刑事执行委员会审议表扬奖励同时进行，由县级社区矫正机构组织实施，司法所参与实施，根据社区矫正对象的现实表现和考核等次，对入矫 6 个月以上的，获得 2 个优秀等次，其他为良好以上等次的，可给予表扬一次。

第二节　社区矫正对象的奖惩

一、奖惩的实施与内容

对社区矫正对象的奖惩分为行政奖惩和司法奖惩。行政奖惩包括表扬、训诫、警告、治安管理处罚。司法奖惩包括减刑、撤销缓刑、撤销假释、收监执行。

（一）表扬

表扬是社区矫正机构依照一定的程序，对符合条件的社区矫正对象给予公开赞扬的行政奖励形式。

1. 表扬条件

社区矫正对象接受社区矫正六个月以上并且同时符合下列条件的，执行地县级社区矫正机构可以给予表扬：

（1）服从人民法院判决，认罪悔罪；
（2）遵守法律法规；
（3）遵守关于报告、会客、外出、迁居等规定，服从社区矫正机构的管理；
（4）积极参加教育学习等活动，接受教育矫正的。

社区矫正对象接受社区矫正期间，有见义勇为、抢险救灾等突出表现，或者帮助他人、服务社会等突出事迹的，执行地县级社区矫正机构可以给予表扬。

2. 表扬办理流程

（1）审核上报。司法所根据考核情况，对符合表扬奖励条件的社区矫正对象，填写《社区矫正表扬审批表》，签署意见后连同相关材料上报县级社区矫正机构。

（2）审批。县级社区矫正机构对上报的《社区矫正表扬审批表》及相关材料经初审后，提交社区矫正刑事执行委员会审议，决定是否给予表扬奖励。审批同意给予表扬的，制作《社区矫正表扬决定书》。

（3）送达。《社区矫正表扬决定书》送达社区矫正对象。

（4）公示。除未成年人之外，社区矫正对象表扬情况应当公示，接受监督。

（二）训诫

1. 训诫条件

社区矫正对象有下列违反监管规定行为的，县级社区矫正机构应当及时按照规定工作流程给予训诫：

(1) 不按规定时间报到或者接受社区矫正期间脱离监管，未超过10日的；
(2) 违反关于报告、会客、外出、迁居等规定，情节轻微的；
(3) 不按规定参加教育学习等活动，经教育仍不改正的；
(4) 其他违反监督管理规定，情节轻微的。

2. 训诫处罚案件办理工作流程

(1) 提出建议。司法所对相关证据材料进行整理核实，填写《社区矫正训诫审批表》，提出处罚建议，上报县级社区矫正机构。

(2) 审批。县级社区矫正机构对上报的《社区矫正训诫审批表》及相关材料进行核实，对案件事实清楚、证据充分、程序合法的，答复审批意见，并制作《社区矫正训诫决定书》。

(3) 进行训诫。《社区矫正训诫决定书》送达社区矫正对象签字确认。由三名社区矫正工作人员对其进行训诫。

(4) 抄送。《社区矫正训诫决定书》抄送执行地同级人民检察院。

（三）警告

1. 警告条件

社区矫正对象有下列违反监管规定行为的，县级社区矫正机构应当及时按照规定工作流程给予警告：

(1) 违反人民法院禁止令，情节轻微的；
(2) 不按规定时间报到或者接受社区矫正期间脱离监管，超过10日的；
(3) 违反报告、会客、外出、迁居等规定，情节较重的；
(4) 保外就医的社区矫正对象无正当理由不按时提交病情复查情况，经教育仍不改正的；
(5) 受到社区矫正机构两次训诫，仍不改正的；
(6) 其他违反监督管理规定，情节较重的。

2. 警告处罚案件办理工作流程

(1) 提出建议。司法所对相关证据材料进行整理核实，填写《社区矫正警告审批表》，提出处罚建议，上报县级社区矫正机构。

(2) 审批。县级社区矫正机构对上报的《社区矫正警告审批表》及相关材料进行核实，对案件事实清楚、证据充分、程序合法的，签署审批意见，并制作《社区矫正警告决定书》。

（3）文书送达。《社区矫正警告决定书》送达社区矫正对象签字确认，宣告处罚决定，进行谈话教育。

（4）抄送。《社区矫正警告决定书》抄送执行地同级人民检察院。

（四）治安管理处罚

1. 治安管理处罚条件

社区矫正对象违反监督管理规定或者人民法院禁止令，依法应予治安管理处罚的，县级社区矫正机构应及时提请同级公安机关依法给予处罚。

2. 提请治安管理处罚案件办理流程

（1）核实上报。司法所对相关证据材料进行整理核实，填写《提请治安管理处罚审批表》，上报县级社区矫正机构。

（2）提出建议。县级社区矫正机构对上报的《提请治安管理处罚审批表》及相关材料进行核实，对案件事实清楚、证据充分、程序合法的，签署审批意见，并制作《治安管理处罚建议书》。

（3）提请。报送《提请治安管理处罚审批表》《治安管理处罚建议书》及相关材料，提请公安机关给予处罚。

（4）抄送。《治安管理处罚建议书》抄送执行地同级人民检察院。

（五）减刑

1. 减刑条件

宣告缓刑的社区矫正对象一般不适用减刑。管制和暂予监外执行的社区矫正对象根据各省高级人民法院、各省人民检察院、各省公安厅、各省司法厅《关于办理减刑、假释案件的实施办法（试行）》，按规定呈报减刑。

社区矫正对象有重大立功表现的，应当依照《刑法》第七十八条的规定，呈报予以减刑（缓刑的缩减考验期限）。

2. 提请减刑建议案件办理工作流程

（1）材料初审。司法所对提请减刑建议案件相关证据材料进行整理核实，提出减刑建议，上报县级社区矫正机构。

（2）审议。县级社区矫正刑事执行委员会审议，可以邀请检察机关派员列席，审议记录应当存入减刑卷宗，审议同意后形成提请减刑建议。

（3）公示。对案件事实清楚、证据充分、程序合法的，县级社区矫正机构应当对社区矫正对象的提请减刑建议进行公示。公示时间一般为7日。

（4）审核上报。公示期间无异议，县级社区矫正机构制作《社区矫正对象减刑建议书》，提出减刑建议，制作《提请减刑审核表》，整理相关材料形成《提请减刑卷宗》，上报市（州）级社区矫正机构审批。

（5）审批提请。市（州）级社区矫正机构审批同意后，提请同级中级人民法院裁定。依法由高级人民法院裁定的减刑案件，层报省级社区矫正机构提请裁定。

（6）抄送。减刑建议书抄送执行地同级人民检察院（原裁决机关）、公安机关及罪犯原服刑或接收档案的监狱。

3. 减刑材料

社区矫正机构提请减刑建议，《提请减刑卷宗》应包括以下相关材料：
（1）提请减刑卷宗目录；
（2）社区矫正对象减刑建议书、提请减刑审批表；
（3）终审法院判决（裁定）书、执行通知书、历次减刑裁定书的复印件；
（4）社区矫正对象符合减刑条件的证据；
（5）社区矫正对象月度考核表、评审鉴定表；
（6）县级社区矫正刑事执行委员会评审记录；
（7）人民法院要求移送的其他材料。

二、撤销缓刑、假释、收监执行的情形与程序

根据现行立法的有关规定，撤销假释的程序与撤销缓刑的程序相同。收监是指社区矫正机构针对社区矫正对象违反社区矫正规定的情形或者暂予监外执行情形消失，提请人民法院、公安机关、监狱管理机关撤销缓刑、撤销假释、暂予监外执行收监执行，送押监管场所执行刑罚的活动。

（一）提请撤销缓刑、撤销假释、暂予监外执行社区矫正对象收监执行情形

被宣告缓刑的社区矫正对象有下列情形之一的，应当提请撤销缓刑：
（1）违反禁止令，情节严重的；
（2）无正当理由不按规定时间报到或者接受社区矫正期间脱离监管，超过一个月的；
（3）因违反监督管理规定受到治安管理处罚，仍不改正的；
（4）受到社区矫正机构两次警告，仍不改正的；
（5）其他违反有关法律、行政法规和监督管理规定，情节严重的情形。

社区矫正对象在假释考验期内，有下列情形之一的，应当提请撤销假释：
（1）无正当理由不按规定时间报到或者接受社区矫正期间脱离监管，超过一个月的；

（2）受到社区矫正机构两次警告，仍不改正的；

（3）其他违反有关法律、行政法规和监督管理规定，尚未构成新的犯罪的。

暂予监外执行的社区矫正对象有下列情形之一的，应当提请收监执行：

（1）不符合暂予监外执行条件的；

（2）未经社区矫正机构批准擅自离开居住的市、县，经警告拒不改正，或者拒不报告行踪，脱离监管的；

（3）因违反监督管理规定受到治安管理处罚，仍不改正的；

（4）受到社区矫正机构两次警告的；

（5）保外就医期间不按规定提交病情复查情况，经警告拒不改正的；

（6）暂予监外执行的情形消失后，刑期未满的；

（7）保证人丧失保证条件或者因不履行义务被取消保证人资格，不能在规定期限内提出新的保证人的；

（8）其他违反有关法律、行政法规和监督管理规定，情节严重的情形。

（二）提请撤销缓刑、撤销假释、暂予监外执行社区矫正对象收监执行程序

1. 调查取证

县级社区矫正机构发现社区矫正对象具有撤销缓刑、撤销假释、暂予监外执行社区矫正对象收监执行情形的，应当及时调查核实，收集有关证据，并听取矫正小组的意见。

2. 提交审议

县级社区矫正机构应当召集社区矫正刑事执行委员会成员对有关证据、矫正小组的意见等进行审议，决定是否提请撤销缓刑、撤销假释、暂予监外执行社区矫正对象收监执行建议，可以邀请检察机关派员列席。评议记录应存入收监执行卷宗。

3. 整理卷宗

提请撤销缓刑、撤销假释、暂予监外执行社区矫正对象收监执行的卷宗应当包括：

（1）撤销缓刑（撤销假释、收监执行）建议书；

（2）撤销缓刑（撤销假释、收监执行）审核表；

（3）判决书、裁定书、决定书、执行通知书、结案登记表等法律文书复印件；

（4）接受社区矫正期间历次受惩处的法律文书；

（5）违反社区矫正相关规定或者暂予监外执行情形消失的证据；

（6）社区矫正刑事执行委员会审议记录；

（7）其他相关材料。

4. 提请建议

1) 提请撤销缓刑建议

社区矫正机构一般向原判人民法院提出。如果原判人民法院与执行地同级社区矫正机构不在同一省、自治区、直辖市的，可以向执行地人民法院提出建议；执行地人民法院作出裁定的，裁定书同时抄送原判人民法院。社区矫正机构撤销缓刑建议书和人民法院的裁定书副本同时抄送社区矫正执行地同级人民检察院。

2) 提请撤销假释建议

社区矫正机构一般向原判人民法院提出。如果原判人民法院与执行地同级社区矫正机构不在同一省、自治区、直辖市的，可以向执行地人民法院提出建议；执行地人民法院作出裁定的，裁定书同时抄送原判人民法院。社区矫正机构撤销假释的建议书和人民法院的裁定书副本同时抄送社区矫正执行地同级人民检察院、公安机关、罪犯原服刑或者接收其档案的监狱。

3) 提请暂予监外执行收监执行建议

社区矫正机构一般报请执行地社区矫正决定机关作出决定。原社区矫正决定机关与执行地同级社区矫正机构在同一省、自治区、直辖市的，可以报请原社区矫正决定机关决定。社区矫正机构的收监执行建议书和决定机关的决定书，应当同时抄送执行地县级人民检察院。

5. 执行收监

人民法院裁定撤销缓刑、撤销假释或者决定暂予监外执行收监执行的，由执行地县级公安机关本着就近、便利、安全的原则，送交社区矫正对象执行地所属的省、自治区、直辖市的看守所或者监狱执行刑罚。

公安机关决定暂予监外执行收监执行的，由执行地县级公安机关送交存放或者接收罪犯档案的看守所收监执行。

监狱管理机关决定暂予监外执行收监执行的，由存放或者接收罪犯档案的监狱收监执行。

（三）其他情形的处理

1. 逮捕

被提请撤销缓刑、撤销假释的社区矫正对象具备下列情形之一的，社区矫正机构在提出撤销缓刑、撤销假释建议书的同时，提请人民法院决定对其予以逮捕，并提供相应证据：

（1）可能逃跑的；

（2）具有危害国家安全、公共安全、社会秩序或者他人人身安全现实危险的；

（3）可能对被害人、举报人、控告人或者社区矫正机构工作人员等实施报复行为的；

(4) 可能实施新的犯罪的。

社区矫正机构提请逮捕、人民法院作出是否逮捕决定的法律文书，应当同时抄送执行地县级人民检察院。

2. 在逃追捕

撤销缓刑、撤销假释的裁定和收监执行的决定生效后，社区矫正对象下落不明的，应当认定为在逃。被裁定撤销缓刑、撤销假释和被决定收监执行的社区矫正对象在逃的，由执行地县级公安机关负责追捕。撤销缓刑、撤销假释裁定书和对暂予监外执行罪犯收监执行决定书，可以作为公安机关追逃依据。

3. 被强制隔离戒毒的处理

社区矫正对象被强制隔离戒毒的，县级社区矫正机构应当及时组织调查核实，收集有关证据，依法提请撤销缓刑、撤销假释和收监执行，具体按有关文件规定办理。

4. 死亡处置

社区矫正对象在被提请撤销缓刑、撤销假释和收监执行期间死亡的，社区矫正终止。县级社区矫正机构应当撤回撤销缓刑、撤销假释和收监执行建议，填写《社区矫正对象解除矫正通知书》。若是社区矫正对象在矫正期间死亡的，要填写《社区矫正对象解除矫正对象死亡通知书》，这些都要及时通知原判人民法院及决定（批准）机关等相关单位，并通报同级人民检察院。

第三节　社区矫正对象再犯罪的惩处

一、社区矫正对象再犯罪

再犯罪惩处是指对于社区矫正对象在社区矫正期间再次实施犯罪行为的处理活动，社区矫正对象再犯罪是与社区矫正的目的相背离的。社区矫正的目的是通过对社区矫正对象的监督管理和教育帮扶，预防和减少违法犯罪，促使其过守法生活。社区矫正对象在社区矫正期间再犯罪，在很大程度上表明对其进行的社区矫正工作是无效的，甚至是失败的。经过一定时期的社区矫正，其再次犯罪的危险性并没有降低或消除。社区矫正对象再犯罪的，应当及时终止社区矫正，依法追究刑事责任。

二、再犯罪惩处的程序

根据现行立法的有关规定和社区矫正实践。对于社区矫正对象在社区矫正期间再犯罪的，可以根据再犯罪情况的不同，通过不同的程序进行处理。

（1）公安机关直接发现社区矫正对象实施犯罪行为，或者接受其他单位、个人报案、控告、举报，或者接受社区矫正对象自首的，根据《刑事诉讼法》的相关规定，对于属于自己管辖并且符合立案条件的，应当进行立案侦查；对于不属于自己管辖的，应当移送主管机关处理，并且通知报案人、控告人、举报人；对于不属于自己管辖而又必须采取紧急措施的，应当先采取紧急措施，然后移送主管机关；对于侦查终结的案件，作出移送人民检察院审查起诉或者撤销案件的处理决定，同时，办理相应的法律手续。在公、检、法机关办案的过程中，社区矫正机构、受委托的司法所应当积极配合，协助办案机关查明案情和恰当处理案件。

（2）人民法院直接发现社区矫正对象实施犯罪行为，或者接受其他单位、个人报案、控告、举报，或者接受社区矫正对象自首的，由人民法院依照《刑事诉讼法》的相关规定处理。在处理过程中，社区矫正机构、受委托的司法所应当积极配合，协助办案机关查明案情和恰当处理案件。

（3）社区矫正机构、受委托的司法所直接发现社区矫正对象实施犯罪行为，或者接受其他单位、个人报案、控告、举报，或者接受社区矫正对象自首的，应当及时将有关材料移送公安机关，由公安机关进行立案侦查，或者依照《刑事诉讼法》第二百七十三条的规定移送人民检察院处理。与此同时，社区矫正机构、受委托的司法所应当积极配合，协助办案机关查明案情和恰当处理案件。

三、再犯罪惩处的结果

社区矫正对象在社区矫正期间再犯罪的，应当依法适用数罪并罚。《刑法》第七十一条规定：判决宣告以后，刑罚执行完毕以前，被判刑的犯罪分子再犯罪的，应当对新犯的罪作出判决，把前后两个判决所判处的刑罚，依照本法第六十九条的规定，决定执行的刑罚。社区矫正是一种非监禁刑罚执行方式，被适用社区矫正的罪犯，其刑罚并没有执行完毕。社区矫正对象在社区矫正期间再犯罪的，符合《刑法》第七十一条关于数罪并罚的规定。

不同类型的社区矫正对象在社区矫正期间再犯罪的具体处理结果有所不同。

（1）对于被判处管制的社区矫正对象在社区矫正期间再犯罪的，应当依法实行数罪并罚；已经在社区执行的管制期间，应当依法折抵。

（2）对于被宣告缓刑、被裁定假释的社区矫正对象在社区矫正期间再犯罪的，应当依法变更刑罚执行方式，撤销缓刑、撤销假释，依法实行数罪并罚；已经在社区执行的缓刑考验期、假释考验期，不作为已执行的刑期对待。

（3）对于被暂予监外执行的社区矫正对象在社区矫正期间再犯罪的，应当依法变更刑罚执行方式，收监执行，依法实行数罪并罚；已经在社区执行的暂予监外执行期间，应当依法折抵。

思考题

1. 简述社区矫正对象考核的具体内容。
2. 如何有效衔接对社区矫正对象进行的考核与奖惩？
3. 如何对社区矫正对象进行行政奖惩？如何评价现行行政奖惩的种类？
4. 如何对社区矫正对象进行司法奖惩？
5. 如何处理社区矫正对象再犯罪？

拓展练习

案例 1 社区矫正对象萧某因犯抢劫罪，被法院判处有期徒刑一年零一个月，缓刑二年，在××司法所接受社区矫正。矫正期间，萧某在酒吧吸食毒品被派出所民警查获，并处以行政拘留十五日的处罚。

××司法局经考察认定：萧某在缓刑考验期内，因吸食毒品被处以行政拘留，其行为违反了社区矫正相关监管规定，不宜继续实行社区矫正，遂依法向法院提出撤销缓刑建议。人民法院经审理后裁定，撤销萧某缓刑，执行原判有期徒刑一年零一个月，立即收监执行。

点评 判刑罪犯在纳入矫正对象后，务必认真面对矫正教育，严格约束自己的行为，遵纪守法，遵守社区矫正相关监管规定。一旦违规，就可能失去社区矫正这一宽大处理的机会，而面临的将是法律更为严厉的惩罚。

表 7-1 为提请撤销缓刑（撤销假释）审核表模板。

表 7-1 提请撤销缓刑（撤销假释）审核表模板

提请撤销缓刑（撤销假释）审核表					
姓名		性别		身份证号码	
户籍地				执行地	
罪名			原判刑罚		附加刑
禁止令内容			禁止期限起止日		自　年　月　日 至　年　月　日
矫正类别		矫正期限		起止日	自　年　月　日 至　年　月　日

续表

事由及依据	
呈报单位意见	（公章） 　年　月　日
县级社区矫正机构意见	（公章） 　年　月　日
备注	

案例 2　李某某，女，因涉嫌诈骗被刑事拘留，次日因发现其怀孕被取保候审，后人民法院以其犯诈骗罪判处有期徒刑三年，并处罚金一万元。判决生效后，人民法院于 2020 年 7 月 21 日以其属怀孕妇女（后于 2020 年 8 月 3 日生产一子）为由决定暂予监外执行，并交付至社区矫正机构实施社区矫正。暂予监外执行期限自 2020 年 7 月 21 日起至 2021 年 8 月 3 日止。现李某某哺乳期即将届满，暂予监外执行情形即将消失，但刑期未满，拟提请对李某某收监执行建议。

提请收监执行审核表模板见表 7-2，收监执行建议书模板见表 7-3。

表 7-2　提请收监执行审核表模板

提请收监执行审核表					
姓名		性别		身份证号码	
户籍地				执行地	
罪名			原判刑罚		附加刑
禁止令内容			禁止期限起止日		自　年　月　日 至　年　月　日

续表

矫正类别		矫正期限		起止日	自　　年　　月　　日 至　　年　　月　　日
事由及依据					
呈报单位意见					（公章） 　　年　　月　　日
县级社区矫正机构意见					（公章） 　　年　　月　　日
备注					

表 7-3　收监执行建议书模板

收监执行建议书

（　　）＿＿＿＿矫收执建字第　号

社区矫正对象＿＿＿＿＿＿，（男/女），＿＿年＿月＿日出生，＿＿＿＿＿族，身份证号码＿＿＿＿＿＿＿＿＿＿。户籍地＿＿＿＿＿＿＿＿＿＿＿＿＿＿，执行地＿＿＿＿＿＿＿＿＿＿＿＿＿＿＿＿＿＿。因犯＿＿＿＿＿罪经＿＿＿＿＿区人民法院于＿＿＿年＿月＿日判处＿＿＿＿＿＿＿＿＿＿＿＿。＿＿年＿月＿日经＿＿＿＿＿＿＿区人民法院批准暂予监外执行。在暂予监外执行期间，依法实行社区矫正。社区矫正期限自＿＿＿＿年＿月＿日起至＿＿＿年＿月＿日止。

该社区矫正对象＿＿＿＿＿＿＿＿＿＿＿＿＿＿＿＿＿＿＿＿＿＿＿＿＿＿。

依据《中华人民共和国刑事诉讼法》第二百六十八条第一款第（三）项、《社区矫正法》第二十八条、《社区正法实施办法》第四十九条第一款第（六）项之规定，建议对该社区矫正对象给予收监执行。

此致

＿＿＿区人民法院　＿＿＿市＿＿＿区社区矫正机构（公章）

年　　月　　日

注：抄送＿＿＿＿＿＿＿区人民检察院。

第三篇　社区矫正教育与帮扶

第八章　社区矫正对象的认知教育
第九章　分类矫正教育
第十章　社区矫正对象心理矫治
第十一章　社区矫正社会教育帮扶

第八章

社区矫正对象的认知教育

法律、道德、纪律、宗教等，在某种意义上来说都属于行为规范，都是对行为的约束，甚至是惩治。那么人的行为是怎样产生的呢？为什么不同的人，有明显不同的行为？甚至在同一环境中，不同的人的行为有着巨大的差异呢？

美国心理学家艾利斯提出了ABC理论（A代表事件，B代表个体对事件的认知和评价，C代表个体产生的情绪反应或行为后果），也叫理性情绪疗法。该理论认为，事件A是引起情绪或行为后果C的间接原因，而直接原因是个体对A的认知和评价B。负面的情绪或行为后果C，大多是由不合理的认知和评价B造成的。所以不合理的认知和评价才是导致负面的情绪或行为后果的真正原因。只有改变不合理的认知和评价，才能有效地控制不良情绪，把握好正确的行为。

如果人们有正确的认知，其情绪和行为就是正常的；如果人们的认知是错误的，则其情绪和行为都可能是错误的。所以对人进行思想教育，完善合理认知，更有利于防范不当的情绪和错误的行为产生。

第一节 认知失调与犯罪

观察犯罪的成因,可以发现有如下三种常见的状况,即误入歧途、明知故犯、侥幸心理。对此进行分析、研讨,有利于预防犯罪和矫正社区矫正对象的行为。

一、误入歧途

有些人是因为自己的行为在不知不觉的情况下触犯刑律,构成了犯罪。例如,大龄青年找年龄较小的学生索要钱物,他们自称这种行为叫"搐肥"占便宜,不是犯罪。其实,如果属于情节恶劣的抢劫行为,就构成抢劫罪。所谓抢劫,就是以暴力或以暴力手段相威胁,侵犯他人人身权利或财产权利的行为。还有一种共同犯罪的情形:有些青少年因讲"义气",想融入一个圈子,模仿电视剧里面黑帮老大做派,跟着他人一起"混",四处惹祸,有可能在一个刑事案件中不知不觉成了共同的犯罪人。但是他们中有的人往往还认为自己没有犯罪,而且理直气壮地讲"抢东西的时候我没有动手,既没有打人家也没有拿东西,我只是站在一旁","盗窃的时候,我只是跟着去了,我并没有具体实施盗窃行为",诸如此类,其实就是典型的共同犯罪。共同犯罪中,每个人的行为都不能孤立地看待,他们各自的行为形成的是一个整体。只要有共同的意思,并且参与其中,就是共犯之一。

另外还有一些特殊主体的犯罪:有法定的义务和责任面对社会危害而不作为,导致发生了严重后果,构成犯罪。此时,这类犯罪人往往悔恨当初没有学好法律。上述情况都是因为对法律的认知错误而犯罪的。

二、明知故犯

明知法律的禁令,明知会受到法律的制裁,但仍然为之。有这样一个真实的案例:某监狱罪犯赵某,当他刑满释放后,得知他的妻子在他服刑期间与男性钱某关系特别。赵某向妻子逼问情况的时候,他妻子坦然地说:"你服刑去了,我一个人带孩子不易,钱某在这种情况下给我和孩子关心和帮助,你不能接受我曾经跟他好,那就离婚,我就去跟钱某结婚。"这时赵某愤恨地说:"就是离婚,我也不让钱某得到一个完整的你。"随后,赵某到处咨询和学习相关的法律规定,了解用硫酸对他人毁容会有什么法律后果。但他仍然不顾后果地用硫酸对妻子进行了毁容。他又沦为了阶下囚。这个案例说明什么呢?学习了法律,知道了法律,明知法律会对他严厉制裁,他为什么还要实施犯罪行为呢?现实生活中,有多少人是知法犯法?为什么总有那么些人心中不敬畏法律,以身试法呢?上述案例说明:赵某没有正确的人生观、价值观、世界观,没有家庭和社会的责任感,是典型的认知错误,因此造成恶果。一个人作出一种重要行为之前,他一定有一个认知过程,一定有一个激烈的思想斗争过程，这个过程就是一个人的心理过程。所以，对人进行心理辅导，改变其错误的认知，从而修正其不当的行为是很有必要的。

三、侥幸心理

有的人知道其行为触犯刑律，且害怕法律的追究，却抱着侥幸心理实施犯罪。律师在看守所会见一个因盗窃被刑事拘留的犯罪嫌疑人时，律师问："老话说饥寒起盗心，你经济条件这么好，为什么还要去盗窃呢？"答："我想我是不会被抓到的，现在真后悔啊。"律师："你后悔什么呢？"答："我那天不应该带手机的，是手机突然响了，才惊醒了财产的主人，害我被抓到。"还有一个因收受他人财物被判定为受贿罪，被开除公职、关进监狱的某官员，也是悔恨难当。问："悔恨什么？"答："看错了人，谁知送钱的是个小人，在送钱的时候用针孔摄像机对我进行了录音录像。"可见，上述两种人明知自己的行为是犯罪，也害怕受到法律的制裁，却偏偏实施了犯罪行为。受到惩罚之后，仍然想的是为什么会被抓到，而不反思自己为什么会犯罪。他们怎么就想不到"善恶终有报"？这种行为对得起父母吗？是对家庭和社会负责吗？这种行为对得起组织的培养和亲人朋友的期许吗？

一个人作出某一行为，原因是多方面的，但从认知心理学的角度来看，认知是影响和改变人的行为的重要方面，认知是行为的源头。改变错误的认知是预防犯罪的有效手段。

第二节　反思与完善自我

个人的生存和发展离不开社会，要想了解社会、融入社会，首先必须要了解自己、认识自己。明确自己的角色和身份，要做到自立自强。只有这样，才能够发挥自己的潜能，完善个性，才能更好地适应社会。

一、正确认识自我

（一）认识自我的含义

正确认识自我就是自我的认识要与自己的实际情况相符合，要明确自己的身份和角色。它包括两个方面：第一，正确、全面认识自己的短处和长处、优点和缺点。第二，正确认识自我与社会、他人（包含集体）的关系。认识到个人的成长离不开社会和他人帮助，自我的人生价值在于对他人和社会的贡献。比如说，自己作为社区矫正对象，该如何看待自己，如何认识自己？首先，在服刑期间，要意识到自己是被法律判决的有罪之人，应当自觉接受监管和教育。其次，要意识到自己幸好罪行不大，处罚不重，得到了司法的人文关怀，没有在高墙之内服刑。再次，还要意识到自己有着其他的身份。例如：为人父母，应该对孩子的成长教育尽义务；为人子女，对父母应当尽孝，承担赡养的责任和义务。最后，还要看到自己的长处和优势，对未来要抱有希望和信心。

（二）正确认识自我的方法

1. 用"一分为二"的观点看待自己

既要认识自己的外在形象，又要认识自己的内在素质，一个人应该是外在的美与内在的美和谐统一。内在的美对外在的美起决定性的作用。正所谓"金无足赤，人无完人"，一个人既要挖掘自己的闪光点，用欣赏的目光来看自己的优点和长处，又要注意到自己的缺点和不足。面对纷繁复杂的人生世界，如果你把目光都集中在痛苦、烦恼上，你将会悲观失望，停滞不前，生命就会黯然失色；如果你把目光都转移到快乐之中，而无反思和警醒，也可能乐极生悲。世间所有的事物无不具有两重性。因此，要用"一分为二"的观点认识自己。

2. 用发展的观点看待自己

事物总是发展变化的，每个人也都在不断发展变化着，优点和缺点也不是一成不变的。对过去所犯的错误和罪行，虽然要常思过、要警醒，不能重犯，但是决不能将其作为一种包袱，陷入其中不能自拔。正确的方法是，告别曾经的过错，满怀信心地迎接未来，把坏事变成好事，吸取过去的教训，重新做人。

3. 认识自我的途径

首先，通过自我观察认识自己。必须要做一个有心人，经常反省自己在日常生活中的点滴表现，自我观察是自我教育、自我提高的重要途径。其次，通过与他人的接触和交往认识自己。人本身就是社会性的动物，一个正常人必须融入社会，和他人交往。多接触外面的世界，扩大自己的视野，提高观察能力，去发现自己的喜好所在。最后，从他人对自己的态度和评价中认识自己。大文豪苏轼写道："不识庐山真面目，只缘身在此山中。"说明自己认识自己是比较困难的，周围的人对我们的态度和评价能帮助我们认识、了解自己。我们要尊重他人的态度与评价，当然对他人的态度与评价我们也不能盲从，我们需要全面分析。

总之，人生在世，认识自己是不容易的。我们要从不同的角度观察、分析自己，做个明明白白的人。

二、反思与自我完善

要想正确认识自己，必须反思自己。反思是一面镜子，它能把我们的错误清清楚楚地照出来。古人云：吃一堑，长一智。错误过失确实能够警醒人们，但前提是要学会反思。假如一个人犯错误后仅是听之任之，而不去总结，不去反思自己为什么错了，以后还是有可能犯同样的错误。

如何反思自己？曾子曰："吾日三省吾身：为人谋而不忠乎？与朋友交而不信乎？传不习乎？"这段话解释为，孔子的学生曾参说，他每天从三方面反复检查自己：替人办事有未曾竭尽心力之处吗？与朋友交往有未能诚实相待之时吗？对老师传授的学业有尚未认真温习的部分吗？曾参就是这样天天反思，继续发扬长处，及时改正不足之处，最终成为学识渊博、品德高尚的贤人。作为社区矫正对象，更需要反思自己。

（一）反思与自我控制

有些人自控力不强，情绪波动大，遇事不冷静、容易冲动、缺乏理性思考，一旦受到外界刺激就容易作出一些不理智的行为。这个时候就需要冷静地有效控制自己的情绪。

（二）反思与报复心理

有些人有高人一等的优越感，道德法治意识淡漠、唯我独尊、利己主义严重、攻击性强，觉得退让就是丢面子；发生纠纷后，不能理性处理，动辄拳脚相加，以示自己的强悍，如果吃了亏，就怀恨在心，伺机报复。这个时候就需要我们冷静地想一想，暴力可以解决一切问题吗？遇事退一步海阔天空，爱慕虚荣怕丢面子、肆意报复的心理更要不得。

（三）反思与自我评价

过高地评价自己，就会目中无人、盲目乐观、以自我为中心，不易被他人接受和认可；过低评价自己容易自卑、自信心丧失、情绪消沉、意志薄弱，孤僻抑郁，面对新环境、挫折和重大生活变故束手无策。这两种不当的认知都会产生过激行为，导致犯罪。因此，过高或过低地评价自己都是不正确的。

（四）反思是否贪图享受，追求不切实际的消费

有些人非名牌不穿，非高档电器不用，大吃大喝、盲目攀比、一味摆阔，为了保全面子，顾不了家庭贫寒和囊中羞涩，追求享乐。最后入不敷出，只能通过违法犯罪来满足自己不切实际的需要。

（五）反思与自我净化

有些人遇到挫折以后，心理承受能力差，不知道如何应对挫折。缺乏对挫折的正确认识和心理准备，又没有应对的办法和经验，逐步形成不求上进的消极心理，悲观失望、自怨自艾、牢骚满腹，甚至产生对社会和他人不满的心理。这种心理如果得不到及时的疏导和控制，就会让人铤而走险，走上犯罪的道路。

社区矫正对象，需要反思的问题还有很多。正所谓"浪子回头金不换"，"亡羊

补牢为时未晚"。反思对于那些曾经在人生的道路上迷途的人来说，是一座照亮心灵的灯塔，是治愈错误的良药，它能给混沌的心灵带来一缕光芒。在迷途时，在掉进了罪恶的泥潭时，在灵魂被扭曲时，在我们自以为是沾沾自喜时，反思就像一道清泉，将思想里的浅薄、浮躁、消沉、阴险、自满、狂傲等污垢涤荡，重现清新、昂扬、雄浑和高雅的旋律，让生命重放异彩、生机勃勃。

三、自立自强

（一）自立自强的重要性

1. 只有自立自强，才会受到人们的尊重

人不能只会利己，还要懂得利他。一个人为何能受到他人的尊重，前提是这个人有自立自强的人格，有奉献社会和他人的精神。尽管自己是社区矫正对象，但是仍然可以自立自强。这样做了，会得到社会的认可和他人的尊重。

2. 只有自立自强，才能乐观豁达

在人生的旅途上，总会遇到坎坷，难免步入歧途，只有勇敢的人才能跨过生命的坎坷，走出泥潭，最终会寻得梦想，迎来光明。因此，要以一种豁达的情怀笑对人生。

3. 只有自立自强，才能自愈自燃

根据人本主义理论，一个人，不管是生理上有疾病，还是心理上有问题，其本身都有治愈能力，关键是心态。古往今来，都有正反两方面的例子，自暴自弃者，人生就会暗淡；自立自强者，人生就会点燃希望走向光明。

（二）自立自强方法

1. 要脚踏实地，不可好高骛远

要从自身实际出发做力所能及的事，不能大事做不了，小事又不想做。决不能成为社会的累赘、社会的负担。

2. 要规划自己，不可信马由缰

要合理规划自己的生活，不要让自己颓废怠惰。在困难中锻炼意志，独立自主，日益坚强。

3. 要勤俭节约，不可奢侈浪费

要艰苦奋斗，切勿不符合实际地去追求高消费、高享受。勤俭不仅可以塑造自己的人格，还可以使自己为他人、为集体作出贡献。

4. 要好学进步，锐意进取

要坚持学习和锻炼，做有情调的高尚人。摆脱对别人的依赖心理。只有自立自强，才能走上成功之路。

5. 要向上向前，重塑自我

人生很多时候不是一条直线，个体作为矫正对象，也许会认为"我是犯了罪的人，还有什么美好的前途？"其实，很多人因为犯过错或者犯过罪，有了深刻的教训，才使得未来的人生路走得更稳更好。应该放下包袱，做一名敢于挑战自我、重塑自我的勇士。对未来要有信心，重归社会规划新的人生。例如，褚时健，他曾经掌舵下的玉溪卷烟厂常年位居亚洲第一，旗下的红塔山品牌更是中国名牌香烟，他也被称为"亚洲烟草大王"。经历过人生低谷后的他，2002 年，74 岁才保外就医重新出发，开始承包荒山种植橙子。到 2012 年，80 多岁的褚时健将种植的橙子通过电商售卖，创立了个人品牌"褚橙"。"褚橙"品质优良，常被销售一空。褚时健成为"中国橙王"。实现了从"烟王"向"橙王"的转变。他的波澜壮阔的"传奇"人生案例告诉我们，不管多大年纪，不管以往犯过什么罪，只要有抱负和决心，仍然可以重新起航，实现人生辉煌。

世界是丰富多彩的，人生也是如此。每个人都拥有不同的人生，唯有成就自己，才会让生命闪光。要相信，"天生我材必有用"。不要以为世界不需要你，把自己孤立在一个单独的世界里，而应努力做最好的自己，这样便会使世界上因为多了一个你，而变得更加精彩。

第三节　承担家庭责任和义务

一、家庭的含义与重要性

家庭是由婚姻、血缘或收养关系所组成的社会组织的基本单位。家是一副重担，家是一份责任，家是彼此的真诚相待，家是人生的驿站，是生活的乐园，也是避风的港湾。

一个人的成长离不开家庭的培育。一个人无论要实现什么理想和抱负，前提是要做好自己，担当起家庭的责任。正所谓"修身、齐家、治国、平天下"。承担家庭的重担既是对家人负责，也是社会行为规范所要求的。

二、家风、家教与孩子的成长

孩子出了问题，父母难辞其咎，问题孩子的背后极有可能是问题家庭。虽然不能把所有的责任都归结于父母,但父母的确是影响孩子较深的人,是孩子的"第一任老师"。

家庭成员的言行以及由此而形成的气氛,对孩子的成长是会有影响的。人们常说:"父爱如山、母爱如水,好山好水才能孕育出好孩子。"父亲会给孩子以安全感,同时赋予孩子勇敢坚强、权威等方面的影响;母亲会在关爱、体贴、细心、温柔等方面对孩子产生潜移默化的影响。两者互相补充,不能互相替代。相反,得不到家长关爱的孩子,往往会出现恐惧、退缩、自卑、猜疑等现象。

三、家庭是幸福港湾

父母一定要意识到,家庭气氛对自己的生活、对孩子的成长、对老人的赡养将起到重要的作用。车子、房子等物质条件的优越,并不一定带来幸福。"屋宽不如心宽",家庭的幸福离不开好的心情和气氛。家庭作为人生的港湾不在于豪华,关键是能遮风挡雨、给人温馨。因此,营造良好家庭气氛、打造幸福港湾是极其重要的。

(一)相互尊重、真心待人

对中国传统大家庭中的三大矛盾即婆媳矛盾、妯娌矛盾、姑嫂矛盾的处理需要彼此相互尊重、和睦相处、真心相待,处理好大家庭的关系。

1. 了解彼此的不同,相互接纳

并不是所有女人都会嫁到一个好婆家,大多数家庭都会遇到矛盾。夫妻双方都会多出一双父母。当两家人走到一起时,最先要做的就是了解并且接纳每个人的特点和不同,至少要有一个理解的态度。

2. 不要期望婆婆和妈妈一样

妈妈是十月怀胎把你生下的人,又倾注了这么多的心血把你养育成人,这样的骨血相连和多年感情的连接怎么会是一个突然出现在你生活中的婆婆可以比拟的。所以,以妈妈的标准要求婆婆,必然是行不通的。

3. 夫妻双方各给对方一定的生活空间

都说距离产生美,生活空间过于紧密会将矛盾不断放大。因此,对于既有不同特点又有代沟的姻亲关系来说,生活在一起必然会出现各种矛盾。所以拉开距离是避免矛盾的一种有效方法。

4. 真心相待

真心相待,培养感情。人都是有感情的动物,你对对方的关心,对方会慢慢领会到的,人的感情都是相互的。

（二）相互包容好夫妻

夫妻关系是法定关系，一定要慎重处理。

1. 夫妻间的互助不仅仅是因为感情，而且是法定的义务

《民法典》中的婚姻家庭编，足以说明男女结婚不仅仅是两相情愿的事情，还有法定的条件，以及法定的权利和义务。法律规定在婚姻关系存续期间双方的收入是共有的。不论是男方还是女方在外赚钱，另一方在家带孩子，料理家务，当夫妻的一方有病或者无生活来源，另一方在离婚时，还有扶助的义务。现实生活中有人不懂这个道理，时常引起纠纷和矛盾。

2. 结婚和离婚都应该慎重

特别是结婚后有了孩子，更不能轻言离婚。当孩子很小的时候，父母离异，会对孩子造成心灵的创伤，不利于孩子的健康成长。

3. 理性办理法律手续

夫妻确实过不下去，常言说：放手也是爱，为什么感情确已破裂，不能破镜重圆了，还死缠烂打呢？人们说为了孩子不要轻易离婚，但是又不好好过，成天扯皮拉筋，"大吵三六九，小吵天天有"，这种状况不可能有利于孩子的成长和教育。所以在这种状况下，夫妻应该好聚好散，应当理性办理法律手续，不要为抚养费、财产的分割斤斤计较。

（三）家庭和谐的因素

1. 父母是孩子的榜样

父母之间要尽量避免在孩子面前发生冲突、吵吵闹闹，为人父母要耐心付出，要对自己的一言一行严格要求，这不仅仅对家庭有好处，更对孩子的健康成长有好处。

2. 民主是不可缺少的要素

家庭里的事情，在做决定时，应该由全体家庭成员，包括成年的孩子，一起协商后作出抉择。建立一种民主平等的关系，有助于形成良好的家庭气氛。许多家庭闹矛盾，就是因为一方太霸道，另一方又不愿意妥协，造成家庭破裂。

3. 沟通交流是尊重

要力求家庭的气氛保持一种轻松的状态，及时沟通交流是必需的。如果家庭气氛太沉闷、太压抑，则对孩子的心理发展不利。假如父母在外面有什么不顺心、不愉快，不应该带回家里来，更不应该朝孩子发泄。父母对孩子的学习，不要给予太大的心理压力。

4. 学习无止境

一个人文化修养好，有较丰富的内涵，才会有文明的举止、高雅的爱好等。父母应该不断地加强学习，提高自身修养和素质。孩子在这样的家庭与这样的父母接触，更容易成为一个有修养、讲文明的人。作为家庭成员的父母，应当认识到自己的一言一行，不仅仅是对自己负责，更是对孩子和社会负责。

（四）发扬传统美德

1. 孝敬老人需用心

孝敬老人是家庭的责任和义务，是在弘扬中国传统的道德观念。有着悠久历史和灿烂文化的中华民族，从来都要求孝敬老人。"百善孝为先"早已成为人们立身处世的道德规范及道德信条。"慈母手中线，游子身上衣。临行密密缝，意恐迟迟归。谁言寸草心，报得三春晖。"用春天的阳光比喻母爱，用小草比喻儿女，做儿女的无论怎么样孝敬父母，都难以报答父母深厚的恩情。

关心他人、关心集体、关心社会、关心国家，首先就要孝敬自己的父母。一个连父母都不关心、不孝敬的人，不可能为他人、为社会奉献爱心。

2. 谦卑让人是美德

静以修身，俭以养德。做人要谦虚，生活要简朴，这是社会对人的基本要求，何况在家庭中呢？家庭不是讲排场的地方，"人无俭不立，家无俭不旺"。修身齐家必须坚持勤俭节约，反对奢靡浪费之风。

3. 勤俭持家需行动

现实生活中，子女往往以为给了老人钱就算尽了孝心，其实这是远远不够的。还有一种情况，子女用钱买高档物品，把老人的旧东西扔掉，以为这也是尽孝，其实，这更是错误之举。老人需要什么？老人对旧东西依依不舍的情感，你又知道多少？所以，尽孝也好，勤俭持家也罢，一定要用心去做。

父母身体不舒服时送上一杯水、一句问候，老人买菜回来，自己主动接一接，这些都能让老人感到温暖，带来幸福。另外，决不能厌恶老人的唠叨，而是要多与他们交心谈心，使老人精神上得到安慰。

第四节　面对未来自我挑战

心态是个体的主人，我们不能控制遭遇，但能控制心态，改变别人很难，改变自己是可行的，人与人之间的最大区别莫过于心态的差异。

个人与社会是密不可分的，只有融入社会，才能有望实现人生的目标。

一、人与社会的关系

（一）人的本质

人的本质是什么？探讨这个问题的真相，是很有意义的事。人的本质并不仅仅是血肉之躯，如果是这样，人和一般动物又有什么区别呢？人的本质也不仅仅是个体思想和意识。个体思想和意识都来源于社会，而每个人的思想和意识又是千差万别的。那么什么是人的本质呢？亚里士多德说过，从本质上讲，人是一种社会性动物。马克思认为，人是各种社会关系的总和。我们认识到了人的本质，我们就应当知道：人应该勇敢地融入社会。人是社会中的人，不以我们的意志为转移。

（二）个人对社会的作用

人的属性可分为两大类，即自然属性和社会属性。从自然属性来看，人和一般的动物没有多少区别。从社会属性来看，人是有思维的、有意识的。人活在这个社会上，是要接受法律道德等规范约束的，否则，我们人类社会不就成了动物世界？社会属性是人最主要、最根本的属性。人类社会生活是由各行各业的活动构成的有机整体，任何个人的活动、言行对社会的发展总会产生这样或那样的作用。

（三）社会对个人的影响

社会其实就是一个环境，环境是一个群体的结晶。社会工作理论认为，人在环境中，环境确实是会影响人的。当人处于不好的环境中，感觉到迷茫和困惑时，很可能使自己的精神支柱动摇，行为上也会出现飘忽不定的现象，从而极易产生不良行为。当一个人处于一个好的环境，感觉到充满正能量，才能精神饱满、行为积极。

（四）人和社会的关系

人的言行受到社会的制约，反过来，人的主动作为又影响社会的发展。说到底，要做一个有价值的人，就必须认识社会，达到适应和改造社会的目的。我们如何才能做到呢？首先，要处理好人和人之间的关系。其次，要认识人和社会的关系，不断提升自己的能力，掌握技能、技巧。再次，要跟上时代的步伐，与时俱进。只有这样，才能活得更明白。

二、人与社会实践的关系

积极投身于社会实践，做一个有利于社会和他人的人。

（一）什么是社会实践

人与人之间所有实践活动的总和就是社会实践。社会实践活动的内容和形式是广泛的、多层次的。生产活动是最基本的实践活动，是决定其他一切活动的基础，除生产活动以外，政治、生活、科学、艺术等人类社会一切领域的实践活动，也都是社会实践。

（二）社会实践的意义

1. 生存是前提，劳动最光荣

人的第一需要就是生存的需要，只有满足了生存的条件，有了基本的衣食住行，才能更好地追求其他需要。为了生存，人不得不投入社会去劳动去挣钱。现实生活中我们大部分人不都是这样吗？然而有一部分人认为劳动赚钱太辛苦，总想走捷径。于是出现了懒惰者，靠父母或者他人资助过生活；出现了搞歪门邪道捞钱的不法分子；出现了想入非非的不清白之人，陷入了被骗的困惑之中。唯有靠劳动满足生存的人才是最幸福的普通人。

2. 艰辛知人生，充实获幸福

人只有通过社会性劳动才能创造社会价值，才能体现个人自身价值。劳动无疑是辛苦的，但正是这种付出和辛苦才使人更有价值。

通过工作和社会劳动，与人接触交往，才能体现人的社会属性，才会真正感悟人生，体会幸福。同时，在这个实践过程中，还会学到很多知识，增长才干。也只有这样，才不会去做错事、做坏事，甚至做违法乱纪的事。

3. 理论为基础，实践长才干

人参加社会实践活动，逐步了解社会，开阔视野，增长才干。只有在社会实践活动中才能认清自己的位置，发现自己的优点和缺点，正确客观地评价自己。社会实践可以使理论上模糊的东西变得清晰，使印象不深的方面得到巩固，使理论上欠缺的知识得到补偿。

（三）社会实践的目的

人从出生到成年，是一个逐步社会化的过程，在这个过程中，经过家庭和学校等社会载体的教育，然后步入社会，在社会中不断完善自己。可是社会又在不断地发展变化，所以又要求人们不断地学习，不断地接触新事物。然而，有些人在社会化的过程中出现了偏差，背离了社会，对这类人需要采取相应的强制措施，使之再社会化。

融入社会是人的本质要求。只有适应社会，才能成为一个合格的人。融入社会，参加社会实践，必须做到以下几点：

（1）要勇于投入社会，不能有畏惧心理；
（2）要勤学苦干，不能有懒惰心理；
（3）要了解社会的需求，以及自己的特点和专长；
（4）要有意识、有目的地参与社会实践，避免随心所欲的状况。

三、理想信念与目标

理想是对未来的美好向往和希望，是在实践中形成的，具有实现的可能性，是人类特有的一种精神现象，是人们的世界观、人生观和价值观在奋斗目标上的集中体现。

信念是一种支持人奋进向上，在苦难中不放弃的心理动力。是人们在一定认识的基础上确立的对某种理论、主张、思想见解及理想坚信不疑，并身体力行的一种状况。

信念可以给我们带来快乐，让我们在悲伤时能够坚强，在顺境时不会沾沾自喜，在绝望时看得到光明。一个人的信念一旦形成，就比较稳定。理想受社会条件制约而可以调整变化。远大的理想、崇高的信念能点燃人生的激情，激发人们的才智，激励人们奋发向上。古今中外，凡是为人类进步事业作出杰出贡献的人，无不具有远大的理想和坚定的信念。

理想信念是精神之"钙"，让人活出高度，而不是碌碌无为。有了理想，就有了动力，有了动力就能做好事情，兴趣是最好的老师，有了兴趣就能做好事情。人最重要的不是和别人比，而是要和自己比，看现在的自己是不是比以前的自己更加优秀。一个人的成长可以是非常迅速的，关键还是要看自己如何去选择，如何去做。没有理想的人生是暗淡的，不会让人高兴的。努力前行，总会有收获，理想和信念成就人的一生，在我们的生活中时刻与我们相随。

那么，怎样才能实现人生目标呢？

1. 敢于抉择——克服犹豫不定的习性

很多人之所以一事无成，最大的毛病就是抉择不果断，总是瞻前顾后，从而错失成功的最佳时机。成大事者在看到事情的成功可能性到来时，敢于作出重大抉择，因此取得先机。

2. 克服弱点——彻底改变自己的不足

人人都有弱点，不能成大事者往往不能克服自己的弱点，一生都不会发生重大转变；能成大事者总是善于从自己的弱点上开刀，去把自己变成一个能力超强的人。

3. 突破困境——从失败中寻找成功的方法

人生总要面临各种困境的挑战，甚至可以说困境就是"鬼门关"。有的人会在困境面前退避三舍，而成大事者则能把困境变为成功的动力和挑战。

4. 抓住机遇——勇于开拓

机遇就是人生最大的财富。当我们遇到机遇，决不能轻易让其溜走。人生难得几回搏，指的就是难得遇到好的机遇，然而机遇往往是留给有准备的人的。

5. 发挥强项——做好自己擅长的事

一个人的能力是多方面的。有的方面强，有的方面弱。比如说视力不好的人可能听力好，下肢无力的人可能上肢有劲。因此，每个人要看到自己的长处，发挥好自己的强项，只有这样，才能做好事情，增强自信，打开人生的局面。

6. 立即行动——只说不做，徒劳无益

一次行动胜过百遍心想。有些人是"语言的巨人，行动的矮子"，所以看不到自身的变化。成大事者是每天都靠行动来落实自己的人生计划的。

总之，人作为具有社会属性的高级动物，是有思想、有思维、有情感的。首先，我们要注重今天，所谓注重今天就是要勤学善行。勤学让我们有正常的思维和情感，善行让我们处理好人际关系、社会关系。其次，要告别过去，常思己过。最后，要对接未来，要有理想、有信念地生活。我们只要做到上述三点，就可以成为一个有利于社会、有利于他人的人，成为一个快乐幸福的人。

思考题

1. 如何理解认知失调与犯罪之间的关系？
2. 社区矫正对象如何正确认识自我、不断反思，成为一名自立自强的守法公民？
3. 家庭的责任和义务是什么？
4. 社区矫正对象该如何面对未来自我挑战？

拓展练习

案例 社区矫正对象张某近期总感觉心里慌慌的，肌肉也紧紧的，胸口闷闷的，流汗，心跳加快、颤抖、头晕、胃不舒服，出现莫名其妙的害怕、紧张、恐惧不安等心理，总在心里感觉到有不好的事情要降临；担心自己什么都做不好，害怕被周围人指指点点，无颜活下去，更担心妻子要跟他离婚，家里的老人没有人照顾，已经上了高中的孩子，学习跟不上，考不上好大学……越想这些越恐惧、害怕、心闷、头痛、心慌、烦躁不安，坐立难安，变得特别容易发火，经常无故发怒，与家人争吵，对什么事情都看不惯，不满意。睡眠也受到影响，常常失眠，做噩梦，半夜醒来无法入睡。因为天天都是提心吊胆，忐忑不安，对生活缺乏信心和乐趣。

点评 张某体验到的这种情绪就是焦虑,焦虑是一种持续、漂浮不定的害怕感,以不安、恐惧等不愉快的情绪体验为主,并且伴有躯体不适等症状表现。焦虑的人容易慌乱紧张,稍微想到一点烦恼,就整日害怕不安,其他事情很难使他转移注意力,旁边的人怎么安慰、化解都没有用。焦虑的产生原因与个体的性格有关。焦虑的人大多都有自卑和易紧张、恐惧心理。他们往往把生活想象得过分危险可怕,对困难估计过度;他们也经常表现出患得患失、惶惶不安、依赖性强的性格特征,日常生活中对自己的身体情况过分关注。焦虑情绪的产生与外界刺激和压力也有关系,但是处于焦虑状态的人对环境给的压力和威胁要比常人感受到的强烈很多。比如他们常常会根据生活中一点点小的痕迹就认为自己会遭遇重大的危险和灾难,一次思想汇报没有写就预感自己会失去信任,害怕自己会受到惩罚;与妻子的一次争吵就预感妻子要与自己离婚。

知识卡片

不合理信念的类型很多,比较常见的有以下几种。

1. 绝对化

绝对化是指认知者以自己的意愿为出发点,对人、对事都怀有认为其必定怎样或必定不怎样的信念,极易走极端。这种信念经常与"必须""应该"这些词联系在一起。

2. 概括化

概括化是指一种以偏概全的不合理思维方式。过分概括化的表现有:他人稍有过失就全盘否定,个人偶遇不幸就感觉前途无望等。结果很容易陷入消极之中。

3. 糟糕至极

糟糕至极是指对事、对人极端消极的、悲观的评价。若按这种思路想,百分之百糟糕,没有一线希望和转机,人容易因绝望而陷入严重的负性情绪中。

第九章

分类矫正教育

　　社区矫正机构、司法所应当根据社区矫正对象的矫正阶段、犯罪类型、现实表现等实际情况,对其实施分类教育,才能提高监管和矫正的效率,有针对性地依法对社区矫正对象进行更加科学化、人性化、个性化的矫正和管理,提高矫正效果。

第一节　矫正对象分类教育的理论探讨

一、分类教育的目的与依据

（一）分类的目的

1. 有助于对社区矫正对象进行针对性的教育矫正

不同的社区矫正对象在犯罪原因、犯罪历史、刑罚种类和期限、自身心理和健康状况、认罪服法态度等方面存在很大差异，因而各自的人身危险性、再犯可能性和再社会化程度等方面也各不相同。通过对社区矫正对象进行科学的分类管理，可以使工作人员清楚地区分和掌握各类社区矫正对象的这些可能潜在的情况，在对矫正对象各方面情况综合评估的基础上，因人制宜地拟定针对性、计划性和规范性极强的个性矫正方案，形成有效的个案教育管理方法。

2. 有助于提高社区矫正对象接受矫正的积极性

实行分类管理，不同类别的管理，管理的内容不同，社区矫正对象享有的刑罚个别化处遇不同。要想争取好的处遇形式，就必须积极参加教育矫正活动，服从监督管理。这样既调动了社区矫正对象的积极性，又体现了区别对待、宽严相济的刑罚执行政策。

3. 有助于实现刑罚资源的合理优化利用，提高工作效率

分类管理有助于合理分配使用刑罚资源中有限的人力、物力、财力，避免和减少无效的工作环节，使社区矫正更具针对性，工作目标更加明确，提高社区矫正管理的有效性，缓解基层的工作压力，确保把有限的社区矫正资源投放到最需要加强警戒和防范的重点人员及环节上去，以最低的矫正成本争取最佳的社区矫正效益。

（二）分类的依据

《社区矫正法》第二十四条规定：社区矫正机构应当根据裁判内容和社区矫正对象的性别、年龄、心理特点、健康状况、犯罪原因、犯罪类型、犯罪情节、悔罪表现等情况，制定有针对性的矫正方案，实现分类管理、个别化矫正。矫正方案应当根据社区矫正对象的表现等情况相应调整。第三十六条规定：社区矫正机构根据需要，对社区矫正对象进行法治、道德等教育，增强其法治观念，提高其道德素质和悔罪意识。对社区矫正对象的教育应当根据其个体特征、日常表现等实际情况，充分考虑其工作和生活情况，因人施教。

《社区矫正法实施办法》第四十三条规定：社区矫正机构、受委托的司法所应当充分利用地方人民政府及其有关部门提供的教育帮扶场所和有关条件，按照因人施教的原则，有针对性地对社区矫正对象开展教育矫正活动。

社区矫正机构、司法所应当根据社区矫正对象的矫正阶段、犯罪类型、现实表现等实际情况，对其实施分类教育；应当结合社区矫正对象的个体特征、日常表现等具体情况，进行个别教育。

社区矫正机构、司法所根据需要可以采用集中教育、网上培训、实地参观等多种形式开展集体教育；组织社区矫正对象参加法治、道德等方面的教育活动；根据社区矫正对象的心理健康状况，对其开展心理健康教育、实施心理辅导。

社区矫正机构、司法所可以通过公开择优购买服务或者委托社会组织执行项目等方式，对社区矫正对象开展教育活动。

实践工作中，广义上的分类教育管理是根据社区矫正对象的自身特点和人身危险性程度以及社区矫正对象在矫正过程中的矫正表现等因素，对不同类型的社区矫正对象采取不同的管理措施，以期取得最佳教育矫正和管理效果。目前国内大部分地区是根据社区矫正对象的刑罚种类、犯罪性质和年龄、性别等不同实施分类教育管理的。

二、分类教育的具体内容

（一）分类的原则

社区矫正对象分类的基本原则是指实施分类时，为保证分类的公正、准确、有效而必须遵循的一般指导性要求。分类依据应完整全面，分类结果应明确清楚，分类效果应明显提升。

1. 依法进行科学分类原则

分类体系必须科学，分类工具必须解决问题，分类标准必须确定。

2. 安全稳定原则

通过分类，可以将危险类社区矫正对象从普通类社区矫正对象中鉴别出来，按照危险等级实施监管，防患于未然。

3. 公开、公正原则

分类不仅要科学，而且应客观、公正、公开、透明。

4. 效率优先原则

分类目的是科学监管、提高效率。降低再犯罪的可能性，降低刑罚资源成本，促进社会和谐发展。

（二）分类的标准

在社区矫正对象被纳入社区矫正满一个月后，均需通过社区矫正对象综合状态评估指标体系，如人身危险性检测表、矫正对象再犯风险调查问卷、症状自评量表SCL-90、艾森克个性问卷、矫正需要评估表等进行管理类别的确定。

1. 根据不同犯罪种类进行分类管理

在社区矫正实践中，社区矫正对象的犯罪类型主要包括财产犯罪、暴力犯罪、智能犯罪、风俗犯罪、破坏犯罪、过失犯罪等。所谓财产犯罪，就是以非法获得财物为目的的犯罪，如盗窃、侵占、抢劫等。各类犯罪的性质不同，对社会的危害不同，再犯罪可能性也不同，这就要求社区矫正工作人员考虑不同犯罪的特点，有针对性地进行管理教育，减少再犯的可能性。

2. 根据刑罚的具体适用进行分类管理

以刑罚的具体适用为标准，可以分为管制、缓刑、假释、暂予监外执行等四类社区矫正对象。在社区矫正中，工作人员还应当注意到四类社区矫正对象各自的特点，有针对性地实施监督管理。管制犯、缓刑犯没有监禁经历，服刑意识往往较差，不能很好地遵守监管规定。因此，需要加强他们的在刑意识，以保证各项矫正措施的落实。假释犯虽然在刑意识比较强，能较好地遵守监管规定，但由于较长时间与社会隔离，适应社会能力较差，且有些人员的犯罪性质比较严重，再犯罪可能性较大，需要对这部分人予以更多关注，同时要及时对表现较突出者予以奖励。对于监外执行犯，由于其生理的特殊原因，可以不安排社区服务、技能培训等项目，但要在其治病或身体恢复的同时，给予更多的监督。

3. 根据社区矫正对象的年龄、性别、健康状况进行分类管理

以年龄为标准，可以分为未成年社区矫正对象、成年社区矫正对象和老年社区矫正对象三类；以性别为标准，可以分为男性社区矫正对象和女性社区矫正对象；以年龄和健康状况为标准，可以分为老、病、残社区矫正对象。年龄、性别、健康状况的差异，决定了监管措施和教育矫正方法的不同，管理上不能"一刀切"。

4. 社区矫正对象类别的确定

根据矫正对象的犯罪性质和动机、犯罪恶习的深浅、认罪悔过的程度、家庭人员对其犯罪及被惩处的态度、社会环境、再犯罪的可能性等，预测矫正对象重新犯罪可能的程度而对其进行分类，针对不同类别确定矫正管理级别，实施相应的矫正措施。

针对矫正对象重新犯罪可能性的程度，将社区矫正对象重新犯罪分为以下三类。A类：可能性较低。B类：可能性一般。C类：可能性较高。

（1）矫正对象中重新犯罪可能性较低的：普遍为无犯罪动机的过失犯罪，并认罪态度好的；年老患病已没有活动能力的、被剥夺政治权利的等。定为A类管理。

（2）矫正对象中重新犯罪可能性一般的：基本为故意犯罪中有明显的认罪悔过态度，在矫正期间改造表现较好，有稳定的生活保障和家庭环境，自觉服从社区矫正的各项规定，但有不良嗜好，脾气粗暴的及有家庭管教能力的未成年罪犯等。定为B类管理。

（3）矫正对象中重新犯罪可能性较高的：一般是暴力犯罪、财产犯罪等恶习较深的初犯、从犯中认罪悔过态度不好的；不愿参加工作和劳动，社会关系复杂，活动不正常的；有不良嗜好或心理疾病的；暂予监外执行的；家庭没有管教能力的未成年罪犯等。定为C类管理。

（4）对未成年矫正对象，针对其犯罪特征及心理和生理特点，结合个人实际情况，分别采用不同的矫正模式。

（三）分类管理的内容

1. 坚持管理与教育相结合，突出阶段性

社区矫正教育工作是刑罚执行活动的重要组成部分，贯穿于社区矫正工作全过程。分类分阶段教育是根据不同类别的矫正对象进行有针对性的教育学习，将教育学习过程分为初始教育、常规教育、针对性教育和解矫前教育四个阶段。初始教育学习时间为入矫后三个月内，常规教育学习时间为入矫后至解矫前一个月，针对性教育学习时间为入矫三个月后至解矫前一个月，解矫前教育学习时间为解矫前一个月。

1）初始教育阶段

要重点突出"认罪服法、悔过自新"的理念。社区矫正对象在刚入矫或者被判处刑罚后，一是存在自卑心理，担心受到社会的歧视和冷遇，对生活前景缺乏信心，因生存危机产生的焦虑、悲观情绪较为明显；二是对社区矫正存在逆反心理。另外，由于要以矫正对象的身份面对亲属、朋友和社区群众，因此渴望社会、亲人和社区群众的容纳、尊重、理解，这也是社区矫正对象的突出需求。

基于上述心理特征和需求，社区矫正对象在行为特征上往往表现为：其一，对社区矫正活动找借口拒不参加，有明显的抗拒抵触性；其二，对社区矫正的严肃性和强制性缺乏切身体验，参加社区矫正的行为具有试探性，改造表现具有不稳定性；其三，参加社区矫正缺乏主动参与意识，具有明显的被动性。本阶段，社区矫正的教育目标就是提升社区矫正对象的社会适应性，同时使其在认罪服法的基础上服从矫正组织的管理教育。在教育内容上，教育社区矫正对象明确什么是社区矫正；教育其认罪服法，认知其犯罪行为的社会危害性，明确为什么要接受社区矫正；教育其熟悉社区矫正制度和相关政策，明确如何接受社区矫正。此外，帮助社区矫正对象解决生活、就业困难，争取社区矫正对象对矫正组织的认同，强化负罪感，进一步巩固帮教成果。

2）常规教育阶段

要重点突出"服从管理，自觉改造"。初始教育后，社区矫正对象已熟悉矫正制度，初步适应社区服刑生活，同时伴随着生活困难的逐步解决，社区矫正对象的心理状态趋于稳定。此阶段社区矫正对象教育为常规型集中教育学习。

3）针对性教育阶段

要重点突出"法律意识、犯罪后果"。在教育和方法上以犯罪性质针对性教育为主，通过发放学习资料、观看视频资料、个别谈话与辅导、日常情况汇报的方法来实施。此类人群在教育学习结束后，要上交观后感或学习心得，并上交日常情况书面汇报。

4）解除矫正前教育阶段

要重点突出"遵纪守法，自强自立"。由于临近解除矫正，部分社区矫正对象在心理上有不同程度的放松和急切希望早日解除矫正。部分社区矫正对象在行为上呈现应付的特点，与常规教育阶段相比因心理放松导致违规的可能性增大。本阶段教育目标是增强社区矫正对象的自律意识，巩固教育矫正成果。教育内容主要是指导社区矫正对象对改造过程进行全面回顾和总结，指明其解除矫正后应注意的问题和努力方向。并向其家庭成员通报其不足之处，使其家庭在社区矫正对象解矫后继续督促其改正。

2. 不同管理类别人员的教育内容

（1）A类人员在入矫后应参加初始教育、常规教育，还有针对性教育（普及法律常识）。

（2）B类人员在入矫后应参加初始教育、常规教育，还有针对性教育（普及法律知识、宣传犯罪后对社会及家庭造成的影响）、解矫前教育。

（3）C类人员在入矫后应参加初始教育、常规教育，还有针对性教育（普及法律知识、宣传犯罪后对社会及家庭造成的影响、重点案例讲解、相关视频观看、重点人员谈话与辅导）、解矫前教育。

（4）未成年人在社区矫正期间在校学习的，可以视情况免除教育学习，但在有条件情况下，应补齐教育学习。对未成年人的教育学习以教育、心理疏导为主，应单独安排上课时间。

（5）对年老体弱有疾病的矫正对象，可视情况免除教育学习。

因此，在抓好矫正对象分类管理、分阶段教育工作的同时，也要不断总结经验，提高矫正效果，使社区矫正对象能够顺利融入社会，成为守法公民。

第二节　未成年人矫正教育

《社区矫正法》自 2020 年 7 月实施，在实施过程中遇到了许多新问题，特别是未成年人的社区矫正工作因法律难以规范众多细节，虽有专章规定，但由于我国国情、社情、民情复杂，加上疫情困扰，许多原来并不突出的问题，现在均已浮上台面，成为未成年人社区矫正（以下简称"未矫"）的执行难点和热点问题，面临执行困境，亟须进行全面的调查分析，打开思路、研究对策，并切实加强教育监督管理，方能使社区矫正工作稳步向前推进。

一、未成年人社区矫正面临的主要执行困境

（一）缺乏专门针对未成年矫正对象的教育项目

我国社区矫正由于起步较晚，矫正教育项目一般较为单一。矫正教育项目多是"混矫"，内容是以道德感化和法律通识为主，帮助未成年人重返社会的生活技能、文化教育以及职业技能培训少之又少。从新冠肺炎疫情时期相关数据来看，许多地方的社区矫正教育项目是以监管和通识课为主，层次较低。在基层单位开展的培训活动中，部分未成年人处于闲散状态，即使介绍他们从事一些基础性工作岗位，也会因为工作内容枯燥且酬劳低，无法吸引住未成年人长期劳动。加之上级司法机构缺少对基层司法所"未矫"工作的理论指导，对社区矫正效果缺乏科学有效的评价机制，未能充分体现对未成年人的特殊保护，间接弱化了未成年社区矫正教育项目的发展和创新。

（二）缺乏专门针对未成年矫正对象的专业队伍

未成年人作为特殊群体应在司法程序中得到特殊关照，我国公、检、法对于未成年人犯罪均设立了特别机构、部门，而未成年人社区矫正作为刑事处罚的补充手段并未得到有效的重视，社区矫正机构严重缺乏专业的矫正人员。在实际社区矫正工作当中，虽然基层司法所按副科级建制配备，但普遍存在人员配备不到位的现况，在疫情防控常态化期间，社会力量的参与更是受到方方面面的限制，而社区矫正工作者大多未经过专业化的职业培训，普遍缺乏心理学、教育学、犯罪学、法学等专业知识，并且取得相应资质的符合用人标准的年轻矫正工作者严重不足，专门针对"未矫"的心理学专家参与更是无从谈起。这些都直接制约了社区矫正教育的整体效果。

（三）缺乏专门针对未成年矫正对象的实施细则

我国《社区矫正法》设专章对"未矫"工作进行了规定，但立法只是原则性作

出规定，没有规定更多细节和具体操作规程，需要相关行政单位制作补充办法和实施细则加以完善。在疫情防控条件下，许多地方对"未矫"工作有的不做细则规定，有的规定简单死板，有的规定不够灵活变通，导致基层司法所无所适从，执行起来困难重重，无法操作。加上在执行社区矫正过程中受配套资金和其他因素制约影响，"未矫"工作规范化、科学化开展举步维艰，不利于社区矫正教育目标的实现。

（四）缺乏专门针对未成年矫正对象的帮教追踪

《社区矫正法》第五十三条对未成年社区矫正对象的教育帮扶有明确规定，但由于在疫情防控期间，在开展教育帮扶工作时，一是基于未成年信息保护工作需要，很多工作开展起来小心翼翼，多流于形式。二是未成年社区矫正对象家庭监护效果差、参与度低。未成年社区矫正对象的犯罪成因里不良家庭环境影响、监护人管教失当的比例高，若再将未成年社区矫正对象置于这样的环境与条件下实施矫正，矫正效果不言而喻。三是未成年社区矫正对象解除矫正后的社会适应性较差。如果在矫正期内未能集中资源与力量使其心理健康、价值取向、家庭关系、社会适应能力等得到有效改善，即使矫正期内不犯新罪，依法解除矫正，其在回归社会后，仍然可能再次发生违法犯罪。至于解矫后的教育帮扶追踪，也难以操作。

（五）缺乏专门针对未成年矫正对象的监管监督

开展未成年人社区矫正工作督查，是司法行政机关履行职责，参与、促进未成年人社区治理的重要举措，它有助于推动完善未成年人保护体系，切实提高工作的质量和效率，及时调查并解决未成年人社区矫正工作中存在的问题和安全风险。疫情防控时期，由于外部环境的变化，加上未专门针对未成年社区矫正对象实施监管监督，未成年社区矫正对象经常发生脱管、漏管、纸面监管等违法违规现象，有关社区矫正方案和措施未能得到有效落实，定期监督和日常检查工作机制形同虚设，上级司法行政机关对下级的检查和监督亟须加强。

二、未成年人社区矫正的困境原因分析

（一）入矫前评估不足导致教育帮扶项目受影响

《社区矫正法》明确规定，对于未成年人的社区矫正工作应当在实施前进行科学评估、对症下药，针对每一名未成年人制定专属的矫正教育方案，并在过程中根据矫正情况进行修改。而在疫情防控时期，由于工作人员不够专业、数量有限以及个别工作小组组建不合理、未成年人监护人不配合等，矫正教育方案不能"量身定做"。未成年人走上犯罪道路，社会、家庭、学校和自身都有可能是诱因。当然，互联网、智能手机、微博和微信等的普及应用，使未成年人易于浏览和接触对生活有害的不良文化圈，致使未成年人产生犯罪心理的各种诱因依然存在，自制力和抵抗力较弱的未成年人就会不知不觉地走上犯罪道路。如果未能把握好每个未成年人所

存在的主要问题，找到致病因子，并且未能进行资源整合，即使进入社区矫正，最终矫正效果也会不明显，容易产生恶性循环，导致群众接受度不高。而矫正教育方案是矫正工作实施前必须进行的项目，没有入矫前的科学评估，没有科学合理的矫正方案，矫正工作无法井然有序开展。因此，科学合理地制定矫正教育方案对于社区矫正，尤其是未成年人社区矫正至关重要。

（二）矫正教育队伍建设跟不上形势的变化

矫正教育队伍必须具有更高的政治觉悟，更精湛的业务水平，更强的责任心，更加耐心细致的服务态度。但由于队伍整体素质欠佳，而且基层司法所缺员比较严重，使得问题层出不穷。突出表现在两个方面：一是社区矫正工作人员的责任感不强，有的司法所工作人员未建立和完善专门的未成年社区矫正对象档案，监督管理每月一次思想汇报也流于形式，思想汇报过于简单，没有近期的工作现状和近期表现等实质性的内容。二是社区矫正工作队伍力量薄弱，人员配置不够。当前"一人所"的问题依然存在，这已经成为社区矫正工作的最大难题。需要改变思路、创新做法并加以改进。

（三）社会力量参与不足导致矫正专业性受影响

未成年人社区矫正涉及部门多，涉及人员数量大，在实际工作中，社区矫正机构根据不同情况会选择购买不同的社区矫正服务，也会呼吁、倡导相关部门参与进来发挥其各自优势。但由于疫情防控要求，人员流动受到限制，社区矫正工作人员与未成年人矫正对象家庭之间的联系也变得更少，定期家访和走访群众也逐渐流于形式，无法及时了解和掌握未成年人矫正对象的思想状况、精神状况以及活动情况。再加上此项工作本身的复杂性和未成年人保护的公益性，经常出现有些部门不愿意配合、一些工作人员违反规定行为及未成年人监护人不积极参与、不听从引导等现象，严重阻碍未成年人社区矫正工作的推进，更是对未成年人保护事业的阻碍。但对于上述行为目前还没有相关的惩治措施或者投诉渠道，也没有具有惩罚措施的法律规定，使社会力量参与社区矫正工作无法得到有效执行和保障。

（四）对"未矫"工作的特殊性认识不足

未成年人的心智发育不成熟，情绪多变、活泼好动，极端化行为、冲动行为较为普遍，是需要特别教育的群体。未成年人进入社区矫正，未成年人、社会群众、矫正机构工作人员对其特殊性认识严重不足，表现在三个方面：一是未成年社区矫正对象自身法律意识淡薄，加上全民疫情防控，部分未成年人社区矫正对象认为"未成年人犯罪不会坐牢""未成年人犯罪不会判死刑"，有的未成年矫正对象还产生"破罐子破摔"心理，这些错误的理念和心理使得社区矫正工作难以取得预期效果。二是社会群众对于"社区矫正"认知水平仍不高，大多数群众将"社区矫正"标签化，使得未成年人心理产生过大压力，可能导致其对社会的敌视，从而演化为犯罪心理与犯罪行为。三是社区矫正机构工作人员的认识也未达到应有的高度，没有认识到未成年人矫正后回归社会的重要性，专门实施矫正嫌麻烦，导致未成年人矫正工作推进困难或者止步不前。

（五）未成年社区矫正工作监管监督难度加大

以往的巡视监督由于人员流动限制，导致无法经常性、无预警性地组织展开。因此，电话询问、公文往来成为主要形式。但在疫情防控条件下，未成年社区矫正工作监督同以往相比存在的难题是，随着疫情形势的变化，许多原来正常进行的上级对下级的监督、系统内部专门部门的监督、人民检察院的监督，更多时候是采用"线上＋线下"的方式操作，改变了原来的工作习惯。这直接导致现实监督工作中，对未成年社区矫正工作不够重视，敷衍应付，即使个别基层单位把社区矫正工作纳入当地社会的治安综合治理，运作起来也是困难重重。有些部门对矫正工作小组所应开展的工作仍不主动配合，监督难度加大。

三、未成年人社区矫正执行的解困对策

疫情防控时期未成年社区矫正工作困境突出，造成的原因，通过深度分析，其进路是清晰的，需要我们创新思维大胆改革，在体制机制上作出改变，在"五化"上大做文章，是能够寻找到有效解决办法和途径的。

（一）矫正项目精细化

为了提高未成年社区矫正对象的改好率，使未成年社区矫正对象重塑人格，顺利融入社会，建议应根据未成年人的身心特点做好三件事。

1. 要扎实做好入矫前评估工作

在接收未成年社区矫正对象时应当对每个人做好风险评估和需要评估。通过对未成年社区矫正对象各种变量因素进行综合打分，有针对性地设计具体细化项目，确定对未成年矫正对象的监管矫正计划和方案实施。与此同时，增加项目中针对未成年矫正对象的约束力。

2. 要设计具有实效的社区矫正项目

尤其要加强未成年社区矫正对象政治教育、思想教育、心理健康教育、职业技能培训等方面的内容，高度重视公益劳动，设计好公益服务项目。对于家庭教育环境欠缺的对象，可以重置社区家庭。将未成年社区矫正对象安置在一个社区家庭，采用家庭式的教育模式，以亲情为纽带，对未成年社区矫正对象进行教育感化，从而使其感受正常家庭关怀，体会人间真情，为其在将来更好地融入社会打好基础。

3. 要及时构建合理的"未矫"项目体系

在"未矫"工作实践中，依未成年人违法犯罪主观恶性程度，构建一个相对合

理归类的"未矫"项目体系。例如：教育性项目，主要包括对受害人赔偿、赔礼道歉、参加公益劳动、集体活动等；非限制人身自由监管监督项目，主要包括定期定时报告、参加政治学习和技能培训、参与酒精毒品滥用监测与防治、心理矫治、就学、就业跟进等；短时限制人身自由项目，主要包括电子监控、禁止令执行等。因地制宜地做好每一个适用"未矫"对象的教育、感化、挽救工作，使其向善改好，重新回归社会。

（二）矫正队伍专业化

未成年人社区矫正工作队伍是社区矫正工作告别粗放模式的人才保障，是社区矫正走向专业化的必经之路。

1. 配备年轻的矫正工作人员

强化矫正队伍的力量和质量，应以年轻化、专业化为发展方向，完善准入机制，吸收具有心理学、犯罪学、法学专业知识的年轻人进入矫正队伍。年轻、专业的社区矫正工作人员，在针对未成年的矫正工作中有诸多优势，其沟通能力强，年龄接近，能更好地建立信任感，便于沟通；其主观能动性强，在矫正工作中能主动作为，善于发现并有效解决问题；创新管理思维能力强，在矫正工作中能完善矫正方式，并能根据所学专业知识进一步创新。

2. 凝聚社会力量广泛参与

在未成年人社区矫正工作中，单靠专业工作人员的力量是不够的，不能高效完成社区矫正工作的相关任务，同时还要挖掘并充分发挥社会组织、社会团体和其他力量资源的优势。随着我国社会组织、社会团体建设的不断发展，各类社会力量参与未成年人社区矫正工作的程度逐步走向深入。在现阶段，关工委、共青团、妇联、学校等机构和组织在未成年社区矫正工作中也发挥着重要作用。此外，未成年社区矫正对象的监护人、亲友也可以在未成年社区矫正工作中通过亲情感化和言传身教发挥独一无二的作用。

3. 提升专业队伍整体素质

未成年社区矫正作为一种刑事执行工作，需要一支专业化、高素质的刑事执法队伍。现阶段基层司法所的工作人员专业性不够强、法律基础薄弱、工作任务繁重，因此，应当建立专职的专业化未成年社区矫正工作队伍。由于我国社区矫正工作兼具刑罚执行和社会工作两种属性，社区矫正工作队伍也应由两部分组成：一部分是专职的社区矫正人员；另一部分是社会力量，主要是致力于社区矫正工作的人和组织，包括专职的矫正社工和矫正志愿者。以专职矫正人员、矫正社工和矫正志愿者为主体，并汇集各类社会力量构建一种有机的未成年社区矫正组织，促进未成年社区矫正质量稳步提高。

（三）施矫帮教科学化

对未成年社区矫正对象因人施教，帮教帮扶措施到位，是在疫情防控条件下推进"未矫"工作的重要前提。

1. 构建"未矫"跨区域集中矫正机制

近年来，部分地区法院探索了少年审判庭设置，其中一个重大的突破就是尝试了未成年人犯罪案件集中管辖，这种尝试已经取得了良好的效果。"未矫"工作也可以借鉴未成年人案件集中管辖模式，以地域相邻为原则，并综合考虑地域环境、路程的问题，指定由相应司法所承担"未矫"集中培训教育工作或上提一级由县社矫局展开矫正，这将切实增强对未成年社区矫正对象的帮教、矫正力度。这种集中矫正模式，将进一步推动负责"未矫"工作更加专业化、科学化，真正建立起未成年人犯罪预防和帮扶机制，帮助未成年人顺利回归社会。

2. 实施未成年社区矫正对象及其监护人"双矫正"

未成年人犯罪，因监护人疏于监管、管教的现象是普遍存在的。《社区矫正法》第五十三条明确规定：未成年社区矫正对象监护人应该履行监护职责。因此，应高度重视做好称职家长的亲子教育，让未成年社区矫正对象的监护人积极参与到矫正工作中来，让二者共同成长，督促未成年矫正对象自觉接受矫正。

3. 建立未成年社区矫正对象"一站式"帮教中心

以未成年人教育、成长为需求，以未成年人权益为出发点和落脚点，由公、检、法、司等部门以及关工委、共青团、妇联、未成年保护组织等共同打造、建设全新的、现代化的未成年社区矫正帮教中心，这种一站式综合帮教中心可以有效综合各方力量，最大限度地利用综合平台优势，分类帮教，专业跟进，最大限度地连接各方资源，在帮教对接上下足功夫。要发动社会力量参与，积极落实，实现矫正教育帮教程序的无缝对接，在社会形成未成年人保护理念，使未成年人社区矫正一站式模式发挥最大实际效用。

4. 实施包干到人的"一对一"追踪帮扶

《社区矫正法》第五十二条规定了要对未成年社区矫正对象采取有针对性的矫正措施，因此，可借鉴当前乡村振兴工作中的"一对一"帮扶模式，在确定矫正小组情况下，指定具体人员对未成年人社区矫正对象实施"一对一"帮扶矫正模式。在实施过程中，确定具体矫正责任人，实施"一对一"矫正帮扶、教育追踪。为其量身定制符合实际情况的矫正方案，帮扶人能从头到尾、自始至终地帮助、教育、管理未成年矫正对象，在矫正过程中还需要根据未成年矫正对象的发展变化情况对矫正方案进行调整，在矫正过程中不断改善工作模式和方法，直至未成年矫正对象完成矫正。

（四）矫正追踪信息化

在现代科技高速发展的背景下，应在信息化上下功夫，推动未成年社区矫正工作稳步向前。

1. 要充分利用信息化应用技术，实现对未成年矫正对象帮教智能化

开展未成年人的社区矫正工作，特别是在矫正帮教体系中，要紧紧依托大数据、人工智能等信息化技术，通过视频、微信等方式，开启"指尖帮教"新时代，全力推进社区矫正"线上＋线下"新模式，搭建"线上＋线下"矫正帮教平台，为未成年矫正对象开设线上云课堂，以网络定期授课的方式，完成对未成年矫正对象的日常教育。

2. 要完善未成年人信息数据共享和管理协作机制

在一定范围内建立未成年社区矫正对象教育管理信息数据共享机制，例如借助网络联动，促进派出所、街道、社区、民政、教委、团市委等其他社会管理机关和部门的交流协作，建立未成年人社会关系、家庭状况、个人信用、生活习惯等相关信息分享，通过大数据和信息化技术，为实现"智慧矫正"联动响应、协同办案等提供技术方案和应用支持。与此同时，强化异地协作配合，完善对社区矫正对象的联网管控、异地执行衔接，防止脱管、漏管等情况发生。

（五）矫正监督实效化

矫正监督涉及行政监督和检察监督，充分运用好这一机制，在以下三方面发力，既监督其疫情管控，又督促其依法矫正，发挥出实效，可以较好地促进"未矫"工作走上规范化的轨道。

第一，司法所的监督管理应从"控制型"转变为"矫正型"。基于防止再犯罪的考虑，基层司法所重视控制和监督措施，如报到、请销假制度。这些只能以某种形式限制某一特定地区的社区矫正对象，并及时掌握其动向。然而，社区矫正的目的不仅仅是控制或防止再犯，而是消除再犯的风险，加速使他们重新融入社会，这才是社区矫正的根本目的。因此，监督管理措施应从"控制型"向"矫正型"推进，即积极采取有力措施，如个案管理、风险评估等，实现未成年社区矫正对象的再社会化，并把监督管理落实到位。

第二，司法行政部门作为社区矫正监督工作的主体，要带头加强社区矫正工作，定期或不定期深入基层司法机关指导业务、协调工作，完善监督机制，对发现的问题及时纠正和整改。此外，各地政法部门和综合治理办公室也应加大对社区矫正工作的监督力度，经常性地督促巡查，召开联席会议，解决实际问题，提高工作实效性。

第三，检察机关应发挥刑事执行检察工作职能，加强对社区矫正工作的执法监督检察。发现问题及时报告并提出纠正意见，督促整改落实。建立全方位、多层次的监督平台，强调规范化，探索矫前筛查、矫中监督、矫后回归的"三段式"社区矫正检察新模式，将入矫、在矫、解矫的每个阶段都纳入监督范围并分别设置专门台账，对未成年社区矫正对象从年龄、服刑期限、监督重点上加以规范，坚持程序与实效并重。

总之，未成年社区矫正工作一直是社会关注和热议的焦点，综观疫情防控期间，对未成年社区矫正的执行现状，寻找到的执行困境，分析到的深层次的原因，以及应该出台的未成年社区矫正新措施，坚信即使面临更严峻的疫情防控局面，依然能够总结经验，转变思路，稳步推进未成年社区矫正工作全方位开展，创造出中国特色的未成年社区矫正执行新模式。

第三节 女性矫正教育

一、女性矫正对象对家庭生活的影响

（一）对亲子教育和家庭生活质量的影响

女性对一个家庭来说，其作用往往大于男性，女性一旦犯罪，即使被判决社区服刑也会对家庭生活带来极大的影响，至于在监狱服刑，负面影响更大。

女性是构建和谐家庭的基础力量。社会如大海，家庭像港湾，女性是港湾的守护者。老人要在此安度晚年，孩子要在此培育成长，事业之舟要在此补充给养、维护修整。女性作为母亲，是孩子的第一任老师。在青少年教育中，家庭与学校的教育责任同样重要。家庭教育是"人之初"的教育，是生活化的教育，母亲是孩子性格、习惯、品格的教导者和示范者，是孩子的启蒙老师。女性作为妻子、作为人母，以往更多地承担家务劳动，而新社会、新形势下的现代家庭，对女性提出了更高的要求，现代女性的家务必须从传统的"围绕灶台转"赋予新的内容，让有知识、有道德、有修养的女性引导家庭成员自立自强、积极进取，以健康文明的生活方式，构筑幸福美好的生活，以及精神充实的、具有较高生活质量的新时代家庭，女性便成为构建和谐家庭的基础力量。

女性是家庭稳定的重要保障者，是对子女进行教育的主要承担者和实施者，是家庭成员情感的呵护者和治疗者，还是家庭财富的创造者和管理者。

（二）对夫妻关系和夫妻生活的影响

随着时代的发展，"女主内"的观念被重新定义，越来越多的女性要扮演"多重

角色"。虽然人们常用"家庭主妇"来形容一个女人在家庭中的地位和作用，但"主妇"还意味着女人已经翻身得解放，从"半边天"的角色走向了主人的位置。所以，"主妇"二字，从一定程度上说明了女人在家庭中占有主体地位，发挥着主导作用。女性的独立与自由，是社会的一种进步。随着时代的发展，由于人们婚姻观、人生观、价值观等的不同，男女所构成的夫妻关系，尽管从法律的角度上讲是平等的，但由于感情、经济、性格等因素的介入，一个女人在家庭中做"什么样"的太太，细细推究，还是有类型可分的。主要可分为十种：女皇型、保姆型、管家型、伙伴型、情人型、留守型、合同型、依附型、知己型、亲人型。作为已婚女性，我们在家庭中应该成为哪种太太呢？而我们又怎样成为一名合格的太太呢？实践证明，女性作为母亲和妻子的双重角色，是和谐家庭的核心，对和谐家庭氛围的营造、良好家风的形成以及家庭成员素质的提高有着至关重要和无可替代的作用。女性在家庭中拥有特殊的地位，具有特殊的作用，归结到一点，女性的文明进步带动家庭的和谐。一个家庭主妇的素质对她的父母、配偶和子女都有较大的影响，从某种程度上说，她直接影响三代人的生活质量，影响家庭的和谐程度。

例如，武汉市某区女性社区矫正对象的特点及分析。以 2016 年 6 月为时间节点，武昌区女性社区矫正对象共 46 人，其中非法拘禁 2 起，故意伤害 1 起，妨害公务 1 起，职务类犯罪 15 起，毒品类犯罪 7 起，涉性犯罪 2 起，涉赌 1 起，泄露国家秘密类 3 起，非法经营、传销类 6 起，交通肇事 1 起。

暴力犯罪女性矫正对象仅占犯罪的 8.7%，非暴力犯罪女性矫正对象占 91.3%。这组数据说明，女性在认知和身体上都与男性有较大差别，女性在犯罪选择上易选择欺骗性、隐蔽性手段，因而诈骗类案件在女性犯罪案件数中呈上升趋势；同时，随着女性地位的提高，许多重要岗位由女性任职，而由于女性较为感性，易受到外界因素诱惑，故而如贪污、受贿、挪用公款等较为隐蔽的职务犯罪数量占比较大。经统计，武昌区职务类犯罪占女性犯罪比例高达 32.6%。

另外，毒品类犯罪占到武昌区女性犯罪的 15.2%，占到女性非暴力犯罪的 16.7%。同时，毒品犯罪呈年轻化趋势，武昌区 2015 年入矫的 5 名涉毒女性有 4 人为"80 后"，最小仅为 21 岁。究其原因，毒品犯罪所能够带来的较大利润成了她们实施犯罪的主要动因，她们往往对毒品犯罪的严重危害性及其行为的严重后果缺乏认识，容易被利用，容易受社会上的不良风气影响，过分追求物质，欲望强烈。她们并不认为这有多么可耻，也意识不到对社会所造成的危害。

然而不仅是涉毒，女性涉性、涉赌、泄露国家秘密、非法经营、传销类案件往往也透露出女性犯罪分子为追求物质生活，为满足自己好逸恶劳、爱慕虚荣的心理而进行非法勾当的行为。

综合上述统计数据分析，女性由于自身先天条件的限制，通过暴力行为进行犯罪，比男性要少许多。武昌区女性矫正对象主要犯罪类型为非暴力犯罪。而非暴力犯罪的原因主要包括：利益驱使；依附心理强而自我保护能力差；性别歧视而导致在社会竞争中处于劣势，促使其进行"非法勾当"等。

二、女性矫正对象的心理与行为特点

（一）女性的犯罪耻感明显高于男性

在中国社会，人们对女性犯罪容忍度似乎要低一些，男主外女主内的传统分工让人们觉得女性面临的社会矛盾要小于男性，女性的平均经济社会压力也要小于男性。因此，女性一旦因犯罪而被判刑，往往比男性犯罪服刑更难以面对亲友和社会，更具有耻感。

耻感文化是中国传统文化的重要内容之一。儒家和法家，都非常强调知耻的重要性。耻感文化是儒家文化的精髓之一。

中国古人将耻感这种心理感受加以发掘、升华，使之成为一种文化积淀，对中国人的行为和中国的文化产生了深远的影响，同时也深刻影响到国家制度的设计。耻辱刑就是统治者运用耻感文化对国家进行管理的有效手段之一。与肉刑、自由刑等通常意义上的刑种有明显区别的是，耻辱刑的制刑目的正是希望激活罪犯的耻辱感，使其感受到罪恶、耻辱进而对自身行为感到懊悔、自责并寻求宽恕、愿意赎回和补偿；同时，对其他人也有一种明显的警示作用。孔子曰："太上以德教民，而以礼齐之，其次以政焉。导民以刑……"东汉陈宠亦曰："礼之所去，刑之所取，失礼则入刑，相为表里者也。"耻辱刑正是古代统治者把伦理道德与法律制度有机结合的产物，体现了统治者把"礼"与"刑"融为一体，"德主刑辅""以法辅德"，以期实现"制礼以崇敬，立刑以明威"的治国理念。

（二）女性犯罪的归因特点

某高校财务部门的一名女会计因为协助副校长挪用公款被判缓刑在社区服刑，在接受社区矫正之后一直觉得自己很冤，认为自己是弱者，是被人利用而犯错误了。她在基层司法所的心理志愿者给她反复讲解犯罪的四大构成要素以及一起观摩犯罪心理剧之后，她才承认自己确实罪有应得。

女性一旦犯罪被判刑后，往往喜欢把犯罪原因进行外化，觉得自己是一个受害者，这种归因方式是不利于认罪服法和判刑后积极改造的。女性犯罪的原因可以分为内部原因和外部原因。

1. 内部原因

（1）生理因素。女性在其生理时期中具有三个特殊时期，即月经期、怀孕期和绝经期。有人认为处于月经期、怀孕期和绝经期的妇女易产生违法犯罪行为。因为在此期间，女性会出现自主神经紊乱、大脑皮层失调、心烦易怒、情绪失控等现象，如果有不良刺激和诱因，则容易越轨。

（2）心理因素。包括自暴自弃心理、虚荣嫉妒心理、自私心理、仇恨报复心理等。

（3）性别因素。女性的生物基因决定了其在体能上天生地相对弱于男性，心理能量亦相对弱于男性，表现为胆量相对男性要小、性格温和柔顺等。这种身心差异决定了女性多易实施诈骗、盗窃、纵火、投毒或者性犯罪，而较少实施抢劫罪或杀人罪。女性在精神上违法犯罪的可能性要小得多。

（4）法治观念淡薄及文化素质较低。女性犯罪者的文化素质普遍低下，文盲、半文盲或者缺乏谋生技能者居多，法盲较多。

2. 外部原因

（1）社会环境因素。包括角色失调、社会整合力减弱、不良社会现象（如婚外情、非法同居）等。

（2）家庭环境因素。包括不良的家庭成长环境及教育、婚姻感情危机、家庭暴力等。家庭暴力是导致女性犯罪非常重要的一个原因。

三、大力倡导女性矫正对象结对帮扶共同成长

（一）利用女性的交往特点结对帮扶

结对帮扶包括以下三种基本形式。

1. 女性社区矫正对象相互结对

相比于男性，女性更喜欢结伴，更容易交心谈心。因此，建议在社区服刑的女性可以结对帮扶，老中青相互带，先进带后进，尽快顺利服满刑期，达到司法行政机关的各项管教规定。

2. 社会其他成员与社区矫正对象结对

结对形式可以是单位一帮一、家庭一帮一和个人一帮一，从思想、文化、技术方面提供帮助，了解她们的心理、情感方面需求，反馈信息，社区矫正机构及时跟进，提供心理咨询等人性化管理服务。

3. 让女性社区矫正对象与社区特困老人结对

为了帮助女性社区矫正对象尽快顺利回归社会，尽早走上生活正轨，修复被破坏的社会关系，可以要求每名女性社区矫正对象结对帮扶一名特困老人，优先帮扶留守或孤寡困难老人、五保老人，每个月至少开展一次力所能及的帮扶活动。通过思想和行为的不断改造，促使她们积极改过自新，奉献爱心真情，传递社会正能量，

促进社会的和谐与进步。通过帮扶活动，让社区矫正对象懂得用真心和爱心去关心他人，改掉以自我为中心的不良习惯，在活动中体现自身价值，创造社会价值，得到社区居民的肯定和接纳，从而修复社会关系，顺利回归社会。

（二）引领女性矫正对象做文明守法的新时代女性

1. 提高综合素质

做一名文明守法的新时代女性，首先要提高综合素质，这些素质主要包括以下几种。

1）科学文化素质

教育子女是一项极其复杂的任务，母亲这种身份的特殊性，使其成为这项工程中最主要的角色。通常母亲的素质决定子女的素质，女性素质越高，就越明了家庭和社会的关系，家庭对于社会的重要性，其协调家庭各种关系的能力、管理家庭事务的能力、抚养子女的能力和合理运用法律武器维护自身权益的能力就越强，这样，家庭的氛围就越融洽、温馨、和谐；反之，则是家庭悲剧一幕幕地上演，社会的不和谐之音越来越多。

2）思想道德素质

家庭伦理道德是维系家庭关系、保障家庭温馨幸福和社会文明健康发展的重要条件。随着社会的急剧发展，在一些家庭中夫妻冲突愈演愈烈，各种夫妻矛盾不断升级。老龄化问题日益严重，老人的赡养问题面临着巨大挑战。而具有高尚道德的妇女在家庭中能够尊老爱幼、相夫教子、勤俭持家、团结邻里等，对整个家庭成员产生重大影响，为构建和谐家庭打下坚实的基础。知法、守法、护法也是现代女性必须具备的基本素质。

3）法律素质

新时期女性应当对自身在社会中的角色作出合理定位，强化自身的社会意识。在自我权益受到侵犯时，应当具备基本的法律意识，能够自觉运用法律武器保护自己。

2. 自觉付诸行动

新时期女性只有不断觉醒，在脑海里深植主体意识，才会以积极进取的姿态参与社会竞争，发挥其自主性、积极性、创造性。在现代社会，要想具备以上素质，必须争取做到以下几点。

1）提高思想道德素质

现代婚姻家庭是以情感和义务为基础，家庭中的爱心和责任感是不可分割的。家庭伦理道德是维系家庭关系、保障家庭温馨幸福和社会文明健康发展的重要条件。家庭是人们接受道德教育最早的地方。女性具有双重身份，其作用是最重要的。女性要从自己做起，不断加强品性修养，培养高尚的道德情操，为在家庭中形成男女平等、夫妻和睦、勤俭持家、邻里团结的良好家风作出自己的努力。家庭关系要以平等为前提，优育与厚养相结合，科学和乐观相结合，实现家庭和谐与社会和谐协调发展。

2）提升业务技能

近年来，各级妇联组织开展各个阶层、多个层面的学习培训活动，加强对女性的业务知识培训，为女性提高自身技能搭建平台。女性自身应通过参加不同层次、不同类型的学习和培训活动，加强相互间的交流互动，强化社会实践，在文明建设实践中大显身手，展示风采，多作贡献。提高自己适应外部变化、理智化解家庭矛盾的能力，为提高每个家庭成员的素质、适应社会奠定基础。

3）要在现代女性中提出"在家庭中成长、提升家庭质量"的新主张

目前，现代女性对事业促进自我进步已经形成共识，却对家庭对自我成长的作用缺乏概念。事实上，女性对家庭的作用与家庭对女性的作用是相辅相成的。明确这一点，将使女性在事业与家庭之间获得才智与情感双重的发展与成熟。

4）要在现代女性中倡导"做知识主妇、情趣主妇、快乐主妇"

在家庭中建立互动关系，重视沟通与分享，使家成为所有人的快乐源泉和情感归属。广大妇女要树立现代家庭观念，学习科学教育子女的知识和方法，崇尚科学、健康、文明的生活方式，追求充实健康的精神文化生活，充分发挥女性在构建和谐家庭中的积极作用，从而促进家庭和谐乃至社会和谐，推动社会的文明进步。

第四节　危险驾驶矫正教育

一、危险驾驶罪的特点与分析

（一）危险驾驶罪及特点

危险驾驶罪是指在道路上驾驶机动车具有追逐竞速、醉酒驾驶等特定危险驾驶情形的行为。危险驾驶罪的特点是犯罪行为人在主观上存在希望或放任的故意，其行为尚未造成严重后果，违法后果是判处拘役，并处罚金。如果危险驾驶行为造成严重后果的，按照犯罪情节、造成后果等构成要件的不同，分别构成交通肇事罪或以危险方法危害公共安全罪，将被判处有期徒刑、无期徒刑甚至死刑。

（二）矫正对象中犯危险驾驶罪的分析

（1）文化程度较低。调研数据调查显示，2021年××省社区矫正局在册矫正对象中，有30%是属于危险驾驶罪。而在接收的危险驾驶类社区矫正对象中，初中、小学及以下文化程度的占六成，高中和中专文化程度的占三成，大专及以上文化程度的占一成。

（2）男性为犯罪主体。经研究分析，此类社区矫正对象中男性占比为八成。

(3) 此类社矫对象多数为无业、个体户或无固定职业者。

(4) 缓刑期较短，一般为三个月左右。

二、危险驾驶罪的犯罪原因分析

近年来，危害公共安全类社区矫正对象显著增多，大部分为危险驾驶罪，这类社区矫正对象缓刑期短、在矫意识不强，对危险驾驶的社会危害认识不足等。在走访调研实务过程中发现危险驾驶罪重犯风险较高，又有一定的社会危害性。我国虽出台制定了严厉的惩戒措施，可为什么还会不断有此类犯罪行为的发生呢？通过对一些案件的分析，我们发现主要有以下几个方面原因。

（一）交通法规意识淡薄

部分公民对法律规定一无所知，对于交通安全缺乏必要的常识，对于"醉驾""超员""超速"等入刑的新规定知之甚少，甚至还有个别人认为酒后驾车只要不发生交通安全事故就没事，这样就不可避免地出现违法犯罪的结果；有的人受到经济利益的驱动，明知有法律规定，放在一边熟视无睹，铤而走险，导致严重超员、超载等违法犯罪的发生；有的人认为自己技术过硬，疲劳驾驶，造成重大交通事故的发生；有的人自身驾驶技术差，不顾交通安全，强行上路，成为道路交通安全的"定时炸弹"。正是由于缺乏应有的交通安全法规意识，各种交通违法行为层出不穷，比比皆是。

（二）侥幸心理作祟严重

大部分社区矫正对象虽知酒后驾驶是犯罪，但没有引起重视，存在侥幸心理。认为自己喝得不多，头脑清醒，应该不会出事；有的人明知车辆存在问题，自认为车技好、反应快，应该不会出事情；有的人认为自己不一定会被交警查到；有的人认为自己开车的距离较近，对周围交通路线较为熟悉且附近没有交警巡逻平台设卡专项检查，强行超员超载。但是，"常在河边走，哪有不湿鞋？"最后，只能咽下自己酿的苦酒。

（三）自身心理调节失衡

"胡乱变线、强行超车、闯黄灯、爆粗口……"不少司机在面对糟糕的交通状况时曾经有过上述表现。对此，专家称之为"路怒症"。开车的压力与挫折所导致的愤怒情绪，使得不少人心理调节失衡，选择攻击性驾驶，开"怒气车""霸王车"。很大一部分追逐竞速型危险驾驶罪就是因为心理失衡导致的。

（四）对危险驾驶的社会危害认识不足

受传统习惯的影响，部分社区矫正对象单纯地认为只是喝了点酒开车，没有影响到他人，也没有对社会造成危害；有的人甚至认为自己意识清醒，完全可以正常驾驶车辆，判刑是小题大做了。

（五）交通法规宣传不够

危险驾驶和交通肇事类违法犯罪的发生，一方面是个体自身法治意识淡薄，不知法、不守法造成的；另一方面是由于相关法治宣传教育工作不到位，"遵守交通规则，文明安全出行"的法治思维没能深入人心，对驾驶员交通法规学习缺乏行之有效的教育手段。

（六）自我约束和家庭因素

职业不稳定，家庭不完整，导致支持条件不足，欠缺社会力量的约束和家庭的劝阻，容易任由自身犯罪。

三、危险驾驶罪社区矫正方案的制定与实施

应当有针对性地对危险驾驶类社区矫正对象作出分类矫正，以提高矫正的针对性及有效性，降低重犯风险。

（一）制定方案

针对危险驾驶和交通肇事类社区矫正对象大多不知法、不懂法的现实状况，要使其认真学习《刑法》《道路交通安全法》等相关法律法规。提高社区矫正对象的法律意识，降低社区矫正对象重新犯罪的风险，使其积极参加社区矫正机构组织的集中教育活动，深刻认识自己的过错，认真撰写学习心得和感悟，让法律法规入脑入心。

（二）社区矫正方案的具体实施

1. 组织学习相关法律法规，提高法制观念和安全意识

一是邀请车管所和交警大队的执法工作人员开设专题讲座，通过开展关于交通法规、思想道德教育讲座等活动，以案说法，发挥警示教育作用，让社区矫正对象真正了解危险驾驶的犯罪成本，深刻认识社会危害，加强自我约束。二是定期对社区矫正对象走访面谈，反复进行思想交流，引导其切实清楚危险驾驶和交通肇事会对生命、财产安全等形成严重威胁，也会对自己的前途产生影响，吊销驾驶证，犯罪记录伴随一生。进而提高自身安全意识，认识到安全驾驶的重要性。

2. 组织社区矫正对象现身说法，教育身边人

危险驾驶和交通肇事类社区矫正对象已然受到法律的制裁，很长一段时间无法

再驾驶车辆，很多社区矫正对象就认为自己没有必要再学习这些法律法规。其实不然，社区矫正对象应当以自身为例，现身说法，教育身边的家人、亲戚、朋友、同事，让更多的人对这些行为有一个清醒、理性的认识，从而防微杜渐。同时，也可以完成社区矫正对象自我悔罪、自我救赎的过程。减少自己的负罪感，实现自身的心灵净化和升华。

3. 提高社区矫正对象悔罪意识，认真对待社区矫正

因危险驾驶罪刑期较短，很多此类社区矫正对象对犯罪事实不以为然，缺乏认罪悔罪意识，认为判刑大可不必，只是飙个车或酒驾而已，内心不服，因而不重视社区矫正，容易以敷衍甚至漠视的态度对待监督管理工作，继而引起再犯的可能。

因此，需要社区矫正工作者引导社区矫正对象认清危险驾驶带来的危害以及对自身、他人、社会的影响，并且正视自己是社区矫正对象的身份角色，强调遵守相关监督管理规定是社区矫正对象在矫正期间必须遵守和执行的义务，以及违反规定的后果，令其明白社区矫正的严肃性，必须要以良好的表现才能顺利度过矫正期。此外，需要强调其责任感，引导其明白配合社区矫正工作是在为自己的后果承担相应的责任，从心底认识到自己的错误，产生悔罪意识，才能够认真对待社区矫正，珍惜缓刑机会。

4. 组织参加有针对性的公益活动

组织社区矫正对象为发生车祸的家庭提供志愿服务，使其深刻体会到危险驾驶对一个家庭乃至社会公共安全会造成的危害；鼓励其参与大型社区普法宣传尤其是交通安全主题活动，参与派发宣传单，增强社会责任感，在参与活动的过程中潜移默化地增强法律意识，真正从内心悔过自新。

5. 针对社区矫正对象特点开展个性化矫正方案

对有需要的社区矫正对象，社区矫正工作者应对其开展个案服务。部分矫正对象因家庭困难、家庭缺失、无人支持帮助等，对社区矫正工作不予配合或者对犯罪行为毫不在乎，存在破罐子破摔的心态；也有人对本次犯罪不认可，不认罪服判，直接影响后期监督管理工作的顺利施行。

实践中，在开展个案时，应采用共情的方式与社区矫正对象进行耐心细致的交流谈话，以此获得信任，怀着同理心去耐心倾听社区矫正对象的想法，从中了解他们的思想动态，了解他们的家庭情况。再引导他们正确看待此次犯罪，纠正他们的错误认知，使其配合监管，并降低再犯罪可能。当然，有时也会遇到"觉得不会被查到""喝一点酒不影响开车"诸如此类对犯罪的看法，应该直接用对质的方式引发他们对后果的思考：万一查到了，你是不是就会后悔喝酒开车的行为了，那当初何必要这样呢？万一你酒驾发生交通事故了，你有想过后果吗？你真的承担得起吗？

总之，危险驾驶罪作为持续多发的案件，犯罪原因主要是侥幸心理和自身文化低下。一些外来务工者，文化素质相对不高，酒后驾车常态化，对犯罪没有正确的认知。另外，因为犯罪情形轻、刑期较短，社区矫正对象对此不够重视，容易以懒

散的态度对待社区矫正。因此，社区矫正工作更加不能掉以轻心，要向社区矫正对象明确社区矫正的严肃性，不要因为刑期短就不加以重视。必须告诫社区矫正对象"勿以恶小而为之"，跟紧社区矫正对象的思想动态和行为意识，及时进行引导和教育，纠正其错误的想法。在矫正教育过程中，一定要因人施教，努力提高社区矫正对象的自我认知，明辨是非。从而使其在社区矫正期间能够自觉守法，改过自新，降低再犯罪的风险，最终顺利融入社会。

💡 思考题

1. 社区矫正分类教育的目的与依据是什么？
2. 如何认识社区矫正分类教育的优势？
3. 社区矫正分类教育的原则是什么？
4. 社区矫正分类教育的标准是什么？
5. 社区矫正分类教育的内容是什么？

💡 拓展练习

案例 社区矫正对象陈某，因为交通肇事罪被判处缓刑一年零三个月，2019年9月起开始接受社区矫正。入矫前3个月，陈某按规定被列为严管对象。因其严管期间，认真完成社区矫正任务，积极参加教育改造，2019年12月，其所在司法所报请区司法局审批后，将其调整为普管，普管期间，陈某仍然坚持参加各项活动，认真完成矫正任务，不违反社区矫正监督管理法规，连续两个季度都没有扣分，司法所也连续两个季度报请区司法局给予其表扬奖励。2020年7月，因其在普管期间连续两个季度被给予表扬，司法所报请区司法局将其调整为宽管。2020年12月，陈某顺利解除矫正。

点评 分类管理和分级处遇体现了社区矫正一个重要的特点，就是个性化。矫正方式因社区矫正对象的不同特征而不同，也随社区矫正对象的表现而变化，所以社区矫正对象如果在矫正过程中，严格遵守社区矫正监督管理规定，积极完成各项矫正任务，不违反相关规定，那么管理级别就会逐渐调整至普管、宽管，需要完成的矫正任务也会越来越少，形成良性循环。相反，如果在较为宽松的管理级别不遵守社区矫正监督管理规定，不按要求完成矫正任务，管理级别就会上调，就需要完成更多的矫正任务，从而形成恶性循环。所以社区矫正对象无论是从服刑改造的角度，还是从便利自身的角度，都应该认真遵守《社区矫正法》等法律规范，积极表现，顺利融入社会。

第十章

社区矫正对象心理矫治

对社区矫正对象的心理成因、结构类型进行分析，必要时需要进行临床诊断评估，这样有利于社区矫正机构做到有针对性地开展社区矫正对象的心理矫治工作，提升矫正质量，取得理想的矫正效果。运用多种心理矫治方法开展社区矫正工作，可以弥补社区矫正工作中的短板，使教育矫正工作顺利进行。

第一节 社区矫正对象心理矫治的概念、特点与功能

一、社区矫正对象心理矫治的概念

社区矫正对象心理矫治，即矫正、治疗社区矫正对象的不良心理，以保持其心理健康。心理矫治有广义和狭义之分。广义的心理矫治包括改造罪犯的一切工作。从严格意义上说，人的意识是心理的组成部分，人的行为不过是其心理的外部表现。转变思想、矫正恶习，其实质就是矫治心理，当然心理矫治也有其特定的内容。

我们所界定的心理矫治是一种狭义的心理矫治，它特指社区矫正部门系统运用心理科学知识、技能和方法，通过心理测量、心理咨询和心理治疗等措施，调节社区矫正对象情绪，矫正其错误的认知方式，消除其不良心理，完善其人格（个性）的一种活动。

根据我国国情和社区矫正工作的经验，心理矫治主要包括：

（1）在日常监管中，由社区矫正工作者有意识地运用心理学原理对社区矫正对象的心理与行为进行的矫正，以及在社区矫正对象中开展的心理卫生与心理健康教育；

（2）由专业技术人员（如心理医生、心理学工作者、经过专业培训的社区矫正工作者和志愿者）开展的罪犯心理咨询、心理治疗；

（3）由社区矫正工作人员与专业技术人员相结合进行的社区矫正对象心理诊断、矫正质量的心理学评估、再犯罪心理预测等工作。

之所以这样界定，是基于以下考虑。首先，突出社区矫正对象心理矫治的特点及其有别于教育矫正的工作内容；其次，体现专业技术人员与社区矫正工作人员在社区矫正对象心理矫治工作中的相互分工与密切协作；最后，突出社区矫正对象心理矫治的工作目标，不是一般的教育、提高，而在于消除其心理障碍与犯罪心理（反社会性），塑造良好个性。

二、社区矫正对象心理矫治的特点

社区矫正对象心理矫治，既区别于传统的监狱的教育改造手段，也不同于医生对人的肌体疾病的诊治。它作为一种新型的、独特的改造手段，具有以下明显特点。

（一）心理矫治内容的系统性

在实践中，有不少工作人员自觉或不自觉地运用心理科学知识，但与此不同的是，心理矫治第一次系统地将心理科学知识、技能和方法，引入社区矫正工作。对社区矫正对象从入矫甄别、心理咨询、心理治疗到矫治结果的评估，形成了一个完整的、相对独立的系统。

（二）心理矫治方法的科学性

我国的社区矫正工作处于试点阶段，虽然取得了明显成效，但不可否认，我国社区矫正工作大多处于以经验为主的粗放和试验阶段。心理学作为一门科学已被世界公认，将其中的心理测量、咨询等技能、方法引进社区矫正工作，是对社区矫正工作的深化和细化，是我国社区矫正工作迈向科学化的重要标志。

（三）心理矫治适用对象的普遍性、广泛性

从心理矫治的作用来看，它不仅对社区矫正对象不良心理、行为，乃至人格障碍具有矫正、治疗作用，而且对社区矫正对象的身心健康具有保健作用。俗话说："人生不如意事，十之八九。"每个人难免遇到挫折，都有需要别人帮助的时候。因此，心理矫治不是只针对少数矫正对象，它也可以广泛应用于所有社区矫正对象。当然，要注意分别引导，对症下药。

（四）心理矫治关系的独特性

在监管教育社区矫正对象的过程中，形成了管与被管、教与被教的关系，带有强制的色彩，具有管理者与被管理者、教育者与被教育者之间地位的不平等性，因而在这种关系基础上施加的影响是单向式的命令或灌输。而心理矫治要求矫治双方在完全平等的基础上，建立相互信赖的关系，因而其影响方式是双向交流、协调、指导，而且这种指导和帮助也是建立在相信社区矫正对象自己有能力面对和处理自己的问题的基础上的，所以矫治工作者提供指导、帮助是"授之以渔"，而不是"授之以鱼"。矫治关系的独特性，还表现在这种关系完全是在特定的场合、特定时间建立并存在的，一旦离开这个限制的时空，这种矫治关系就不复存在。所以，矫治关系的平等性和工作人员与社区矫正对象之间法律地位的不平等性是不矛盾的。

（五）心理矫治手段的专业性

不同于管理、组织社区矫正对象学习和参加公益劳动，社区矫正对象的心理矫治是一项专业性极强的工作。它不仅要求矫治工作者有较高的、较为全面的心理科学知识，而且要具备丰富的教育矫正实践经验和心理咨询、治疗等临床经验，同时，还要求矫治工作者有良好的道德素养和心理素质，否则难以胜任这项工作。

三、社区矫正对象心理矫治与其他教育手段的关系

社区矫正对象心理矫治同社区矫正监管、教育、帮扶等手段之间的界限比较分明，不易混淆。这里主要论述社区矫正对象心理矫治同教育矫正之间的关系。

（一）两者的一致性与契合点

社区矫正对象心理矫治同教育矫正之间的关系十分密切，两者的工作方向相同，都着眼于影响社区矫正对象的心理、意识领域，直接推动社区矫正对象心理的转化。社区矫正对象心理矫治中的心理矫正部分，同时也可视为教育矫正工作；其使用的说理、感化、行为训练、因人施教等方法，既有心理矫治的含义，同时也是教育矫正的常用方法；社区矫正对象心理矫治中的心理卫生与心理健康教育，也可视为教育社区矫正对象的一项工作内容。可以说，社区矫正对象心理矫治与教育矫正工作有许多相同或相似之处。

（二）两者的不同点

社区矫正对象心理矫治有自己独立的工作体系和专门的操作方法，不是教育矫正所能代替的。

1. 工作内容不同

教育矫正主要是开展政治、文化、技术等教育以及分类教育和个别教育；社区矫正对象心理矫治的工作内容则是开展心理诊断、心理咨询、心理治疗、心理预测和疗效评估。

2. 工作方法不同

教育矫正着重于灌输和疏导；心理矫治着重于通过磋商、宣泄、疏导、强化等方法进行个性调适，对心理与行为障碍进行治疗。

3. 工作任务不同

教育矫正着重于解决意识形态方面的问题；心理矫治着重于调整社区矫正对象的心理状态，提高社区矫正对象的自我认知能力和自我调节能力，以及其消除心理障碍的能力。

4. 理论基础不同

教育矫正依靠传统的政治理论基础和时事教育为主要内容；心理矫治是以心理咨询学、心理治疗学、变态心理学、精神病学作为理论基础，具体运用的是心理学的理论、方法和技巧。

5. 进行方式不同

教育矫正是主动进行的，其进行方式又是法定的、强制性的；心理矫治一般是应社区矫正对象的救治要求被动进行的（不排除对个别社区矫正对象主动进行心理危机干预），其进行方式具有医疗性和服务性，需要取得社区矫正对象的认可和配合。

6. 效果评价标准不同

对教育矫正是否取得效果的判断，在于是否提高了社区矫正对象的认识水平，调动其改造的积极性；心理矫治是否取得效果，主要看社区矫正对象是否消除了心理障碍，恢复了心理健康。

7. 对从业人员的要求不同

教育矫正由被赋予监管教育权的司法工作人员施行，对教育者的要求专业性不是很强；心理矫治则要求由心理医生和受过专业训练、握有"处方权"的人进行，否则，就有可能对社区矫正对象造成"心理伤害"。

综上所述，社区矫正对象心理矫治与教育矫正虽然关系密切，但仍有许多不同点，具有独立的工作机制和独特的工作方法。

四、社区矫正对象心理矫治的功能

社区矫正对象心理矫治作为一种独特的矫正手段，在社区矫正工作中具有特殊的功能。

（一）诊断功能

诊断是矫治的基础。社区矫正对象心理矫治的成功与否，取决于诊断是否准确。社区矫正对象心理诊断通过心理测验及各种调查与观察，能准确地掌握社区矫正对象的智力水平、个性特点及缺陷，产生犯罪行为的心理原因，以及有无变态心理（人格障碍、性心理障碍）等。诊断功能是其他工作手段不可能具有的。

（二）预防功能

通过准确的诊断和行为倾向预测，社区矫正对象中的不安全因素与危险分子便会暴露出来。除了加强监督控制之外，还需开展社区矫正对象心理矫治，特别是通过心理咨询，可以有效地缓解与消除社区矫正对象的心理障碍，预防一部分突发事件（如重新犯罪、自杀等）的发生。

（三）矫正功能

社区矫正对象心理矫治不仅要消除社区矫正对象的心理障碍，还要通过行为训练、角色扮演和各种行为疗法，有效地矫正其不良行为习惯，培养良好的行为习惯，建立良好的心理与行为定式，配合教育矫正起到一定的矫正作用。

（四）激励功能

社区矫正对象心理矫治重视建立医患（咨询工作者与来访者）之间平等、信赖的人际交往关系，通过矫治给他们以启迪和激励。与此同时，在矫正期间所采取的阶段性的矫治状况评定与矫治质量评估等措施，也能准确、及时地反映社区矫正对象接受矫正的状况，起到鼓励积极、鞭策落后的作用，使社区矫正对象明确矫正方向，鼓励他们积极进取。

（五）保健和治疗功能

对社区矫正对象开展心理矫治，通过开展心理卫生与心理健康教育，进行心理咨询与治疗，既能帮助少数患有心理疾病的社区矫正对象得到有效治疗，恢复心理健康，又能防止一些罪犯因不健康心理得不到及时诊治而向心理疾病转化。对大多数社区矫正对象而言，能提高他们的心理健康水平和自我调控能力，使之更好地回归和融入社会。

第二节　社区矫正对象心理矫治结构与操作体系

一、社区矫正对象心理矫治的结构

社区矫正对象心理矫治的结构，可分为主体部分与延伸部分。

（一）主体部分

主体部分为矫治的手段、方法与活动本身。它包括以下两项内容。

1. 社区矫正对象心理与行为矫正

它是运用心理学的原理和技巧，使用较为常规的方法，如说理法、感化法、行为训练法、因人施教法、心理卫生与心理健康教育等，对全体或大多数社区矫正对象的心理偏颇行为与行为偏离进行矫正教育。

2. 社区矫正对象心理治疗

心理治疗的方法具有专业性，其工作内容为运用各种心理疗法，如行为疗法、精神分析疗法、支持疗法、认知疗法、内省疗法、音乐疗法等，开展心理咨询和进行心理治疗。

心理咨询与心理治疗既有联系，又有区别。就心理咨询的专业性和作为心理治疗的前置流程来说，有些学者将其归入心理治疗的范畴，但咨询的对象与治疗的对象是有区别的，咨询对象应包括因不适应环境变化和挫折的压力而感到困惑、产生情绪焦虑的"非患者"。

心理咨询与心理治疗的目标，是减轻或消除各种心理障碍、行为障碍，恢复心理健康，改善人格状况。

（二）延伸部分

延伸部分是为配合矫治而设置的必要工作措施，即心理矫治的辅助手段，它是心理矫治的前提、基础和矫治效果的验证技术。主要包括以下三项内容。

1. 社区矫正对象心理诊断

心理诊断是运用心理学技术检验正常人的心理特点、心理活动水平和患者心理障碍的性质、程度的专门活动。社区矫正对象心理诊断是心理矫治的基础工作。它是运用心理测量、生活史调查、行为观察、面谈、犯罪事实判断等专业方法，对社区矫正对象心理素质、个性特点和心理疾病进行考察与判断，目的是发现引起犯罪行为的社会心理缺陷的状况与犯罪心理结构的个别差异，便于拟定相应的心理矫治和处遇方案。

2. 矫治质量的心理学评估

在施行矫治过程中，要运用心理测量、模拟实验、评定等方法，对社区矫正对象在服刑期间犯罪心理与恶习的消除程度、守法心理与良好行为习惯的建立程度进行心理学评估。为调整矫治处遇方案、采取更具针对性的矫治措施提供客观依据。

3. 解除矫正人员再犯罪心理预测

在社区矫正对象解除矫正前，应运用人格量表或专项量表进行心理测量，采取社区矫正对象自评和工作人员评定相结合的方法，对社区矫正对象解除矫正一定时期内重新犯罪的可能性进行科学测定。

二、社区矫正对象心理矫治的操作体系与推进流程

（一）社区矫正对象心理矫治的操作体系

社区矫正对象心理矫治的操作体系涵盖了社区矫正对象矫正心理的方方面面，具有整体性、层次性、结构性、可操作性。完善并实施这个操作体系，对社区矫正对象矫正心理学科的建设具有重要意义。

综上所述，开展社区矫正对象心理矫治的工作内容和操作体系大致如表10-1所示。

表 10-1 开展社区矫正对象心理矫治的工作内容和操作体系

名称	方法	对象	目标
社区矫正对象心理诊断	心理测量、生活史调查、行为观察、谈话、犯罪事实判断	全体社区矫正对象	了解社区矫正对象个性特点和心理疾病，掌握其社会心理缺陷与犯罪心理结构的特殊性，建立心理档案
社区矫正对象心理与行为矫正（教育矫正）	说理法、感化法、行为训练法、因人施教法、心理卫生与心理健康教育等	全体或大多数社区矫正对象	消除社区矫正对象的反社会性，建立或增强其自我调适能力，提高心理健康水平
社区矫正对象心理咨询	不同流派的心理咨询与心理治疗方法	社区矫正对象中不严重心理问题或心理疾病患者	消除或缓解各种心理障碍、行为障碍等症状，矫治个性缺陷，恢复常态心理
社区矫正对象矫治质量的心理评估	心理测验、模拟实验、评定	全体社区矫正对象	评估社区矫正对象犯罪心理与恶习的消除程度，守法心理与良好行为习惯的建立程度等
社区矫正对象再犯罪心理预测	运用个性量表或专门的再犯预测量表测定，社区矫正对象自评与他人评定相结合	解除矫正对象	对社区矫正对象的人格状况、心理健康水平及犯罪倾向进行检验，对其解矫后再犯罪的可能性进行预测

（二）社区矫正对象心理矫治工作的推进流程

我国社区矫正的工作流程：社区矫正人员的接收→社区矫正的执行→社区矫正的终止与解除。心理矫治作为社区矫正工作中重要的一环，社区矫正对象如有需要可在第一环节就主动寻求帮助。

1. 联系沟通

社区矫正对象可以在社区矫正机构领取心理矫治联系卡，上面写有心理咨询热线电话、邮箱或微信号等，在社区矫正工作人员帮助下与负责心理矫治工作的心理咨询师沟通，介绍自身的相关情况。

2. 评估建档

接受心理矫治专业人员提供的心理测评，建立心理档案，以供后期制订相应的心理矫治计划，采取相应的矫治措施。

3. 反馈报告

心理矫治专业人员会将心理测试结果反馈给各司法所及相关单位，用以指导基层开展矫正工作。

4. 接受心理健康教育和心理咨询服务

社区矫正对象要认真学习各种媒体及社区宣传的心理健康知识，定期参加心理健康教育讲座。如有需要，可申请接受个体或团体心理咨询与治疗，努力改变歪曲认知、消除负面情绪、避免消极行为。

5. 巩固阶段

通过定期参与心理教育活动、集中座谈、个别访谈、学习社区发放相关书籍等方式，加强矫治效果，培养健康心理。

6. 回访阶段

接受社区矫正工作人员通过电话、面谈、网络等方式的回访，提出对矫治工作的意见和建议。

第三节 社区矫正对象心理健康评估与矫治方法

社区矫正对象要悔过自新，避免再犯罪，更好地融入正常社会生活，在实现自身价值的同时为社会创造价值，很重要的一个途径是积极参与心理矫治工作、积极学习心理调适方法，必要的时候主动寻求专业人员的帮助。

一、社区矫正对象心理健康评估

在社区矫正工作中，社区矫正对象要积极参与心理健康评估，通过自评和他评的方式，对自身的心理健康状况作出科学的判断。图10-1展示了较为简单的心理健康水平分类法。

（一）一般心理问题

一般心理问题主要包括：由于现实生活、人际关系、工作压力、处事失误等因素而产生内心冲突，并因此而体验到不良情绪（如厌烦、后悔、懊丧、自责等），且

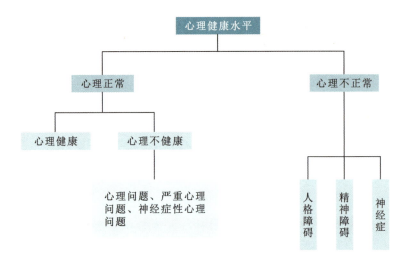

图 10-1　心理健康水平分类法

不良情绪不间断地持续满一个月不能自行化解；不良情绪仍在当事人的理智控制下，始终能基本维持正常生活、学习、社会交往，但效率有所下降；自始至终，不良情绪的激发因素仅仅局限于最初事件。有此类心理问题的社区矫正对象可参考下文中提到的调适方法自行调适或者寻求相关工作人员的帮助。

（二）严重心理问题

引起严重心理问题的原因，是较为强烈的、对当事人威胁较大的现实刺激，比如失恋、离婚、重大考试失利等。痛苦情绪持续时间在两个月以上半年以下，遭受的刺激强度越大，反应越强烈。多数情况下，会短暂地失去理性控制；在后来的持续时间里，痛苦可逐渐减弱，但是，单纯地依靠自然发展或非专业性干预，难以解脱；对生活、工作和社会交往有一定程度的影响；痛苦情绪不但能被最初的刺激引起，而且与最初刺激相类似、相关联的刺激，也可以引起此类痛苦，即反应对象已被泛化。有此类心理问题的社区矫正对象应该主动寻求相关工作人员的帮助。

（三）神经症性心理问题及神经症

根据许又新教授的简易评估法，出现情绪或行为问题不到3个月记1分，3个月到1年记2分，一年以上记3分。可以主动摆脱精神痛苦的记1分，需借助外界帮助的记2分，自己无法摆脱，即使别人帮忙也无济于事的记3分。社会功能如学习、工作、人际交往等受到轻微妨碍的记1分，显著下降的记2分，完全回避的记3分。三项总分加起来小于6分的可考虑神经症性心理问题，大于或等于6分的可考虑神经症。有此类心理问题的社区矫正对象应该尽早寻求相关工作人员的帮助，避免病情进一步恶化。

（四）人格及精神障碍

这类问题在心理问题中最为严重，当事人表现为不承认自己有问题，认为是这个世界或者别人有问题，行为比较偏激，有的攻击性比较强，或认为别人要伤害自己或者所有人都爱自己、能看见别人看不见的东西、情绪波动特别大，或者知、情、意、行不协调（比如该哭的时候笑），等等。具有这类表现的社区矫正对象需要送往医院进行精神状态评估，必要的时候需要住院治疗。

例如，陈某，女，27岁，两个月前旅游途中被野猪追赶非常害怕，回到家里后经常待在家里拒绝外出，慢慢感觉出门有些困难，再后来发展到不敢去任何地方，包括去超市购物也很害怕。因为去超市时想要偷东西，感觉偷了东西后心情就会变好了。虽然知道这是违法犯罪行为，但又控制不住自己。为避免犯罪行为，于是来到心理咨询室求助。

本案例中陈某的心理问题目前属于心理障碍，已经影响到她的知、情、意、行。如果还不引起重视，不去寻找帮助（求助心理咨询师），任其发展下去，极有可能会发展为更严重的心理疾病，甚至可能因偷东西违法犯罪。

二、社区矫正对象心理矫治的基本方法

临床研究与矫正工作中发现，社区矫正对象的主要心理问题表现为感觉到悲观绝望、孤立无助，认知歪曲或认知障碍，内心脆弱敏感。针对这些心理问题的特点，社区矫正对象首先要学会自我调适，下面介绍一些简单、易于操作的方法。

（一）自我调适的认知行为方法

1. 认知重建

美国著名心理学家埃利斯认为，引起人们情绪困扰和行为问题的并不是外界发生的事件，而是人们对事件的态度、看法、评价等认知内容，因此要改变情绪困扰不是致力于改变外界事件，而是应该改变认知，从而改变情绪和行为。社区矫正对象可按照以下步骤进行认知调整：

（1）首先要识别大脑中使人苦恼的歪曲认知（想法），并且把它们记录下来；
（2）识别情感反应，尤其是负性情绪，或紧随歪曲思维之后的问题行为；
（3）努力建立理性的、积极的思维，取代歪曲的、消极的思维。

以下是常见的歪曲认知举例。

（1）要求绝对化："必须""一定""应该"。比如有些社区矫正对象存在"我必须成功""别人必须友好地对待我""这个世界必须是公平的"等信念，当现实不符合自己的信念时就会产生负面的情绪反应甚至违法犯罪的行为。

（2）概括过分化：一种以偏概全的歪曲的思维方式。例如，偶尔失败便认为自己"一无是处""毫无价值"。比如陈某，因偷窃罪被判缓刑进行社区矫正，犯罪前因一件工作失误被领导批评，便认为自己毫无价值，干什么事情也干不好，于是辞掉工作开始了偷窃犯罪行为。

（3）糟糕至极：对事物的可能后果有非常可怕、非常糟糕甚至是一种灾难性的预期的非理性观念。例如，很多社区矫正对象甚至他们的家属会认为一次犯法就"再也没有办法回到正常的生活了""这一辈子就完了"，或几次求职失败后就认为"我今后再也找不到工作了"。

2. 应付卡

可以在卡片的一面记录常常出现的令人烦恼的想法或困难情景，在另一面写出应对策略。卡片制作成皮夹或贴纸大小，把它们放在容易拿到的地方。每天阅读它们，提醒自己如何以一种更合适的方式来应对令人痛苦的想法和情景。

3. 积极关注法

人的注意力是有限的，如果你总是关注消极的那一面，就会忽略掉积极的一面。社区矫正对象要有意识地训练自己从不同的视角看事物，可以结合惩罚法一起来使用。在手腕上戴一根橡皮筋，当你发现自己又在关注消极信息的时候，拉动一下橡皮筋，作为对自己的惩罚，接下来马上提醒自己去关注事情好的一面。

4. 合理比较法

人的很多烦恼都是因为不公平的比较而来的，比如你总是把自己没有拥有的东西和别人拥有的东西比，却忽略了你自己拥有而别人没有的东西。合理的比较是指和自己相比，今天比昨天好、明天比今天好便已经足够了。

5. 强化法

行为主义理论认为，如果想建立或保持某种正向行为，可以在该行为出现以后及时进行奖励，通过奖励强化该行为，从而促进该行为的产生和出现的频率，行为得以产生或改变。① 例如：今天给一位老人让了座，要在心里表扬自己"真不错"；完成了一件很有挑战的工作之后奖励自己去吃大餐等。

6. 代币法

所谓代币法，是指当一个正向行为出现以后，及时记录下来，当累计到一定次数的时候，便给予自己一定的奖励。② 可分几步完成：第一步，确定想要达到的行为；第二步，确定用作"代币"的方法，可以在墙上的图表中做标记，在黑板上记分，或做成纸片保存在一个盒子里等；第三步，确定强化物，比如蛋糕、饮料、玩具、游戏、看录像或看电视等；第四步，确定给予代币强化的日程表；第五步，建立代币的兑换率、兑换时间与地点。比如，想要训练人际交往能力，每次主动接触一个人时就在表格里记上一笔，记满五笔之后就奖励自己看一场电影。

---

① 范辉清. 罪犯心理分析与治疗 [M]. 北京：法律出版社，2015.
② 范辉清. 罪犯心理分析与治疗 [M]. 北京：法律出版社，2015.

7. 放松法

放松法在实践中主要有以下两种。

(1) 腹式呼吸放松法。学习腹式呼吸时,可以坐着、站着或躺着,闭上双眼,保持缓慢吸气3~5秒钟直到腹部充满空气。然后缓慢呼气3~5秒钟,呼气时腹部缓慢收缩。在腹式呼吸练习中,吸气与呼气最好都通过鼻子,而且要把注意力集中在呼吸的感觉上(例如,感觉腹部的扩张与收缩运动,空气的进出等)。一旦能够在练习时用腹式呼吸降低焦虑,那么,在真正引发焦虑的环境中,你也可以运用它降低焦虑水平。

(2) 想象放松法。仰卧在床上,手脚舒适地伸展放平,闭上眼睛,缓慢而深深地呼吸。如果觉得心中有不快,深深地吸气,长长的呼气,想象烦恼也随着呼出的气体而消散净尽。深深地吸气,缓慢地完全呼出,烦恼被分散开来了。深深地呼气,完全地呼出,烦恼消失了、感到轻松了。想象自己正躺在海滩上,沙子细而柔软,感到非常舒服,闭上双眼感受到温暖的阳光,耳边响着海浪拍岸的声音,清风徐来,有说不出来的舒畅感受,清风带走了一切思绪,温暖的阳光照得全身暖洋洋。海浪不停地拍打着海岸,思绪也随着它的节奏而飘荡,涌上来又退下去。温暖的海风轻轻吹来,又悄然离去,也带走了心中的思绪,只感到细沙的柔软、阳光的温暖、海风的轻缓,只有蓝天、碧海笼罩着身心,闭着眼睛,安然地躺卧在大自然的怀抱里。

8. 馅饼图法

馅饼图法可以有效地帮助社区矫正对象设定人生或者学习、工作的目标,并开始行动。画一个你生活、工作、人际关系等相关的理想的馅饼图和一个你目前现实的馅饼图。比较两个馅饼的每一处差异,然后决定哪些地方需要改进。

9. 情绪管理方法

可以分三步进行:第一步,接纳情绪,每个人的情绪都没有对错,都是我们真实的感受,只有接纳了情绪,才不会被情绪所左右;第二步,正视情绪,看看是什么样的事情、什么样的歪曲想法导致了负面情绪;第三步,改变产生负面情绪的想法,或者调整情绪,比如跑步、听音乐、冥想放松、看笑话书、做家务等。

10. 正念疗法

研究表明,人的绝大部分烦恼都和过去、未来有关,社区矫正对象要有意识地训练自己关注此时此刻,只专注做一件事情。例如,吃饭的时候关注菜的颜色、味道,走路的时候关注脚的抬起与落下等。当情绪不好的时候,坐着或者站着,把注意力放在脚与地面接触的感觉,等等,都是通过正念调节情绪的方法。

（二）个体心理咨询的方法

如果社区矫正对象没办法自行调整，可求助于社区矫正工作人员，接受正式的心理咨询或者心理辅导。

1. 个体面谈咨询

个体心理辅导是以个人为对象，通过鉴别、诊断和干预，解决受辅导者心理困惑的一种辅导形式。在面谈咨询中，社区矫正对象可以进行充分详尽的倾诉，把自己心中的烦恼、焦虑、不安或困惑直接告诉咨询师，咨询师在耐心倾听的基础上，可以进行面对面的讨论、分析。另外，面谈咨询是个别进行，不允许第三者在场旁听，在这种情境中，社区矫正对象更加容易消除顾虑，说出自己内心深处的想法。

个体面谈咨询的流程包括：

（1）心理咨询师与社区矫正对象联系；

（2）心理咨询师对社区矫正对象进行初步评估；

（3）对符合心理咨询范围的人员进行目标讨论，制定心理咨询的方案和计划；

（4）运用心理学理论和技术帮助社区矫正对象调整认知、情绪以及行为，重建心理健康，常用的技术有认知行为治疗、焦点解决疗法、完形治疗、叙事疗法等；

（5）进行咨询效果评估，结束咨询；

（6）电话或者面谈回访咨询效果。

2. 家庭辅导

许晓峰等对江苏省扬州市社区矫正对象心理健康情况进行调查，除了发现情绪问题之外，还通过对《家庭环境量表（中文版）》调查结果的分析，发现社区矫正对象家庭成员之间的亲密度不够，彼此很容易产生矛盾和冲突，急需心理干预和社会支持。

家庭辅导是以家庭为辅导对象，从家庭系统的角度去解释社区矫正对象的问题行为与家庭的关系。家庭是互相牵连的，没有绝对的主角，也没有绝对的配角，只有千丝万缕的联系，像一张无形的网。在治疗中观察家庭互动，重建家庭固有的结构、情感等级、行为模式，以帮助家庭扩大沟通，建立有效的互动方式，降低内部张力，从而更有效地帮助社区矫正对象回归家庭、回归社会。因此，当社区矫正对象运用个人的力量调整自己的心理问题或行为问题遇到困难时，可求助专业工作人员进行家庭辅导。

3. 团体心理咨询的方法

团体心理咨询是在团体情境中，对咨询人提供心理帮助与指导的一种心理咨询形式。它是通过团体内人际交互作用，促使个体在交往中通过观察、学习、体验，认识自我、探讨自我、接纳自我，调整和改善与他人的关系，学习新的态度与行为方式，以提升生活适应能力的助人过程。

团体心理咨询过程中,社区矫正对象可以获得归属感,觉得自己被理解、被接纳、被支持、被认可、被需要,可以从其他成员和指导者的反馈中获得益处,同时也能给予其他人帮助,还可以在团体里尝试新的行为。

例如,社区矫正对象徐某,男,2000年出生,因贩卖毒品罪被判处缓刑一年。处于青春期的徐某自我意识不成熟、不稳定,情绪波动大,攻击性强。当地社矫局心理咨询师孟颖决定针对徐某的特点,利用沙盘游戏对他进行心理矫治。在参加青少年团体沙盘游戏初期,徐某常常扮演破坏环境的角色,不是在沙盘中加入杀戮的部队就是摆弄食人的猛兽。在一次次愤怒性情感的表达与宣泄后,徐某攻击性角色扮演行为开始转变。团体沙盘游戏后期,徐某在沙具的选择上会考虑到沙盘环境中人性化的需要。青少年团体心理沙盘第7期经划拳决定,由徐某第一个摆放沙具,此期沙盘并无杀戮、战争内容。在讨论环节,徐某主动鼓励团队成员参与讨论,共同成长。其他7名青少年社区矫正对象也从各自为政转为互帮互助,有的从自顾营造危险氛围到与他人合作共建和谐氛围,有的从不善表达到主动交流,有的从"闭门造车"到积极关注他人需求。团体成员间见证彼此的成长,并给予彼此肯定。后期团体沙盘呈现和谐美好的主题。

思考题

1. 什么是社区矫正对象心理矫治?它有什么特点?
2. 如何看待社区矫正对象心理矫治与其他教育手段的关系?
3. 社区矫正对象心理矫治的操作体系是怎样的?
4. 社区矫正工作中心理矫治的方法有哪些?

拓展练习

团体活动1

缘聚你我——破冰(10分钟)

1. 活动目标

促进社区矫正对象相互接触,体验人际的坦诚、帮助和信任。

2. 活动流程

成员在房间里自由漫步3分钟,其间见到其他成员,微笑着握手。鼓励成员尽可能多地与其他人握手。当领导者说"停",每个成员面对或正在握手的人就成了朋友。2人一组,各自做3分钟自我介绍。自我介绍内容包括姓名、性格特点、兴趣爱好、专业等,可以说一切你想说和你能说的,以便让对方能了解你的内容。当对方自我介绍时,倾听者要全身心地投入,通过语言与非语言的观察,尽可能多地了解对方。在团体内交流(领导者提问),随机挑选几名组员,询问漫步时的感受、握手时的感受、自我介绍时的感受,以及听对方自我介绍时的感受等。

> 团体活动 2

信任之旅——盲行（50分钟）

1. 活动道具

眼罩。

2. 活动目标

帮助社区矫正对象建立彼此信任，促进沟通交流技巧，训练对其他人的理解和尊重。

3. 活动流程

自由组队，2人一组，一位做"盲人"，一位做帮助盲人的"拐杖"。"盲人"蒙上眼睛，原地转3圈，暂时失去方向感，然后在"拐杖"的帮助下，沿着引导者指定的路线行走。其间2人不能讲话，"拐杖"只能用动作帮助"盲人"体验各种感觉和行走。活动结束后，2人坐下交流当"盲人"的感觉与帮助人的感觉，接下来在团体内交流（领导者提问）。"作为'盲人'，你看不见后是什么感觉？使你想起什么？你对你伙伴的帮助是否满意？为什么？你对自己或他人有什么新发现"？作为"拐杖"，你怎么理解你的伙伴？你是怎么设法帮助他的？这使你想起什么？最后两人互换角色，再来一遍，并相互交流。

> 团体活动 3

生命线（60分钟）

1. 活动目标

探讨自己的人生，总结过去的经验和教训，对未来进行良好的规划。

2. 活动流程

请每位社区矫正对象在生命线上标出你现在的位置（写下今天的日期与年龄），预测自己的死亡年龄。闭上眼睛静静回想一下过去影响你最大或令你最难忘的三件事情，列出今后最想做的三件事或最想实现的三个目标。填好之后，大家一起分享交流。每个人展示自己的生命线，边展示边说明，注意自己与他人的内心反应。

> 团体活动 4

自我认知——我是谁（30分钟）

1. 活动目标

促进社区矫正对象自我认识，发现自己的优势，提高自信心。

2. 活动流程

要求社区矫正对象在5分钟内写出20个"我是谁"的句子，可以包括自己的性别、身高、外貌、个性、爱好、特长、性格等，用自己的语言描述自己，按照自己想到的顺序写就可以了，不必考虑其中的重要性和逻辑关系。比如：我是一个男人，我是一名教师等。

我是 _____。

我是 _____。

我是 _____。

我是 _____。

写完之后请思考：

(1) 你完成的速度如何？完成速度与你对自己的了解程度有关，也与你多大程度表露自己有关。有些人不介意表露自己，所以，他们就会写得快一些、多一些、深入一些；有些人不太希望表露自己，所以每一句在写的时候就会比较斟酌句子的内容。

(2) 你写的内容深度如何？比如你可以看看在20个句子中表面性的句子多，还是反映对自己的看法的句子多。表面性的句子反映了个体自我意识的深度不够，或者不愿意让别人了解自己的内心世界。如果20个句子中大多是表层的信息，则你要反思自我意识的深入程度为何不够，是认识不够还是不愿意袒露自己的内心世界。

(3) 正面的评价多还是负面的评价多？这直观地反映出个体是否自信。如果负面的自我评价过多，表明个体的自我情感体验比较负面，个体不够自信。

(4) 是正负面评价都有，还是只有一方面的句子？这可以显示个体的自我意识是全面还是片面的，是客观还是过度自负或过度自卑。如果所有的自我评价都是正面的，要留意自己是不是过度自负，看不到自己的不足；如果所有的评价都是负面的，则留意自我评价过分消极，个体可能会出现抑郁等负面情绪乃至心理症状。

(5) 20个句子的内容如何？是否有集中主题？如果20个句子中有许多句子都涉及同一主题，那些主题反映的是你当下较关注的事物，甚至是你以前从未意识到的。

团体活动5

愤怒情绪训练

1. 活动目标

愤怒情绪自控。

2. 活动流程

愤怒情绪训练包括以下步骤。

1) 用快速控制呼吸技巧控制愤怒的躯体反应

对受训练的矫正对象提出以下要求。

(1) 在你觉得自己开始生气时，注意你的呼吸。它是否变得更急促、更迅速，你能否深呼吸5次把速度降下来。

(2) 尽你所能将空气完全呼出，然后吸气保持1秒钟，慢慢地从口腔中呼出气体。接着仍是吸气，保持1秒钟，慢慢地从口腔中呼出气体，并默默地从5倒数到1。

(3) 请记住要彻底把空气呼出，就像深深叹息，然后再吸气，屏气，慢慢呼气，倒数5、4、3、2、1。

（4）再进行3次呼吸，到最后一次时轻轻地对自己说"平静下来，控制自己"。

（5）当你这么练习时，你应该发现你的愤怒情绪有所降低。这将帮助你更加清楚地进行思考，从而能够选择如何作出反应。请经常练习这一技巧。

2）应付愤怒的"中场休息"技巧

"中场休息"技巧是最为成功的技巧，也是使用最广泛的一种自我控制的方法。它使个体能够掌控自己的愤怒，并在失控之前及时进行"中场休息"。"中场休息"意思就是离开当时的情景，避免愤怒进一步升级。使用呼吸技巧或其他技巧帮助自己平静下来。不以失控的方式来处理问题，而等到平静后回来时再应付。

第十一章

社区矫正社会教育帮扶

《社区矫正法》第五章提出了教育帮扶的概念，旨在整合与利用各种资源帮助矫正对象解决就业、生活、法治道德及心理等方面的困难和问题，促进其顺利回归社会。教育帮扶是社区矫正的重要任务和具体内容之一，推进教育帮扶常规化、制度化、法治化，是促进社区矫正对象安心接受矫正和顺利回归社会的重要保障，是社区矫正工作的重要创新，是刑事执行工作的重大变革。社区矫正机构应当协助各成员单位通过生活救助、就业帮助、医疗救助、法律服务等，让社区矫正对象得到社会适应性帮扶，减轻其生活压力。本章主要介绍日常工作中常见的教育帮扶内容，分析社区矫正教育帮扶工作中存在的问题，制定相应的对策措施。希望通过多渠道、多层次的社区帮扶教育，能够切实帮助社区矫正对象解决实际问题，远离违法犯罪，安居乐业、融入社会、回报社会。

第一节　社会帮扶概述

从当前我国在社区矫正方面的帮扶情况来看，由于缺乏统一的帮扶模式、帮扶主动性与灵活性不够、社会力量参与积极性不高等，导致其本身存在着帮扶标准不够统一、帮扶工作机制不灵活、社会认同度不够高等方面的问题。社区矫正对象过去的犯罪行为使其社会地位变低，同时被贴上"罪犯"等标签。假释类的社区矫正对象曾被判入狱，经历过一段时间的监禁生活，易与社会脱节，再融入社会可能面临种种困难。如何规范、科学、有效开展社区矫正社会帮扶工作，给我们提出了更高要求。

一、社会帮扶的概念

社会帮扶是指社区矫正工作者协调各部门，联合社会力量，通过多种渠道，帮助社区矫正对象解决生活、就业、法律等方面的问题，促进社区矫正对象更好地接受教育矫正，顺利融入社会的一项人性化措施。《社区矫正法实施办法》第九条规定：对社区矫正对象进行教育帮扶，开展法治道德等教育，协调有关方面开展职业技能培训、就业指导，组织公益活动等事项；对社区矫正工作人员开展管理、监督、培训，落实职业保障。

社区矫正机构不是"办理低保""就业指导""法律援助"等帮扶工作的主管部门。所谓协调，是指社区矫正机构联系相关部门、成员单位为社区矫正对象获得相应帮助。现实生活中存在部分群众、相关部门，因对社区矫正对象曾经犯罪而不满、排斥，拒绝帮助其获得救济、保障等问题。在这方面，社区矫正机构应积极帮助社区矫正对象维护其合法权益，充分发挥协调作用。

二、社会帮扶的意义

帮扶工作开展的好坏，直接或间接影响社区矫正对象重新犯罪率的高低。无论是从维护社会稳定、确保社会安全，还是从社区矫正对象个体的生存发展来看，社会帮扶的意义重大，主要体现在以下几个方面。

（一）解决基本生活困难以利于其教育改造

是否有稳定的就业机会、能否被家庭成员接纳、是否遭遇他人歧视等是社区矫正对象关心的基本生活问题。良好的生活，稳定的就业，温馨的家庭，是社区矫正对象教育改造的积极动因。生活无着落的社区矫正对象很可能重新犯罪或者对社会失望，失去改造动力。社区矫正工作人员积极为他们提供帮助，减轻或解除他们的忧虑，可以使他们感受到人文关怀，认真接受改造。

（二）提高适应社会能力以利于其再社会化

大多数社区矫正对象在适应社会时会出现一些问题，比如自身素质能力与社会快速发展所需技能不匹配，自我焦虑、怀疑、戒备、羞愧等不良心理影响其适应社会等。这些都需要社区矫正工作人员给予关注，需要各种社会力量共同帮助其解决就业、生活保障以及其他问题，从而增强其适应社会的信心，提升其重新生活的能力，顺利实现再社会化。

（三）调动服务社会积极性以利于维护社会稳定

社区矫正工作人员帮助社区矫正对象解决思想问题和实际问题，在很大程度上能够帮助他们远离犯罪、安居乐业，并投身于正常的工作、生活中去，为经济建设和社会稳定发挥积极作用。

第二节 社会帮扶的内容

社会生活中产生特殊困难的原因多种多样、不尽相同，解决的办法也因人而异。为了消除社区矫正对象的生存之忧，为其矫正过程营造一个和谐稳定的环境，需要广泛借助社会力量，针对社区矫正对象个人的困难，因人施矫开展帮扶。这里主要从生活救助、就业指导、医疗救助、法律援助四个方面简要介绍社区矫正工作社会帮扶的内容。

一、生活救助

在我国社区矫正工作中，现阶段主要由社区矫正机构协调其他单位，帮助符合条件的社区矫正对象提供最低生活保障或者临时生活救助。

（一）给予最低生活保障

最低生活保障（简称"低保"）是国家对居民家庭人均收入低于当地政府公告的最低生活标准的人口给予一定现金资助，以保证该家庭成员基本生活所需的社会保障制度，是当地困难居民基本生活救助体系的核心组成部分。社区矫正对象符合当地最低生活保障条件的，按最低保障标准参与保障，以确保其能够在当地正常生活。

（二）给予临时生活救助

临时生活救助（简称"临补"），临补是指国家对因病，因灾等特殊原因造成生活暂时困难人员给予的一次性、阶段性的生活救助措施，是一种缓解社会矛盾、进行紧急救济的重要社会救助政策。社区矫正对象因病、因灾等多种情况，符合国家临时生活保障条件的，按照当地临时生活补贴标准的程序和要求，一视同仁地给予临时救助，以保证其渡过难关，获得救助和新的生机。

例如，社区矫正对象黄某入矫后，社区矫正机构帮助其协调落实了最低生活保障。黄某，男，1988年出生，高中文化，离异。2015年8月27日，因犯故意伤害罪被判处有期徒刑一年零八个月，缓刑二年。司法所接收黄某后了解到，黄某犯罪后，妻子与他离婚并抛下一对儿女，对他打击很大，造成他生活悲观、意志消沉。司法所工作人员分析其家庭现状，帮助其振作精神、树立信心，他作为家庭的顶梁柱，要为家庭其他成员撑起一片天，务必摒弃悲观厌世的情绪。通过工作人员循序渐进的以情感召、以法服人的帮教措施，黄某对工作人员越来越信任，并能主动与工作人员推心置腹地交流沟通，不再表现出悲观的生活态度。考虑到黄某离异后还有一对儿女与父母，经济条件差，司法所积极联系民政部门帮其办理了低保，申请了民政临时救助3000元。同时，司法所工作人员鼓励黄某大胆发挥厨师特长，把压力变为动力。基于黄某能吃苦耐劳，表达沟通能力强，司法所积极与某公司沟通，替黄某承租两个门面，鼓励黄某创业，将门面改为"兄弟餐馆"。司法所及社会各方面真诚的关怀和无私的帮助，深深地触动了黄某。他在思想汇报中写道："我代表全家由衷感谢司法所工作人员，给我一家人送来了淳厚的人间温暖。你们的无私奉献，我将永远记在心里，化作激励自己、鞭策自己、重新做人的无穷动力"。

分析：社区矫正工作中的低保办理作为国家对贫困社区矫正对象的救助，使其感受到社会的温暖，化解其内心对社会的不满情绪，预防其报复社会心态的产生，这既是经济上的扶助也是精神上的慰藉。从刑事政策的角度来看，这同时也是一种预防犯罪措施。由于部分社区矫正对象在陷入贫困状态时再犯罪的可能性会增加，因此，低保制度对这类群体所发挥的预防犯罪、改善人格的功能比较显著。

二、就业指导

《社区矫正法》第四十一条规定：国家鼓励企业事业单位、社会组织为社区矫正对象提供就业岗位和职业技能培训。招用符合条件的社区矫正对象的企业，按照规定享受国家优惠政策。该条款包括以下两层含义：一是国家鼓励企业事业单位、社会组织为社区矫正对象提供就业岗位和职业技能培训；二是招用符合条件的社区矫正对象的企业，按照规定享受国家优惠政策。但是，并没有规定就业指导方面的具体措施。全国各地司法行政机关结合本地特点，因地制宜采取不同的就业指导措施，开展了有特色的就业指导工作。

目前，各地主要采取以下措施对社区矫正对象进行指导。

（一）开展职业技能培训

为使社区矫正对象迅速掌握一定的职业技能，各地司法行政部门普遍为社区矫正对象提供了免费的职业技能培训。从培训内容来看，主要集中在电工、建筑工、汽修工、物业管理、园林绿化、计算机操作、厨师等专岗技能上，这些都是需求量较大的服务性行业，结业后容易实现就业。并且考虑到社区矫正对象一般文化水平不高的特点，这些培训课程都专注于具体的操作技能，而不涉及过高的专业理论知识，便于为社区矫正对象学习和掌握。在组织形式上，主要采取了委托普通职业培训学校代培的方式，借助其他社会组织力量，共同完成矫正任务。

（二）提供过渡性就业岗位

在正式就业之前，为有就业愿望、暂无工作的社区矫正对象提供过渡性就业岗位，岗位来源由社会上的普通企业事业单位提供。为了使岗位来源稳定，同时便于掌握社区矫正对象在工作中的表现情况和动态，在有意愿的企业事业单位内建立过渡性就业基地，加强与这些单位的联系，及时掌握改造情况。从目前的实践情况来看，这些基地为社区矫正对象提供了较多的临时性就业岗位，在一定程度上切实缓解了社区矫正对象遇到的经济困难，具有实际意义。

（三）为农村社区矫正对象落实责任田

安排具有农民身份的社区矫正对象在家乡开展农业生产劳动，既可解决其就业问题，也便于就地监督管理。该措施降低了农村社区矫正对象为找工作而盲目流动所造成的脱管风险。例如，湖北省2017年为2451名社区矫正对象落实了责任田。这项举措有力地促进了农村社区矫正对象的再社会化，同时也维护了我国广大农村基层地区的和谐稳定。

社区矫正对象根据个人发展规划，在接受社区矫正期间一方面可以积极参加职业技能培训，另一方面也可以主动向司法所汇报个人基本情况，请求相关帮助。例如，社区矫正对象邓某在司法所的帮助下稳定就业，步入阳光生活。2017年4月份，邓某来到A地社区矫正机构办理报到手续，社区矫正工作人员在与其沟通交流中得知，他曾因犯抢劫罪判处有期徒刑三年入狱，不久前才假释出来。现在父母都在浙江打工，自己孤身一人在家，工作没有着落，生活也没有盼头，只能混日子。听了邓某的叙述，工作人员意识到像他这种情况如若不及时进行帮扶，极易引发重新犯罪。为了使邓某重新融入社会，社区矫正工作人员决定帮助邓某振奋精神，燃起他对生活的希望。在社区矫正期间，社区矫正工作人员格外关注邓某的思想和生活动态，坚持每月至少两次电话谈心。利用每月集中学习和社区服务的时间对他进行心理疏导，用点滴付出打开邓某的心门。随着与邓某思想交流的深入，工作人员认识到一份稳定的工作是让邓某开启新生活篇章的基础，因此决定帮助邓某谋求一份合适的工作。经过工作人员的多方联系，最终促使某服饰公司与邓某签订了劳务合同，邓某每月也有了近三千元的固定收入。如今，邓某逐渐走出了犯罪带来的阴霾，开始以积极阳光的心态迎接生活。司法所在加强对社区矫正对象管控的同时，彰显人性化管理，使他们重新犯罪的可能性降到最低，从而达到让他们尽快回归社会和维护社会稳定的目的。

分析：社区矫正对象在就业时往往面临诸多特殊困难。如果任其长期处于无业状态，一方面会带来其经济上的困难，另外也会使其处于无所事事、浑浑噩噩的状态，这对尚未完成彻底改造的社区矫正对象来说是十分危险的。

三、医疗救助

看病难、看病贵仍然是我国目前面临的重要民生问题。一些有严重疾病的社区矫正对象可能面临身体病痛上的折磨，心理上的高度敏感，经济上的高额医疗负担。在未办理各类社会保险的情况下，当遭遇疾病侵害时，社区矫正对象可以依靠医疗救助政策得到帮助。

医疗救助是指政府和社会对因病而无经济能力进行治疗或因支付数额庞大的医疗费用而陷入困境的经济困难人员进行帮助的救助措施。

（一）医疗救助的对象

（1）城市居民最低生活保障对象。

（2）经县（市、区）民政部门审批并发给《农村五保供养证》的农村五保户（包括在各类福利机构集中供养的农村五保户）。

（3）经县（市、区）民政部门审批确认并发给《农村特困户救助证》的农村特困户。

（4）经县（市、区）人民政府批准的其他需要特殊救助的对象。

（二）申请大病救助的条件

（1）城乡低保对象。

（2）农村五保对象，城市三无人员。

（3）政府供养的孤残儿童。

（4）因患病造成实际用于日常基本生活消费支出低于当地最低生活保障标准的贫困家庭。

（5）以上救助对象需要具有本地户口，参加城镇（职工、居民）医保或者新型农村合作医疗，并在指定医疗机构救治，且经过医疗保险报销的。

例如，某司法局与社区卫生服务中心联合为辖区内困难的社区矫正对象、刑释人员等，创建了"七免十九减"的医疗救助绿色通道。"七免"即免收普通挂号费、普通门诊诊查费、住院诊查费、院内会诊费、肌肉注射费、一般物理降温费、普通床位费。"十九减"即血常规、尿常规、便常规、心电、B超、胸透、X光片、肝功、两对半、血糖、血脂、肾功、甲功、血沉、抗O、类风湿因子、心肌酶、凝血4项、血离子检查费用减免20％。辖区内困难的矫正对象、刑释人员和在押人员得知这个优惠政策后表示：一定好好服刑、重新做人，力争做到自立自强，努力回报社会。

四、法律援助

当今社会是一个法治化社会，同时也是一个越来越重视公民合法权利的民主化社会。社区矫正对象往往自身缺乏法律常识，可能遭遇创业就业歧视、合法权益得不到保障等不公平待遇。此外，一些社区矫正对象在服刑期间，自己的财产权、继承权等容易被他人侵犯，社区矫正工作者应关注社区矫正对象的法律需求，通过法律援助途径较好地帮助其适应社会生活。

（一）法律援助制度

法律援助制度是指由政府设立的法律援助机构及法律援助人员，为经济困难或特殊案件的人员提供无偿法律服务的一项法律保障制度。法律援助是以法治、平等、公正为基本价值取向的一项社会公益事业。法律援助工作，对于解决社会矛盾、促进司法公正、维护社会和谐具有重大的意义，发挥着不可替代的作用。

（二）法律援助中心

负责组织、指导、协调、监督及实施本地区法律援助工作的机构统称法律援助中心。律师事务所、公证处、基层法律服务机构在本地区法律援助中心的统一协调下，实施法律援助。其他团体、组织、学校开展的法律援助活动，由所在地法律援助中心指导和监督。

第三节 社区矫正教育帮扶工作中存在的问题与对策措施

社区矫正作为一种非监禁刑罚执行方式，其主要目的不是对犯罪人员施加报应性惩罚，而是致力于对受损的社会关系进行整体修复，恢复和谐融洽的社会关系以及重塑社区矫正对象健全的人格。教育帮扶促进了监督管理的安全高效，使社区矫正工作全过程、各环节有机结合、相得益彰，也是落实总体国家安全观和"践行改造宗旨、实现治本安全"行刑政策，完成社区矫正根本任务和实现其基本要求的"治本"之举。但在实践中仍然存在以下问题。

一、社区矫正教育帮扶工作中存在的主要问题

（一）宣传不够深入，社会对社区矫正对象帮扶工作不理解

国家对犯罪历来持打击的态度，在对社区矫正对象进行教育帮扶工作时，部分群众对此表示不理解，认为该类群体重新犯罪的可能性相对偏高，但政府和企业反而帮助这些人解决就业，认为对他们给予了过多人道主义感化和关怀，这与群众希望罪犯应受到惩戒的朴素情感相悖。不少群众对社区矫正教育帮扶工作有质疑和抵触的声音。尽管司法行政机关关于社区矫正的宣传工作的质量和影响力较之以前有了一定的进步，但群众对社区矫正对象的排斥现象还是非常严重的，普遍持排挤、歧视态度，而非宽容、接纳态度，甚至对社区矫正对象存在蔑视心理。倘若出现社区矫正对象重新犯罪的消息，便会对社区矫正工作作出负面评价。例如，×县社区矫正工作人员利用自身社会资源协调民政、人社部门，帮助无业、生活困难的社区矫正对象办理低保和提供就业岗位等，这些基本帮扶却遭到部分群众的质疑与反对。据调研，该县部分生活困难的社区矫正对象由于疾病、无业等原因，基本生活得不到保障，缺乏改造的动力，很有可能成为社会的不稳定因素。

（二）司法行政机关"单打独斗"，社会力量作用发挥有限

社区矫正工作是罪犯矫正的重要组成部分，必须由党委统一领导。社区矫正工作是一项综合性工作，必须由公、检、法、司各部门综合发力，不能只是司法行政机关"单打独斗"。社区矫正工作是一项社会工作，必须社会多方力量积极参与。其中司法行政机关、社会力量、社会帮教志愿者等都是教育帮扶工作的主体，但目前没有形成常态化合力的协作机制，大部分社区矫正工作仍然处于司法行政机关"单打独斗"的状态；民间社会工作机构和帮教志愿者参与积极性不高且数量有限，帮扶效果难以增强。全国部分乡镇司法所还存在"一人（编制）所"现象，如此开展社区矫正监督管理、教育帮扶是无法保证完成工作任务的。社区矫正机构多为兼任数职受双重管理的司法所，任务繁多复杂。司法所要承担辖区内安置帮教、人民调解、社区矫正、普法宣传、精准扶贫、社区戒毒等多项工作。由于司法所力量比较单薄，正常运行社区矫正工作都十分困难，再去要求保质保量地完成好教育帮扶工作，往往是力不从心。

（三）社区矫正工作人员业务素质亟待提高

近年来社区矫正对象的数量不断增加，社区矫正工作的监督管理、教育帮扶任务越来越繁重，社区矫正工作人员不足的问题越来越突出。开展社区矫正教育帮扶与社会适应工作的要求也越来越高。对于社区矫正工作人员来说，既要懂政策、法规和相关的专业知识，还要熟悉教育学、心理学等专业知识。也就是说，社区矫正工作者需要是全能型人才。当然，要完成好社区矫正教育帮扶工作内容，还会受到

社区矫正对象的性格、受教育程度、生活环境等的影响。目前大多数社区矫正工作人员没有受过专业训练，缺少基本的专业知识。另外，社区矫正对象自身发展动力不足，融入社会较为困难。部分社区矫正对象家庭贫困，自身文化程度较低，又缺乏劳动技能，不愿从事一些低收入或低层次工作，主动融入社会存在一定难度。例如，×县截至2020年3月31日，在册社区矫正对象共278人，初中及以下占比84.89%，文化程度普遍不高。

（四）社区矫正对象就业制度不完善，就业受歧视的矛盾难解决

1. 社区矫正对象身份特殊，受社区矫正机构的监管，在就业方面面临较多困难

当前法院多数判决社区矫正对象回户籍地进行社区矫正，但社区矫正对象的工作不在户籍地的情况普遍存在，社区矫正对象是否有工作对于其自身的矫正改造、家庭生活都是非常重要的，而申请异地执行社区矫正往往难以得到批准，在一定程度上增加了社区矫正对象的生活困难。例如，×县截至2020年3月31日，在册社区矫正对象共278人，就学2人，就业7人，无业269人，无业人员占总人数的96.76%。又如，社区矫正对象陈某常年在广东工作，其被判决回户籍地执行社区矫正，在矫正期间，陈某申请异地执行社区矫正却不符合外省的变更申请条件，手续无法办理，导致陈某在矫正期间无经济收入，生活陷入困境。

2. 部分企业、单位认为聘用社区矫正对象会对自身名声造成不良影响

企业在录用员工之前会要求应聘者出具一份由公安机关开具的无犯罪记录证明，无证明者无法被聘用，导致社区矫正对象被拒之门外；部分企业员工对社区矫正对象存在恐惧心理和歧视行为，给社区矫正对象造成了较大的心理负担和压力。例如，×县社区矫正对象张某曾经通过投递简历和面试，成功竞聘了一家国有企业的岗位，在入岗前公司要求提供无犯罪记录证明，导致其错失被聘用的机会。

二、完善与改进教育帮扶社会适应的对策措施

（一）及时制定行之有效的教育帮扶方案

在对社区矫正对象认真摸排、细致调查的基础上，根据社区矫正对象的个性特点，在制定矫正方案时进行心理研究，找出认知偏差，采取循序渐进、逐步深入的交流方法，进行社区矫正对象心理、行为测评，为有效制定矫正方案准备翔实资料；在走访社区、了解矫正对象的近邻和生活状态后，为制定个别化矫正方案打好基础；通过对社区矫正对象的社会阅历、情感经历和知识结构等分析，准确掌握社区矫正对象的社会适应能力，为形成具体的社区矫正方案提供可行的参考意见。

（二）组织开展免费职业技能培训

探索创新、用心帮扶，促使社区矫正对象"矫得正、帮得上、扶得好"，消除社区矫正对象可能重新犯罪的因素，帮助其成为守法公民。积极探索、创建一批社区矫正对象教育培训基地和公益劳动基地，举办社区矫正对象创业培训班、职业技能培训班，为社区矫正对象免费提供中药材种植、家禽（水产）养殖、水果种植、服装缝纫、烹调、家电、汽车美容等技能培训，提高社区矫正对象生存能力，解决社区矫正对象的就业、生活问题。充分利用好"阳光之家"就业培训基地，为社区矫正对象提供就业保障，帮助社区矫正对象实现就业，让他们通过自己的劳动重新回归社会、融入社会，有效预防和减少重新违法犯罪，促进社会和谐稳定，引导社区矫正对象走上脱贫致富和新生道路。

（三）适时整合社会力量开展教育帮扶

以市（县）成立社区矫正委员会作为协调议事机构为契机，司法行政部门组织开展教育帮扶，整合共青团、妇联、工会等各部门资源优势，鼓励社会力量参与社区矫正工作，取得社会上多方面的理解和支持。抓好《社区矫正法》的学习宣传，在工作中加大宣传力度，不仅能让社区矫正对象及其家属正确认识社区矫正，理解社区矫正的作用和意义，同时可使整个社会都了解社区矫正，从而为顺利开展社区矫正工作，帮助社区矫正对象成功改造营造良好的社会氛围。

（四）建立一支专业的教育帮扶队伍

根据《社区矫正法》的规定，县级社区矫正机构负责社区矫正日常工作，司法所根据社区矫正机构委托承担相关工作，专职社区矫正辅助人员负责日常业务的辅助工作，使得社区矫正工作的顺利开展有可靠的专业力量支撑。壮大社区矫正志愿者队伍，充分利用社会力量和社会资源，加强对社区矫正对象的教育矫正工作，建立以社区矫正志愿者队伍为主的社会力量参与社区矫正的工作机制，深入挖掘社会志愿者资源，以此作为专业矫正力量的补充。

（五）依托资源条件创新教育帮扶内容和形式

各级社区矫正机构、司法所根据社区矫正对象的个性特征对症下药、创新帮扶模式、进行经常性个别教育，同时积极开展集中教育矫正，定期组织社区矫正对象参加集中学习和社会活动，经常性开展爱国主义教育、公益劳动、慈善捐赠等活动，积极开展对社区对象的管理、关爱、帮扶活动。通过日常个别谈话和集体学习，提高社区矫正对象对法律法规及社会的认知程度，向其讲明社区矫正的目的和意义，使其成为守法公民。

(六)特别注重未成年社区矫正对象教育帮扶工作

根据未成年社区矫正对象的心理特点、犯罪原因,采取教育、感化、挽救相结合的教育帮扶措施,注重对未成年社区矫正对象进行心理方面的矫治工作,开展心理疏导与调适,使其树立正确的世界观、人生观和价值观,尊重他们的自尊心,培养他们的自信心,协调有关部门为其解决就学、复学等方面的困难。创建未成年教育矫正培训基地,专门为未成年社区矫正对象举办心理、法治、技能培训教育,使未成年社区矫正对象改邪归正、重新做人,教育帮扶其融入社会。

(七)依法通过购买服务开展教育帮扶工作

《社区矫正法》第四十条规定:社区矫正机构可以通过公开择优购买社区矫正社会工作服务或其他社会服务,为社区矫正对象在教育、心理辅导、职业技能培训、社会关系改善等方面提供必要的帮扶。各级社区矫正机构在推进依法矫正、改造育人上要想办法、下功夫,开展教育帮扶,购买服务项目,通过举办讲座、团体辅导、心理评估和矫治教育等服务方式,由拥有国家职业指导师、国家创业培训师、国家电子商务师、心理咨询师、教师、律师、医师等师资力量的社会组织组成服务机构,以更加专业的培训机构、培训模式,为社区矫正对象提供教育帮扶服务。各级社区矫正机构也可以根据实际需要向服务机构定制教育和培训内容,真正做到从根本上提高社区矫正对象的教育改造质量,为社区矫正对象就业创造条件,促进其尽快转变思想、向上向善,让他们"矫得正,有出路",真正顺利回归社会大家庭。

(八)充分利用信息技术手段实施教育帮扶工作

为切实做好社区矫正教育帮扶工作,确保社区矫正教育帮扶质量,针对社区矫正教育帮扶对象多、难度大的问题,充分运用信息网络、手机 App,整合各类社会资源,统一规划教育帮扶标准。利用互联网、大数据,将社区矫正教育学习资源和教学服务及时传输给社区矫正对象。也可以根据需求的不同提供个性化服务,以大数据为支撑,及时掌握社区矫正对象微观的学习情况和宏观的整体态势,实现精准管理。利用"智慧矫正"信息化建设开发的"在矫通"手机 App,为社区矫正对象开展在线教育学习,为社区矫正对象在教育、心理辅导、职业技能培训、社会关系改善等方面提供必要的帮扶。

社区矫正工作自 2003 年在我国开始试点运行起,至今已近二十年。我们希望社区矫正教育帮扶工作,能够在不断的探索与发展中,从我国具体的实际情况出发,构建一套完善的社区矫正教育帮扶制度。从当前社区矫正教育帮扶制度在我国的发展来看,在立法方面、配套制度方面、社区矫正基础方面,依然存在着一些问题。这些问题的存在,需要我们对社区矫正教育帮扶体制机制继续进行研究。

思考题

1. 社区矫正社会帮扶的意义是什么？
2. 社区矫正社会帮扶的内容有哪些？
3. 教育帮扶工作中存在的主要问题有哪些？
4. 如何完善与改进教育帮扶社会适应的对策措施？

拓展练习

案例 社区矫正对象在日常生活中需要法律援助，可如实向社区矫正机构报告，在社区矫正工作人员指导下接受法律援助服务。某区司法所对一名社区矫正对象伸出了法律援助之手。社区矫正对象乐某，早年因车祸丧失生育能力，遭受丈夫长期嫌弃和家庭暴力。因不堪忍受，乐某一时冲动向家里的饮水机投毒，试图毒死丈夫，然后自杀，摆脱丈夫给她带来的厄运。由于发现及时，避免了严重的后果。2016年1月12日，法院综合案情，以故意杀人罪判乐某有期徒刑三年，缓刑四年。在社区矫正期间，乐某被丈夫起诉要求离婚，乐某无奈之下孤身返回娘家暂住。因娘家父母年事已高，又无经济来源，家庭生活十分困难。乐某一度情绪低落，对生活心灰意冷。司法所了解情况后，一方面加强教育疏导，鼓励她勇敢面对困难，正视错误并改过自新，重塑生活信心；另一方面联系当地村委，协调相关部门帮助乐某申请救助，解决其燃眉之急。同时坚持"应援尽援、应援优援"，指派法律服务所为其提供法律援助，全力追索夫妻共同财产，维护乐某的合法权益，让乐某感受到了法律援助的温暖阳光，对她的改造产生了积极影响。乐某表示一定要卸下心理包袱，安心改造、好好生活，做个守法的好公民。

第四篇 社区矫正法律责任与监督

第十二章 社区矫正工作风险防范
第十三章 社区矫正法律责任
第十四章 社区矫正法律监督

第十二章

社区矫正工作风险防范

社区矫正工作人员如何加强风险防范，如何做到防微杜渐、警钟长鸣，如何增强职业风险意识，降低和减少社区矫正工作风险，发挥社区矫正在社会治理中的更大效能，成为新时期社区矫正工作面临的重要课题。本章就社区矫正工作中的主要风险类别、风险原因分析及防范措施进行探讨。

第一节　社区矫正工作中的主要风险类别分析

社区矫正工作风险是指在社区矫正工作中，社区矫正机构及其工作者执法能力、水平无法满足实际需求，不当执法，或因谋求个人私欲、组织利益，作风不正、违法执法，损害国家利益、社会利益或社区矫正机构及其工作人员的利益，导致不利后果，进而需要承担责任的现象。从实践中来看，认识风险，降低和减少工作风险，防范和化解风险，必须充分发挥社区矫正工作在社会治理中的更大作用。应重点关注以下几类风险。

一、社区矫正工作的政治风险

社区矫正工作是司法行政工作中风险较高的职能工作，基层司法所在日常管理中严格按照《社区矫正法》执法，是社区矫正工作中的关键环节。事实上，极少数基层司法所在执法实践中问题频出，从根本上来讲，是由于基层司法所部分工作人员对社区矫正机构的本质缺乏足够的认识，执法理念陈旧，责任意识不强，对其历史使命和重要职责以及紧迫感和风险度了解有限，把社区矫正这一执法工作等同于其他服务性职能工作，工作效率和主动性表现一般化。没有充分认识到做好社区矫正工作对于促进社会治理的重要意义，最终导致工作出纰漏，被追责，影响单位声誉和耽误自身发展前途。

二、社区矫正工作的执法风险

社区矫正执法是一项严肃的刑事执行工作，必须依法行使法定职权，在执法过程中，社区矫正执法人员要明确职权边界（需要实施细则或地方规范性文件进行细化）。在《社区矫正法》突出强调社区矫正对象合法权益和社区矫正执法人员执法义务的情况下，社区矫正执法人员严格实施监管，执法一旦出现瑕疵，社区矫正对象认为执法行为影响了其正常的工作与生活，就会以自己的合法权益受到了侵害为由，向人民检察院或有关机关申诉、控告和检举。小问题就可能会被无限放大，影响社区矫正工作正常开展。如果执法人员疏于监管，一旦发生社区矫正对象脱管、漏管或者实施违法犯罪行为，就会受到人民检察院的依法严肃问责。因执法履职不当引发执法过错责任的案例屡见不鲜（如不作为、乱作为）。

（一）社区矫正执法"风险人"的表现形式

《社区矫正法》出台后，工作标准要求高了，执法责任风险越来越大。如果社区矫正工作者的法律意识淡漠，不想管、不愿管、不敢管或履职不到位，执法方式还沿用体罚等简单粗暴的习惯方式，在管理社区矫正对象以及社区矫正执法工作中仍然存在行为不规范、不严谨或执法程序错误等问题，极有可能埋下监管安全风险隐患，造成不良影响。因此，要提高社区矫正工作人员自身素质，避免成为社区矫正工作的"风险人"。"风险人"的表现形式有以下几种。

1. "稻草人"现象

社区矫正工作人员表现为"放任自流"。他们没有正确理解和处理"管""教""帮"的关系。重帮扶轻管教，把矫正工作混同于安置帮教工作。对社区矫正对象的违规行为不敢、不愿"下狠心""出狠招"，甚至面对社区矫正对象的无理要求、肆意妄为却一味委曲求全。

2. "涛声依旧"现象

社区矫正工作人员表现为对社区矫正工作出现的新状况、新情况、新问题没有积极地寻找解决办法，存在"等""靠""要"思想。等上级、等法律、等政策、等支持，打起了时间上的"持久战"，新问题演变成普遍问题，问题越积越多，工作越做越被动，最后使自己成为社区矫正工作中的"风险人"。

3. "摆花架子"现象

社区矫正工作人员表现为过于重视形式创新，而忽视了对效果的跟踪与考核。如部分地方一味追求信息化、开发信息系统，却忽视了系统的实用性，甚至导致不同系统数据重复录入，反而增加了工作量。

4. "气球人"现象

社区矫正工作人员在工作中表现为缺乏宗旨意识、大局意识、忧患意识、责任意识，作风漂浮、管理松弛、工作不扎实，挑拣省力又容易做的工作干，玩虚拟、飘着干，对日积月累形成的一些社区矫正遗留问题拖拉、推诿，抱着得过且过的侥幸心理，只管任期内的平稳，追求短期绩效。

5. "老好人"现象

社区矫正工作人员表现为不能始终如一面对工作，不求有功，但求无过，遇事不讲原则、不按规定、怕得罪人，擅长"和稀泥"。对部分不能按时参加教育、不按照要求参加劳动的，不愿得罪人，不敢大胆使用警告、提请治安处罚、提请收监等措施手段，导致该教育的未教育、该处罚的未处罚，严重影响社区矫正效果。

《社区矫正法》第六十一条规定，社区矫正机构工作人员和其他国家工作人员有下列行为之一的，应当给予处分，构成犯罪的，依法追究刑事责任：一是利用职务或者工作便利索取、收受贿赂的；二是不履行法定职责的；三是体罚、虐待社区矫正对象，或者违反法律规定限制或者变相限制社区矫正对象的人身自由的；四是泄露社区矫正工作秘密或者其他依法应当保密的信息的；五是对依法申诉、控告或者检举的社区矫正对象进行打击报复的；六是有其他违纪违法行为的。该规定就是对社区矫正工作人员履职执法的最好提醒。

（二）调查评估环节风险

《社区矫正法实施办法》第十三条规定，社区矫正决定机关对拟适用社区矫正的被告人、罪犯，需要调查其社会危险性和对所居住社区影响的，可以委托拟确定为执行地的社区矫正机构或者有关社会组织进行调查评估。

在这一环节，容易因执法不公、执法不严而产生腐败现象，轻者承担纪律责任，重者承担刑事法律责任。在实践中，是否适用社区矫正的调查评估结果决定权在人民法院，司法所和社区矫正机构不能作出决定，但该调查评估意见对被告人、罪犯的"狱外"还是"狱内"执行至关重要。自《社区矫正法实施办法》发布施行以来，人民法院对调查评估意见的采信率达到85%以上，有的地方法院的采信率更高。社区矫正机构在接受决定机关委托进行调查评估过程中，风险尤为突出，以下几类风险应特别关注。

（1）要严格依法开展调查，不得接收当事人及其家属请客送礼，出具不真实的调查评估意见或为当事人的调查评估提供方便。要围绕社会危险性和对所居住社区影响这两点开展调查评估，并出具调查评估意见。减少"同意适用非监禁刑（缓刑）""不同意适用监禁刑（缓刑）"等倾向性表述。

（2）要重视多次要求调查评估情况中的异常情况，及时向检察机关报告和沟通。

（3）要严防人情社会下出现的插手、过问、说情、打招呼等情况，干预社区矫正执法办案。

在开展调查评估环节中被追责的案例有，浙江省温岭市某司法所所长，因受人之托，为犯罪分子出具假证明，对本不符合社区矫正条件的，出具了"适合社区矫正"的调查评估意见，帮助犯罪分子逃避监禁处罚而被追究刑事责任。

（三）接收入矫环节风险

1. 杜绝随意退回或拒收社区矫正决定机关材料

随意退回或拒收社区矫正决定机关材料，容易引发漏管问题。社区矫正决定机关确定执行的，根据《社区矫正法实施办法》第十二条规定，社区矫正机构应当及时接收。

在《社区矫正法》和《社区矫正法实施办法》实施以前，社区矫正机构认为本地不具备组建帮教小组、不具备矫正条件等，退回或拒收社区矫正决定机关材料，导致社区矫正对象漏管的情况时有发生。如果社区矫正机构认为执行的确有问题的，可以进行执行地变更。还有一部分被判处缓刑的罪犯，认为自己犯罪较轻，不能真正认识到自己所犯的错误以及触犯的法律会对社会造成怎样的危害，对法律没有敬畏之心。他们中有许多人都认为自己确实犯了罪，但是也没有去监狱坐牢服刑，似乎在社区接受矫正不过是走走形式，并没有什么威慑力。开展入矫前警示教育活动，就是要让社区矫正对象明白他们的身份，需要遵守规章制度，要形成正确的法治观。只有对法律心存敬畏，才能迷途知返，重获新生。

2. 接收交付时的衔接

《社区矫正法》第二十条规定：社区矫正决定机关应当自判决、裁定或者决定生效之日起五日内通知执行地社区矫正机构，并在十日内送达有关法律文书。第二十一条规定：人民法院判处管制、宣告缓刑、裁定假释的社区矫正对象，应当自判决、裁定生效之日起十日内到执行地社区矫正机构报到。这二者的规定容易造成时间真空，社区矫正对象脱管、失控。应注意发现法院超期交付问题，尤其要重点关注中级人民法院二审案件、外地人民法院异地交付问题，防止漏管。强调社区矫正机构在遇到此类问题时要及时与检察机关沟通，通报有关情况。

人民法院在宣告缓刑或者看守所、监狱办理罪犯假释出监手续时有书面告知的责任，如果居住地县级司法行政机关社区矫正机构未收到法律文书或者法律文书不齐全，但社区矫正对象已经前来报到时的处置措施（见人未见档），应先记录在案，并通知决定机关五日内送达或补齐法律文书。矫正对象不报到（见档不见人），造成漏管的异常情况发生，应及时向检察机关报告相关情况，并协助检察机关调查漏管发生的原因。

3. 县级司法行政机关社区矫正机构对社区矫正对象漏管情形的处置措施

主要处置措施包括：
（1）要积极查找；
（2）及时通知主管部门；
（3）及时给予警告、提请收监；
（4）留存证据；
（5）尽职免责。

另外，社区矫正对象在漏管期间再犯罪，如若发现要及时通知有关机关。例如，罪犯武某，2009年12月2日因犯盗窃罪被某县人民法院判处有期徒刑三年，缓刑四年。12月4日，某县人民法院书记员张某受该案件审判员的指派，持判决书和执行通知书到某县看守所将罪犯武某释放。张某未向罪犯武某告知其在缓刑期间应当遵守的法定义务，也没有将罪犯武某的判决书送达执行机关，导致罪犯武某在缓刑期间漏管。2010年9月26日晚，武某伙同他人持刀将某县实验高中学生崔某刺死。2011年9月15日，某市中级人民法院一审判处武某死刑。某县人民法院书记员张某因渎职被依法追究刑事责任。

三、社区矫正工作的监督管理风险

社区矫正的两项任务中最重要的是监督管理。《社区矫正法实施办法》第九条规定：对社区矫正对象进行监督管理，实施考核奖惩；审批会客、外出、变更执行地等事项；了解掌握社区矫正对象的活动情况和行为表现；组织查找失去联系的社区矫正对象，查找后依情形作出处理。在监督管理中，可以说风险无处不在。部分社区矫正执法人员由于对新形势认识不足，对新风险防控不到位，从思想观念、执法意识、规范执法行为上表现为不适应，对监管风险没有基本的研判。众所周知，社区矫正工作经过近二十年的发展，已进入了一个新阶段。现在的社区矫正工作与以往有了较大变化，例如：社区矫正对象数量已明显增加；年龄从以中老年为主转变为以青壮年为主；犯罪构成由以渎职、财产犯罪为主转变为以妨碍社会管理秩序为主；社区矫正对象开放性、流动性逐步增强；私自持有护照与边境通行证等各类出入境证件情况管理难度加大。如果对当前社区矫正工作面临的突出矛盾、风险和挑战不能够进行准确、有效研判，就会产生大量监管问题和突发事件，出现对社区矫正工作的动态和静态观察不准、监管不到位、有关工作部门沟通衔接协调不畅等乱象，最终被追究责任。

（一）监督管理环节风险

在监督管理环节，可能出现的风险主要有以下几种。
（1）矫正对象接收环节，是否具备应对异常情况的相应措施。
（2）审核或审批社区矫正对象外出请假申请时，是否严格依规定审核或审批。
（3）审核或审批社区矫正对象进入特定场所、从事特定行为或会见特定人员的申请时，是否严格依规定审批。
（4）是否有编造、伪造社区矫正对象思想汇报、电话报到记录，以应付上级检查致使其长期脱管。
（5）对社区矫正对象的违规违法行为进行处理时，是否未及时采取处置措施或徇私包庇，处置时的证据是否充分，程序是否到位。
（6）是否存在对脱管、漏管放任不管，不积极查找。
（7）是否擅自提前解除社区矫正。
（8）对社区矫正对象办理出境事宜时，是否不报备或故意延迟报备。
（9）是否非法限制社区矫正对象的人身自由。
（10）是否非法罚没社区矫正对象的财产。
（11）是否非法搜查社区矫正对象的身体、物品、住所等。

以下是一则徇私包庇社区矫正对象的案例。

曾某在镇司法所担任社区矫正工作的专职社会工作者。主要工作职责是协助司法所社区矫正专职干部从事社会调查评估、对社区矫正对象进行监管教育帮扶等工作。

2012年8月，陈某因犯盗窃罪被法院判处有期徒刑一年，缓刑一年，在×镇接受社区矫正。2013年3月，陈某想去外地的公司打工，陈某的母亲就请曾某通融一下，并悄悄送给他五千元现金。随后，曾某不但默许陈某外出打工，还主动给陈某打掩护，确保陈某违规外出的事情不败露。2013年夏天，市司法局在例行检查中发现，陈某的思想汇报已有 3 个月没有记录，公益活动也是连续多次没有参加，同时还发现陈某在外地办理了银行卡。市司法局责成司法所进行核查。曾某在接到协查通知后，迅速联系陈某的母亲，暗示要给相关领导打招呼。陈某的母亲又将七千元现金送给曾某。曾某利用上述职务之便，多次索要、收受社区矫正对象及其家人的贿赂。经查实，曾某先后 24 次收受或索取社区矫正对象及家属各种财物、现金等，合计价值五万余元。2015 年 5 月，市人民检察院对曾某涉嫌受贿立案侦查。案发后，曾某的家人代其退出赃款二万元。经法院审理，判处曾某犯受贿罪，判处有期徒刑一年，并处罚金十二万元。

曾某在社区矫正评估、日常监管工作中，本该严格执法，却把赋予的权力当作谋私的筹码，在索取和非法收受他人财物后，大开方便之门，使本该在本地接受社区矫正的罪犯脱离监管外出打工，原本违反规定应该受到处罚的社区矫正对象却逍遥法外。这不但不利于社区矫正对象回归社会，更严重的是由于其监管不到位，大大增加了社区矫正对象再犯罪的风险，给社会治安增加了潜在的隐患。曾某不依法履职，索贿和收受他人财物，其行为已触犯刑法，构成受贿罪。

（二）在日常监管中，对社区矫正对象要有针对性，分类管理、个别化矫正

1. 注意暂予监外执行对象的执行

首先，保外就医的要在省级人民政府指定医院检查，每三个月督促矫正对象提交复查情况。实践中，部分对象以经济困难为由，不及时提交病情复查材料。可以与民政部门一同给予适当救助或者根据《社区矫正法实施办法》的规定，调整报告身体情况、复查情况的期限（建议邀请专家、法医对相关病情进行评估，明显短期内不能治愈的可以适当延长），延长审批要通报检察院。其次，因怀孕被暂予监外执行的社区矫正对象，社区矫正机构要及时关注终止妊娠或生育的情况，及时向决定机关提出变更申请或建议。

社区矫正机构定期（一年）组织暂予监外执行罪犯进行病情诊断、妊娠检查、生活不能自理鉴别，作出是否属于暂予监外执行情形消失的意见，决定是否提请收监执行。

例如，某社区有一名社区矫正对象，原本就已经年老多病，体力欠佳。社区矫正工作人员，不考虑主客观因素，强制要求该矫正对象从事社区服务劳动。该矫正对象心中有怨气，口出恶言。社区矫正工作者对他进行体罚，让其蹲马步，致使该矫正对象猝死。

就此案我们从中要汲取的教训：首先，社区矫正工作人员必须依法保障社区矫正对象的基本权利；其次，不能体罚和侮辱社区矫正对象；最后，出现不良后果是要被追究责任的。

2. 注意法院判决"禁止令"的执行

入矫宣告、日常监管都要注重禁止令的执行，可以与相关公安、检察、市场监

管等部门合作，开展联合检查。加强信息化核查、实地查访等措施，了解有禁止令的对象的真实生活、工作情况，是否从事了法院禁止令所禁止事项。对于之前以某种生意谋生的对象，要给予就业帮扶。

3. 注意请假事由和证明材料审核

《社区矫正法》较《社区矫正实施办法》请假事由的拓展，体现了国家刑事司法理念的变化。需要注意的是，正当理由的审核就医、就学、参与诉讼、处理家庭或工作重要事务，必须围绕"人身依附性很强"，别人一般不可替代，需本人处理审核。

4. 日常监管中信息化核查、实地查访等措施，要尤其注重实地查访的落实

信息化核查，社区矫正机构一般都能落实到具体工作中。实地查访，受地域、疫情等因素的影响，往往走访效果并不理想，甚至出现"办公室走访"等问题。不打招呼的突击走访，才能发现矫正对象最真实的一面，以此减少矫正对象的脱管、漏管等情形。

5. 矫正对象在矫正期间再犯罪

社区矫正监管不同于监狱、看守所监管，所监管的矫正对象也可能发生再犯罪问题。需要提醒的是，社区矫正机构在日常监管过程中，发现矫正对象明显有涉嫌犯罪的可能，需要及时向相关职能部门移送线索，积极配合调查，不能以警告、训诫等措施代替。

（三）考核奖惩环节风险

考核奖惩环节风险在于是否存在帮助社区矫正人员骗取奖励或者减轻处罚，或者以奖惩为由接受社区矫正人员请客送礼等违反相关规定行为。需要注意的是，在刑事执行工作中要依法奖惩、注重证据、注重程序性，避免执法随意性、执法经验主义。人民检察院严格监督、规范监督，同时也要积极支持社区矫正工作。

（四）解矫和终止环节风险

解除和终止的履职要求是案结事了，不留尾巴。关键在于需要明晰自己的职责边界和核心职责，明晰履职尽责和违法执法之间的界限，必须紧紧抓住核心职责这个关键点。解矫和终止环节的风险点主要是对社区矫正工作的动态和静态观察不准、监督管理不到位，有关工作部门沟通衔接协调不畅，可以说风险无处不在。

四、社区矫正工作的廉政法律风险

社区矫正工作的廉政法律风险，是指从事社区矫正工作执法和监管的工作人员

在履职过程中,客观存在的可能违反廉洁从政有关规定的,应受到党纪、政纪追究的各种情形。

(一)履行党风廉政主体责任不到位风险

如单位党组织多侧重于预防贪污腐败,却未将社区矫正执法这个重点岗位作为党风廉政惩防体系的核心之一,表现为排查、检测制度设置不合理,惩防措施落实不到位,未抓早抓小、防患未然,造成社区矫正执法监管出现脱管和漏管情形,导致执法不严、执法不公的情况。

(二)履行党风廉政监督责任不到位风险

如对从事社区矫正执法和监管的人员经常性的廉政纪律教育缺失,往往是教育内容的震慑力度仅触及表面而未深入灵魂,监督检查不到位,未实现全程监督、实时监督,对违纪行为查处不力,本着"好人主义"大事化小等。

五、社区矫正工作人员的身心疾病风险

现行的社区矫正各项工作制度,把执法、教育、监管工作任务和责任都推向县级社区矫正部门,但缺乏具体的人、财、物各项保障机制,社区矫正工作人员的责任、权利极不对称。对社区矫正工作而言是规定多、任务重、责任大,但对应的却是机构弱、人员少、保障缺。工作中一有疏忽出了问题,社区矫正基层一线工作人员就要承担严重的工作责任,甚至法律责任,使社区矫正工作成了基层司法行政工作的"雷区"。高压力、高风险的工作环境,使得社区矫正工作人员长期处于神经紧绷的状态,却没有相应的待遇。同时,经常超负荷工作,使得一些社区矫正工作人员得不到充足的休息,身体和心理处于亚健康状态,出现身心疾病风险。

第二节 社区矫正工作风险原因分析与防范措施

一、社区矫正工作风险原因分析

社区矫正工作中主要风险存在的原因是十分复杂的。透过风险的表面,深入挖掘其原因,归纳起来有以下几点。

(一)思想意识出现偏差

拜金主义、享乐主义和极端个人主义的腐朽思想蔓延;有的直接是政治意识淡薄或者底线和红线意识不强,"免疫力和抵抗力"不强。

（二）依法执法的法治观念有待强化

对于依法实施监管，目前社区矫正执行机构对社区矫正对象的监管手段和方式，主要是定期汇报、实施调查、通信联系等传统、老旧的"人盯人"的粗糙方式。它耗费了基层执法工作人员大量的时间和精力，换取的监管效果却比较一般。此外，有的基层社区矫正机构或司法所未按刑事执行法律制度对社区矫正对象实施监督管理，总是想按照非监禁刑罚执行制度强制性实施监督管理，未考虑其融入社会与本身生活的需要。

（三）教育矫正工作力度不够

在社区矫正工作实践中，目前普遍存在不能坚持底线思维的情况。实践中，社区矫正工作人员因担心被追责，宁愿将大部分工作时间和精力都投入到对社区矫正对象的监管和帮扶上，而轻视教育矫正工作的投入。基于社区矫正对象素质差异较大、家庭支持力度不同、犯罪动机不同等因素，对不同的社区矫正对象要有针对性地施以不同的教育矫正方式，但有的社区矫正工作人员只顾开展工作便利，麻痹大意、思想固化。且由于设施设备条件差等原因，社区矫正方式多为组织讲座、报告、听汇报、公益劳动等，形式简单、内容枯燥，难以调动社区矫正对象学习的主动性和积极性，无法满足个别教育的要求。以这些方式进行教育矫正，难以达到理想状态。加之教育矫正工作者自身相关专业知识欠缺、心理矫正资源匮乏，很难为社区矫正对象提供合适的、不为其所排斥的教育内容，对社区矫正对象的犯罪心理进行个别矫正难度就更大。

（四）社区矫正交付执行环节受轻视

实践中，基层司法所不少工作人员没有认识到交付执行这一工作环节的重要性，仅当作普通流程应付了事。对交付执行过程中应该采取的工作措施和工作方法自己也模糊不清，更无从谈起利用交付执行来为日后工作的顺利开展打好基础。一些社区矫正监管干部在交付执行环节中没有把当时与矫正对象的面谈形成文字记录，且宣告也不按规矩，使得个别社区矫正对象甚至不知该与谁联系、怎么与工作人员联系，最终导致社区矫正对象在矫正过程中出现脱管、漏管事件，甚至引发再次犯罪事件。

（五）执法权法定性与有限性冲突

在实践中，社区矫正机构的执法权受法律约定，有些强制措施仍然需要其他机关协助，否则难以实现社区矫正工作的全部监管职能，再加上自身资源有限，难以适应繁杂的矫正工作。而且，基层社区矫正机构往往所辖面积较大，社区矫正对象也在逐年增加，很难持续跟踪、迅速反应和真正全面落实，对特定社区矫正对象的监督管理和教育帮扶，工作难以往细处做、往深处做、往实处做。

（六）社区矫正对象不当维权

近年来，因为社区矫正的宣传力度不足等原因，社区矫正对象及家属过度维权的态势愈演愈烈，他们对于社区矫正存在质疑、抵触心理，通过越级上访、缠访闹访、网络谣言给社区矫正机构和工作人员施加压力，试图使其对自己的不合理、不合法需求妥协。如何减少此类情况，成为社区矫正工作急需解决的问题。

（七）立法清晰度、精准度不够

《社区矫正法》已经实施约两年，其内容规定较之前的《社区矫正实施办法》有很大进步，但仍有许多问题在理论与实践中有脱节之处。比如，在实践中，法律规定的较大宽泛性，使得社区矫正工作者很难把握好执法的"度"。而且边界不清晰，如对社区矫正对象请假外出时的监督和管理就是个问题。边界不清晰，往往就是一把双刃剑。在刑事执行过程中就会使随意与风险并存。越随意，承担的执法风险也就越大。又如，社区矫正机构并不享有强制执法的职权，需要借助其他机关的强制力来保障其职责的实现，这就会使社区矫正工作人员产生一种无力感、无助感，最终作出一些出格、变形的举动，使自己陷入风险之中。

二、社区矫正工作风险防范化解措施

在不断推进《社区矫正法》落实过程中，我们要根据社区矫正工作中的风险类别，以及分析出的深层次原因，有针对性地开展防范化解行动，将社区矫正工作的风险降到最低。从而促进社区矫正工作质量提升，更好地承担刑事执行责任。

（一）加强风险意识教育

培育社区矫正共同体意识，开展公、检、法、司多方培训，建立和完善刑事执行一体化。让刑事执行工作者同堂培训，逐步形成一个社区矫正共同体，逐步形成共同认识。避免各方因为认识不同而增加的执法风险，切实提高社区矫正执法人员的刑罚执行意识，培养其"法律至上"的法治意识和严格执法的工作态度，以"权力行使的合法性"和"法无明文授权即为禁止"的法治原则，约束手中的权力，着力解决不作为、乱作为等问题。组织社区矫正工作人员学习《刑法》等法律知识和发生在本工作领域的警示案例，分析案例风险因素，培养和强化其执法风险意识。防范社区矫正工作风险的根本策略是对照上述风险要素分析，在践行社区矫正规范化管理工作的同时，采取主客观方面的防控措施。

（二）强化依法规范监管

社区矫正工作是司法行政工作中风险最大的一项工作，为了防范工作中的风险，就必须从调查评估、接收、宣告、监管等各个环节和程序上严格依照《社区矫正法》规范执法。社区矫正中的每一个环节、每一项活动，都要在法律范围内运作，都要依照法律规定程序办理，确保社区矫正刑事执行依法有序进行。在监管过程中努力做到，每周一次电话，每月一次谈话记录、思想汇报、学习教育、社区服务，并且都要有记载、有轨迹。对表现好的社区矫正对象，该奖励的就奖励；对表现不好的社区矫正对象，该警告的就警告、该治安拘留就治安拘留、该收监就收监。有脱管、漏管的，要及时向公安和检察机关通报，切实履职尽责，防范自身陷入风险。

（三）加强工作队伍建设

根据2018年中央政法工作会议精神，假释人员的比例将逐步增加，今后一个时期，社区矫正对象数量的增多与执法人员数量严重不足的矛盾将进一步凸显。各级社区矫正机构应根据社区矫正工作的未来发展趋势和实际工作需要，切实加强社区矫正工作队伍建设，需要做好以下几个方面的工作。

（1）依照社区矫正法的规定，及时成立健全社区矫正委员会，充分发挥委员会平台作用，综合全社会力量形成合力，参与社区矫正工作。

（2）积极争取各级党委政府支持，增加社区矫正工作岗位编制。

（3）挖掘社区矫正机构内部潜力，尽量压缩机构内行政管理、后勤等岗位人员数量，将这些岗位编制调整到社区矫正工作执法岗位上。

（4）通过政府购买社会服务手段，将一些非执法性工作交由社工、志愿者等社会力量办理，让社区矫正工作人员有更多的时间、精力做好社区矫正执法工作。

（5）加大社区矫正工作培训力度，完善考核机制，提升社区矫正工作人员的业务能力。

（四）建立风险预警机制

各地司法行政机关要全面贯彻落实习近平总书记提出的对党忠诚、服务人民、执法公正、纪律严明"四句话十六字"总要求。结合近年来社区矫正领域渎职案件中的反面典型，在社区矫正执法队伍中进行警示教育，稳妥有序地巩固执法人员规避风险意识、坚持心理警戒红线思维。同时要求执法人员树立起社区矫正这一刑事执行活动的严肃性和权威性，坚决杜绝通过变造、伪造社区矫正对象的签到、请销假手续和思想汇报等应付督查，为社区矫正对象脱离监管提供方便等玩忽职守行为的发生，培养社区矫正工作人员对社区矫正对象接收、日常监管、考核奖惩、解除矫正等环节风险点的排查与掌控能力，提升按风险发生的概率和危害、损失程度对风险等级进行评估界定的能力，使其能够对本职岗位的工作职能、岗位职责、执法风险有清醒的认识，并结合日常工作提出有针对性的风险防控措施，增强风险预见性，掌握防范化解风险工作的主动性。

（五）完善执法监督机制

1. 建立过程监督、结果监督结合的全面监督机制

县级社区矫正机构应注重对社会调查评估、调查收集证据、日常监管、入（解）矫宣告等工作进行全程记录，留好证据备查。这样做一方面能约束社区矫正工作人员的行为，督促其规范执法；另一方面也能起到保护社区矫正工作人员的作用，为其免受无辜责任追究提供证据。在社会调查评估意见审议、奖惩评议等重大执法环节，应建立健全过程公开制度，邀请社区工作人员、检察机关工作人员等参与评议过程，并征求他们的意见。

2. 建立跟踪监督制度

对已经作出结论的事项，社区矫正机构负责人、检察机关应督促有关社区矫正工作人员及时执行、落实到位，防止在"最后一公里"出现问题。

3. 全面推行网上公开制度

除了未成年人社区矫正对象外，对其他社区矫正对象除了执法结果书面公开外，执法结果和执法过程还应通过多渠道、多形式进行公开，接受更大范围的监督。

（六）齐抓共管分配责任

社区矫正作为一项社区治理工作，涉及的部门众多，各部门均需要依法履行职责。通过多种途径，组织刑事执行工作人员认真学习《社区矫正法》《社区矫正法实施办法》的知识和发生在本工作领域的警示案例，分析案例风险因素，培养和强化执法风险意识。防范社区矫正工作风险的根本策略是对照上述风险要素分析，在践行社区矫正规范化管理工作的同时，采取主客观方面的防控措施。不能仅因社区矫正对象的特殊身份，就将与社区矫正对象有关的所有风险、责任均转嫁至执行机构。要依托目前的社区矫正委员会机制、借助检察机关的监督职责，督促社区矫正决定机关，公安部门、教育部门、民政部门等齐抓共管、共同参与，做好社区矫正工作。对各个部门在社区矫正工作中的履职不到位情况，要依法监督、严肃追责，合理分配社区矫正工作中的责任与风险，以此督促各参与部门依法履职，促进社区矫正工作有序衔接。

总而言之，社区矫正工作虽然风险点很多，且风险类型繁杂，但只要采取切实的风险防范化解措施，将风险关口前移，做到超前防控，并通过建立权力运行的内控机制，创新监督方式，形成合理有效的内控监督体系，将社区矫正执法风险控制在最低程度，社区矫正工作就一定能够取得应有的成绩，实现社区矫正工作的治理目标。

💡 思考题

1. 如何识别社区矫正工作中的风险？
2. 分析社区矫正工作风险原因。
3. 如何防范化解社区矫正工作风险？

💡 拓展练习

案例 1　某地司法所原所长黄某，2012 年 6 月至 2013 年 5 月间以向辖区华某等 23 名社区矫正对象收取保证金为由，共索取 6 万余元，且拒不认罪。法院在开庭时，共邀请了 7 名社区矫正对象到庭质证。2013 年 12 月，黄某被当地人民法院以受贿罪判处有期徒刑 3 年零 6 个月。

分析　本案中黄某，因司法所工作人员力量单薄，社区矫正人员数量较多，情况复杂，不好管理，黄某希望利用交纳保证金等方式加强管理；因司法所工作经费紧张，开展走访、调查等工作没有工作经费保障，协调各部门的配合较难；因现在人口流动性大，司法所没有很有效的制约机制。尽管原因可能很多，客观理由也可以找出许多条，但违反规定，触犯刑律，这些理由就都不是理由了。在化解矛盾和防范社区矫正工作风险时，黄某本人放松了学习，没有及时向上级领导汇报，连基本的程序都忘了，导致自己的行为触及了法律的底线。

案例 2　张某，案发前任 H 省 B 县某司法所所长，系国家公职人员。

2008 年 2 月 21 日，丁某因犯抢劫、强奸罪被 H 市中级人民法院判处无期徒刑后，在 H 省监狱服刑。2013 年 2 月 8 日，因病经 H 省监狱管理局批准，暂予监外执行。暂予监外执行期间，丁某按照规定在 H 省 B 县司法局某司法所接受社区矫正。司法所所长张某直接负责丁某的社区矫正工作。在此期间，张某工作严重不负责任，社区矫正宣告书、责任书均由他人代签，以致在为丁某确立矫正小组后未能落实监管责任，小组其他两名成员不知此事，矫正小组并未开展社区矫正工作。丁某服刑期间，张某未对其日常动态和现实表现进行有效的监督考察，默许丁某提前书写和提交本应每月当面书写的思想汇报。张某不认真履行自己的职责，入户走访流于形式，敲开门却不入户，走访时从未见过社区矫正对象，致使丁某在接受社区矫正期间完全脱管。2014 年 4 月 9 日至 5 月 2 日，丁某流窜至 H 市，多次实施抢劫、强奸、强制猥亵妇女等犯罪行为，造成恶劣社会影响。

2016 年 5 月 26 日，B 县人民法院依法判处张某犯玩忽职守罪，免予刑事处罚。

分析　从《社区矫正法》的相关规定可以看出，暂予监外执行罪犯除了从事与其就医密切相关的活动外，参加其他社会活动，应当从严控制。张某在对暂予监外执行罪犯丁某的监管过程中，未能落实工作责任，对待本应重点监管的丁某，主观认识出现偏差，没有足够重视，甚至出现主动帮助其逃避管理的行为。张某自身法治意识淡薄，对社区矫正工作的法律责任认识不足，是造成悲剧发生的主要原因。

在日常监管环节，被依法进行社区矫正的罪犯除了应当遵守定期报告遵纪守法、会客等一般性监督管理规定外，根据《暂予监外执行规定》第二十一条，社区矫正机构应当及时掌握暂予监外执行罪犯的身体状况以及疾病治疗等情况，每3个月审查保外就医罪犯的病情复查情况，并根据需要向批准、决定机构或者有关监狱、看守所反馈情况。作为司法所社区矫正工作负责人，张某没有定期检查、核查暂予监外执行人员丁某的思想动态和现实表现等情况，也没有定期与其就医医院沟通联系，及时掌握其身体状况及疾病治疗、复查结果等情况，并根据需要向有关人民法院或者监狱、看守所反馈情况，这是造成丁某逐渐脱管的原因。据丁某讲，"交的报告一共两本，中间都是连着的，肯定一次写了一本，一次写8至9个月的思想汇报，然后上交的"，对此张某没有及时阻止纠正，勒令其重写。另据丁某母亲讲，张某的走访"每次都没进屋在门口站着，问问她情况就走了，张某和丁某根本没见过面。丁某在住院期间，该司法所没人去医院看过"，这让本应务实的监管流于形式。

在处罚环节，按照规定，被暂予监外执行的社区矫正人员无正当理由不按时提交病情复查情况，或未经批准进行就医以外的社会活动，经教育仍不改正的，县级司法行政机关应当及时给予警告，符合收监条件的应当立即提请收监执行。丁某在没有履行请假程序的情况下，"一个人到H省了，呆了大概一个月的时间"，"司法所没有和他联系过"，可以说明张某对丁某外出的情况存在长时间不闻不问状态，未按规定对该违规行为进行查证处置，工作存在严重失职。最终，张某为自己的失职行为付出了代价。

启示思考

启示一：本案中社区矫正小组没有发挥应有作用值得大家深思。

在实践中，的确有一些地方的社区矫正小组没有能发挥出应有作用，社区矫正小组流于形式。司法所要特别注意督促保证人和社区矫正小组成员履行职责。

（1）除特殊情况外，在接收、宣告时，社区矫正工作人员应对保证人和社区矫正小组成员的身份进行核实，以确保能履行社区矫正小组的职责。例如，某地司法所在确定保证人时，由于没有对保证人身份进行仔细核查，将同居人员以夫妻身份加入社区矫正小组。两人分居后，社区矫正对象脱管失控，造成不良影响。

（2）在社区矫正宣告中，保证人和社区矫正小组成员应要求全部到场，在签订社区矫正小组成员责任书、保证书时要本人签字，增强其责任意识。

（3）司法所工作人员发现保证人不履行保证义务的或者不适合担任社区矫正小组成员的情形时，应及时提醒，言明责任，情节严重的，要取消其保证人资格进行调整更换。

启示二：对于病情严重，不适宜或不能够到司法所参加宣告的暂予监外执行人员的处理。

在日常管理中，存在暂予监外执行矫正对象由于身体原因，在交付接收时不适宜或不能够到司法所参加宣告，而是直接被送到医院、住所的情况。也存在部分暂予监外执行矫正对象因病情严重，不能言语或不能书写思想汇报，这些情况都给司法所社区矫正工作提出了难题。实务中，部分地方的做法可供参考。

一是做好日常记录,对病重暂予监外执行社区矫正对象应重点关心,不能书写思想汇报的,可由其家人代写(应注明"代写"及理由)并捺印确认。所有执法环节尽可能采取录音、录像等形式进行固定。在条件有限的情况下,社区矫正工作人员应树立自我保护意识,找相关证明人进行证明。

二是充分发挥社区矫正小组成员和保证人的监督作用。要求其监督暂予监外执行矫正对象遵守法律和有关监管规定,发现其违反监管规定的,应立即向司法行政机关社区矫正机构报告。要求其及时为暂予监外执行矫正对象的治疗、护理、复查以及正常生活提供必要条件和保障,督促和帮助暂予监外执行矫正对象按照规定到医院复查病情并向司法所报告有关情况。发现暂予监外执行情形消失或者暂予监外执行矫正对象死亡,应及时向司法所报告。

三是坚持入户走访。实地查看暂予监外执行罪犯的精神状态,询问、了解思想汇报内容与实际状态之间差距的原因,不让社区矫正对象存在侥幸思想,纠正其不良行为。

第十三章

社区矫正法律责任

　　社区矫正对象以及社区矫正机构是社区矫正法律关系的重要组成部分。社区矫正对象必须遵守社区矫正的监管规定，履行特定的义务，否则要承担特定形式的法律责任。与此同时，作为社区矫正执法者的社区矫正机构及其工作人员也必须履行相应的监管职责，这种监管职责是国家赋予社区矫正机构及其工作人员的法定权力。如果社区矫正机构工作人员消极履行职权，或者在行使职责和权力过程中存在贪污受贿或其他违法犯罪行为，则同样需要承担相应的特定法律责任。由于我们已经在其他章节讨论了社区矫正机构及其工作人员的职责与权力等问题，没有涉及社区矫正机构工作人员消极、懈怠行使职权的后果问题，因此，需要进一步讨论社区矫正机构及其工作人员不正确行使权力所需要承担何种形式的法律责任问题。在社区矫正制度构建和发展过程中，对社区矫正机构及其工作人员的法律责任形式、现状与发展方向等问题进行详细梳理和讨论，以促进社区矫正制度的良性运行和健康发展。

第一节　社区矫正机构工作人员法律责任与类型

一、社区矫正机构工作人员追责形式与内容

（一）社区矫正机构工作人员追责形式

《社区矫正法》的颁布实施，搭建起了轻重有序的刑罚执行体系，既对宽严相济刑事政策进一步贯彻，又适时地顺应了国际社会刑罚轻缓化的发展趋势。可以想象，管制、缓刑、假释、暂予监外执行的刑种和刑罚执行变更方式被更多地适用，更多的犯罪人员在社会上服刑成为必然。

在我国社区矫正实践中，针对社区矫正对象的具体刑事执行工作，绝大多数是由司法行政机关的基层派出机构司法所承担的，司法所大多按照副科级或股级行政级别进行设置，而从法律与实践情况看，承担社区矫正具体工作的社区矫正小组中的主要负责人绝大部分是司法所的主管负责人。因此，从司法所的机构设置性质以及具体执法人员的级别来看，承担社区矫正实际工作的主体属于国家机关工作人员没有什么法律上的争议。由于我国基层司法所的发展建设相对滞后，人员编制设置不科学、不合理，有一些司法所的负责人员仍属于事业编制，而根据我国法律的相关规定，事业编制的工作人员也属于国家工作人员。另外，实践中承担社区矫正具体工作的人员除了国家机关工作人员之外，往往还有一些通过政府聘用或通过政府购买服务的形式形成的专职司法社工。这些专职司法社工，根据司法所交派的任务开展工作。由此，对作为国家机关工作人员的司法所相关负责人员而言，承担法律责任的形式自然适用公务员的相关规定。具体而言，在行政性违规条例规定责任方面，可以适用行政监察处分措施；在党纪责任方面，可以适用纪律处分措施；在刑事责任方面，有可能涉及刑事犯罪中的贪污贿赂与渎职类犯罪。对于一些尚属于事业编制的司法所工作人员，根据《监察法》和《公职人员政务处分暂行规定》，可以适用政务处分。当然，随着我国监察体制的改革，对于属于国家机关工作人员的公务员、事业单位的国家工作人员或者专职司法社工而言，由于将行政处分纳入政务处分范畴之中，且国家将政务处分限定为凡是行使公权力的主体都能予以适用，因此将来统一适用政务处分的可能性会越来越大。

根据《监察法》和《公职人员政务处分暂行规定》，政务处分包括警告、记过、记大过、降级、撤职、开除等形式。政务处分决定是各级监察机关针对所有行使公权力的公职人员的，其中包括行政机关工作人员，法律、法规授权或者受国家机关依法委托管理公共事务的组织中从事公务的人员。

在基层司法行政机关，因绝大多数工作人员属于党内人员，根据《中国共产党纪律处分条例》《中国共产党党内监督条例》等党内法规，党纪处分的对象是违反党纪应当受到党纪责任追究的党组织和党员，也就是说，非党员的国家公职人员，不

能适用党纪处分。而对具有党员身份的公职人员，因其既属于党纪处分对象，又属于政务处分对象，存在同时被给予党纪处分和政务处分的情形。因此，司法战线的党员公职人员可能面临着双重处分的可能。

（二）追责的具体情形和内容

近年来，在各省市的社区矫正实践过程中，有些地区尝试制定本地区的社区矫正机构及其工作人员执法追责规范机制，细化了追责的基本内容和具体方式。如有些地区以地区级市委政法委的名义下发社区矫正执法过错责任追究办法，明确了需要追责的具体情形和内容：

（1）不按规定委托调查评估或交接执行不到位或裁判（决定）错误导致社区矫正对象漏管或再犯罪的；

（2）电子定位管理系统或社区矫正信息管理系统录入不按时、不正确、不规范的；

（3）调查评估不认真或教育监管不到位或工作不作为而导致社区矫正对象脱管或再犯罪的；

（4）经常出现电子定位异常情况或对异常情况不及时处理的；

（5）不及时向电信公司发送《取消社区矫正对象手机定位功能通知单》而造成社区矫正对象欠费停机而无法拆机的；

（6）迟报、错报、虚报、瞒报、拒报工作情况或统计报表而影响上级汇总上报的；

（7）违反社区矫正请批假制度，超权限、超范围、超时间为社区矫正对象批假的；

（8）不健全或不规范或伪造、编造、篡改社区矫正对象档案，情节较重的；

（9）对社区矫正对象提出反映的问题推诿、懈怠而不及时解答和处理，造成一定影响的；

（10）检查督导或法律监督不到位而导致社区矫正对象漏管或脱管或再犯罪的；

（11）对社区矫正出现的重大问题或案件上报不及时、应对处置不当而造成事态扩大化、影响很大的；

（12）对社区矫正对象不及时依法给予治安管理处罚而导致脱管或再犯罪的；

（13）不及时依法裁定撤销缓刑或假释或暂予监外执行而导致社区矫正对象在逃或下落不明或再犯罪的；

（14）不及时依法依规报批追逃手续或者不进行上网追逃被决定收监执行的社区矫正对象而导致其再次作案犯罪的；

（15）私自或捏造事实为社区矫正对象减刑或续保或收监执行的；

（16）包庇、袒护违法违纪社区矫正工作人员而不查处的；

（17）单位领导对社区矫正工作不重视、不上位、不支持导致执法过错的；

（18）虽然社区矫正执法过错轻微，却屡教不改的；

(19) 执法意识淡薄、制度流于形式、任务应付了事，导致社区矫正执法效果和社区矫正质量不高的。

此外，追责办法还对追责的法定依据、追责原则、追责的具体承担主体及过错承担、从重或从轻追责的情形以及追责程序等问题进行了详细的规定，同时，明确并创新了追责形式，将责任承担形式扩展为：书面检查；诫勉谈话；通报批评；停职反省；离岗培训；调离执法岗位；取消执法资格；予以辞退；行政处分（警告、记过、记大过、降级、撤职、开除）；构成犯罪的，移交司法（监察）机关依法追究刑事责任。社区矫正实践过程中出现的追责问题，值得我们高度重视。①

二、社区矫正机构工作人员法律责任的具体类型

社区矫正机构工作人员可能涉及刑事责任的问题，主要是涉及在履行职务期间的渎职犯罪、贪污贿赂犯罪以及其他一些需要特定身份的犯罪。具体而言有以下几类。

（一）玩忽职守罪

社区矫正机构工作人员懈怠于履行职责，对工作极端不负责任，造成公共财产、国家或人民利益遭受重大损失的，可能涉及玩忽职守罪。

（二）滥用职权罪

社区矫正机构工作人员意识到超越自己权限而履行职责，胡乱作为，可能构成滥用职权罪。

（三）贪污罪、受贿罪

社区矫正机构工作人员在履职过程中如果以各种名义将公款据为己有，则可能构成贪污罪；若在履职过程中收受社区矫正对象的各种财物或财产性利益，为社区矫正对象谋取不正当利益或进而徇私舞弊的，有可能构成受贿罪。

（四）非法拘禁罪、故意伤害罪乃至故意杀人罪

社区矫正机构工作人员若体罚、虐待社区矫正对象，或者违反法律规定限制或变相限制社区矫正对象人身自由的，这些行为严格来说与虐待被监管人罪在犯罪构成方面存在一定差异，即当前我国虐待被监管人罪的犯罪主体仅限于看守所、拘留所、监狱等监管机构的工作人员。根据罪刑法定原则，社区矫正机构工作人员很难纳入"监管机构工作人员"的范畴。因此，如果社区矫正机构工作人员实施了这些

---

① 王富忱，苏之彦，王雪静. 社区矫正的"承德模式"——河北省承德市全面推进社区矫正规范化建设 [J]. 人民法治，2016（12）：114-116.

行为，也只能按照刑法普通法条的规定进行处理，如可以考虑非法拘禁罪、故意伤害罪乃至故意杀人罪等罪名。

（五）报复陷害罪

如果社区矫正机构工作人员对依法申诉、控告或检举的社区矫正对象进行打击报复，则可能构成报复陷害罪。

（六）泄露国家秘密罪或侵犯公民个人信息罪

如果社区矫正机构工作人员在执法过程中涉及泄露社区矫正工作秘密或其他保密信息，则可能构成泄露国家秘密罪或侵犯公民个人信息罪。

《社区矫正法》第六十一条规定，社区矫正机构工作人员和其他国家工作人员有下列行为之一的，应当给予处分；构成犯罪的，依法追究刑事责任：

（1）利用职务或者工作便利索取、收受贿赂的；
（2）不履行法定职责的；
（3）体罚、虐待社区矫正对象，或者违反法律规定限制或者变相限制社区矫正对象的人身自由的；
（4）泄露社区矫正工作秘密或者其他依法应当保密的信息的；
（5）对依法申诉、控告或者检举的社区矫正对象进行打击报复的；
（6）有其他违纪违法行为的。

由此，社区矫正机构工作人员所可能承担的刑事责任的范围已经为立法所确定。

第二节　社区矫正机构工作人员法律责任的化解方向

一、社区矫正机构工作人员追责过程中的主要问题

前文对社区矫正机构工作人员法律责任的类型进行了简要梳理，可以看到，社区矫正机构工作人员的法律责任形式可以分为政务处分、党纪处分和刑事责任三类。从社区矫正基层实践来看，关于社区矫正机构工作人员承担包括刑事责任在内的法律责任的现状主要呈现以下特点。

（一）刑事处理较多

相比较而言，社区矫正机构工作人员承担政务处分或党纪处分的情形相对较少，承担刑事责任的情形相对较多。当然，社区矫正机构工作人员承担政务处分或党纪处分，可能往往并不公开，存在内部消化的问题。通过司法行政机关内部或监察机

关的简报或其他信息途径，我们也很少看到关于社区矫正机构工作人员政务处分或党纪处分的报道或个案。关于社区矫正机构工作人员承担刑事责任的案件，我们通过各种途径掌握较多，而且此类案件的推动力量主要来自同级检察院的法律监督。另外，在一些制定了社区矫正工作人员执法追责规范的地区，往往通过非刑事手段而被内部追责处理的工作人员也存在一定比例，平均每年7到8人不等，在这类地区却鲜有社区矫正工作人员被追究刑事责任的个案。当然，这种内部追责处理的后果往往仍然达不到行政处分的程度，却有效地促进了这些地区社区矫正执法的普遍规范化，在很大程度上降低了工作人员的刑事风险。

（二）追究环节和重点突出

社区矫正机构工作人员受到刑事责任追究，就所涉及的犯罪领域而言，大多属于玩忽职守、滥用职权、贪污受贿等常见的职务犯罪、渎职犯罪；就犯罪发生的环节而言，大多发生在调查评估、报到接收、日常监管以及考核奖惩等对工作程序要求较高和存在潜在利益交易可能性的重要环节；就犯罪主体而言，往往主要涉及社区矫正机构的负责人、社区矫正中心的负责人、司法所所长或分管社区矫正工作的副所长，也有负责乡镇和街道社区矫正工作的乡镇级政法委书记及其下属、临时抽调到社区矫正工作岗位的乡镇政府工作人员，还有个别政府购买服务的专职社区矫正社工。

（三）刑事责任追究，"法、检"两院分歧较大

社区矫正机构工作人员承担刑事责任特别是在玩忽职守罪领域呈现出公诉机关力主重判但法院往往轻判的现象。需要指出的是，在社区矫正机构工作人员因贪污受贿或涉及因为索贿而滥用职权的犯罪时，公诉机关和法院的态度并没有什么分歧，公诉机关的量刑建议和法院的实际判决结果都比较接近。在涉及社区矫正机构工作人员因玩忽职守罪而被追究刑事责任时，公诉机关往往要求重判，而且在绝大多数案件中将社区矫正机构工作人员先行羁押，但法院最后往往以"免予刑事处罚"或宣告缓刑结案。在我们所了解的近百个关于社区矫正机构工作人员玩忽职守罪的判决中，有近九成终审结果为"免予刑事处罚"，只有不到一成被判处缓刑，极其个别的被判处实刑，判刑也基本在一年半以内。另外值得注意的是，在这些判决书中还有数个无罪判决，与此同时，对于法院的一审判决，公诉机关抗诉率也相对较高。

（四）刑事责任追究高度重视刑事因果关系

社区矫正机构工作人员涉嫌玩忽职守罪的起因，绝大多数是由于社区矫正对象因监管不到位而再次实施了较为严重的犯罪，从而在本区域内造成了相对较大的不良社会影响，或是其犯罪行为较为严重、恶劣或对被害人造成较大经济利益损失。在社区矫正对象再犯罪案件发生后，检察机关在行使法律监督职权过程中通过倒查社区矫正机构工作，从而启动对相关工作人员的刑事追究程序。这就意味着，社区矫正机构工作人员的履职和监管工作存在不规范或失职情形，与社区矫正对象再次

犯罪所造成的严重后果之间的因果关系判定，就演变为是否对社区矫正机构工作人员以玩忽职守罪定罪处罚的关键问题。然而，这一问题不仅在我国当前刑事司法实践部门诸如检察院和法院之间、不同地区的法院之间甚至同一法院的不同法官之间都存在争议，而且在刑法理论界也远未达成一致意见。

二、社区矫正机构工作人员法律责任的化解方向

在对当前我国社区矫正机构工作人员承担法律责任的现状特别是承担刑事责任的主要特点和问题进行分析之后，我们需要思考的是，社区矫正是中国刑事执行的重要的制度创新，而且它对于社会多元共治以及国家治理体系现代化的推进具有重要意义。在如此重要的制度推行和执法实践过程中，我们急需建立有效的制度预防机制，从而最大限度地避免社区矫正机构工作人员被追究刑事责任。

（一）制定追责细则化解风险

各地结合本地实际情况，制定各具特色的社区矫正机构工作人员执法追责细则，发挥追责细则对工作人员执法合法性和规范性的指导、约束和预防作用，以机构内部的有效约束和监督机制防微杜渐，有效规避执法的重大风险。避免社区矫正机构工作人员触犯刑事责任，应当是社区矫正机构乃至司法行政机关在执法过程中需要着重考虑的重大问题。在一些地区，有些司法行政机关由于考虑到自身在国家权力体系中的相对弱势的地位，便让当地政法委出面与检察机关和法院等司法机关协调，之后以政法委的名义共同下发社区矫正执法追责的实施细则，尽最大可能提升实施细则的执行力和操作性。实践表明，必须承认的是，社区矫正执法在司法所中是一项崭新的实实在在的"业务"，与司法所已有的其他工作职能而言，更加具有"含金量"、权力感和吸引力。正因如此，社区矫正执法确实有一些中间环节容易引起权力寻租和利益交换。为此，在社区矫正执法过程中明确社区矫正执法人员追责的具体情形实有必要。制定追责细则，重在为社区矫正机构工作人员日常执法行为"提醒""打预防针"，提高执法人员的注意力，使其保持谨慎的工作态度，进而确保执法的公正和规范水平。追责细则注重日常执法小事的监督管理和违规预防，应当说这是一种非常有现实意义的做法。只有社区矫正执法工作平时细致认真而不犯小错，才不至于丧失警惕违反《刑法》酿成大错，从而达到防微杜渐的效果。同时，追责规则往往是内部处理规则，而且在实践中很多都并非严厉的处罚性规则，也就是说追责主要是针对较轻的违规行为进行的。这种处理结果在很多场合下并不会对社区矫正机构工作人员的晋升和实际工作造成重大影响，因此也不会导致他们的强烈抵触心理。可以看到，尝试通过追责细则来规范社区矫正执法工作的做法，在一定程度上确实能够避免社区矫正机构工作人员触犯玩忽职守罪等，并且起到了较好的预防效果。应该说，制定追责细则的办法，本身就是法治化监督的思维方式的体现，值得推广。

（二）建立创新容错纠错机制

在建立有效的追责细则的同时，应当积极建立并推广具有可操作性的改革创新性容错机制，从而免除基层社区矫正机构工作人员的最大后顾之忧，激励基层工作人员"真干事""敢干事"，勇于创新。党的十九大报告明确提出了建立激励机制和容错纠错机制，2018年，中共中央办公厅颁布了《关于进一步激励广大干部新时代新担当新作为的意见》，为容错机制的建立提供了政策性和原则性根据。不可否认的是，当前基层社区矫正机构工作人员确实面临着待遇较低、晋升渠道狭窄、工作任务过于繁重、考核压力过大的问题。即便在这种情况下，很多基层工作人员仍然为社区矫正事业依靠情怀在奉献。我们了解到，基层工作人员最大的担心就是"一旦真干事真创新其他部门就马上监督"，"一旦有些差错，马上追责"，"即便不出错，监督部门过来，只要他们看不上、不喜欢，我们的领导也就往往顶不住压力，可能就把创新叫停，觉得多一事不如少一事，但实际上，这些创新工作比较专业，监督部门可能真的不懂"。诸如此类，不一而足。事实上，社区矫正对于绝大多数基层工作人员来说，是一种没有现成经验的先行先试的创新性工作，完全符合党中央提出的可以适用容错机制的工作领域。

（三）注重容错纠错细节问题

对于社区矫正工作领域容错机制的建立，应当注意以下几点。

1. 必须明确界定容错的界限

可以通过制定容错清单，准确确定容错范围。容错之"错"是指干部在改革创新、干事创业中由于主观上的过失导致工作不能达到预期甚至造成一定损失，其与违法违纪行为有着本质的区别。比如，社区矫正机构工作人员实施创新教育矫正项目但没有达到预期的积极效果，或者由于资源配备不全导致项目失败，社区矫正机构工作人员由于执法条件和资源的限制无法有效及时实现对社区矫正对象的及时核查监管，等等。

2. 要注意作出容错决定主体的问题

在社区矫正工作领域，容错机制的主体应当涵盖政法委、司法行政、检察院、法院、组织、审计等部门，而且社区矫正工作专业性较强，因此需要考虑保留引入专业人士参与评判的制度空间；同时，积极推进包括容错机制的实施细则、工作程序、责任清单、考核评价等在内的制度体系建设，形成涵盖申请、核实、认定和报备全部流程的容错机制程序体系。

3. 实现容错、纠错和防错的有效衔接

纠错是当偏差、失误初显时通过相应的方法避免错误扩大而造成更大的损失，但这并不意味着要终止探索、终止对干部追究责任。在纠错过程中，对于探索性失

误、创新性失误、改革性失误要区别对待,通过监督纠错、整改纠错等多种方式精准纠错。在容错、纠错的基础上要形成经验从而建立起防错机制,这样才能最大限度地减少错误的可能性。在社区矫正工作中适用容错机制,有助于真正激发广大社区矫正机构工作人员的工作热情,从制度和规则上真正保护他们的合法利益,提高工作积极性。

4. 加强学习和研究

应当切实加强对社区矫正机构工作人员对于工作中所要承担刑事责任的具体情形研究;还要切实加强社区矫正机构工作人员所涉及的刑法理论的学习和研究。除了由于社区矫正机构工作自身原因而牵涉到贪污、受贿或因索贿而滥用职权等犯罪类型之外,当前对以玩忽职守罪追究社区矫正工作人员刑事责任的案件呈高发态势。因此,有必要对这一现象及其背后的问题进行深度的学术探讨。从社区矫正实践来看,社区矫正机构工作人员的具体工作可以分为以下类型。

第一类是一般行政性的程序工作,如成立矫正小组、制定矫正方案、组织社区矫正对象公益活动(服务)、了解和掌握社区矫正对象的思想状态和现实表现,以及社区矫正对象各种报表的登记注册、签名存档等。

第二类是专门的心理教育、矫正帮扶工作。

第三类是社区矫正对象的行为约束和监管工作。

应该说,对于一般行政性的程序类工作,如果社区矫正机构工作人员在此类工作中存在疏漏或过错,常见的如表格不全、社区矫正对象未签字而由他人代签等等,此类过错从性质和程度上来看属于一般过错,根本不应当被评价为玩忽职守罪中的"履行职责中的严重不负责、不履行职责或不正确履行职责"。如果社区矫正机构工作人员仅存在此类过错,那么社区矫正对象即便再次实施严重犯罪并造成较大的损失,也不应当让社区矫正机构工作人员承担刑事责任。因为社区矫正机构工作人员的这种过错和违规,并没有增加"社区矫正对象再犯罪并造成重大损失"这一风险,而这一风险是由社区矫正对象实施的性质更为严重的犯罪行为所直接造成的,因此排除对社区矫正对象的归责。另外,有些具体的行政性工作,在我国社区矫正基层实践中确实存在着实现障碍。如定期到社区矫正对象的家庭、学校或社区走访,有些地区为了避免暴露社区矫正对象而使其受到歧视,明确不允许一线工作人员过多地去定期走访。对于专门的心理教育、矫正帮扶类工作,如果社区矫正机构工作人员存在过错,也应当排除归责。应当说这种工作过程中并没有创设风险,因为社区矫正机构工作人员所进行的是善意行为,目的本身就是降低社区矫正对象的人身危险性和再犯可能性,这一善行即便有些过失,也不可能在刑法理论上创设危险。就行为约束和监管工作而言,它恰恰是社区矫正基层实践中出问题最多的工作类型。我们看到绝大部分刑事案例也主要发生在这一工作领域。由于社区矫正机构工作人员疏于监管,如不认真做调查评估、不认真监管核查罪犯动向、应当提请治安处罚而没有提请、应当提请收监执行而没有收监等等,导致社区矫正对象人身危险性或再犯可能性没有得到降低反而进一步增长,严重脱管并再次严重犯罪,造成巨大损失。应当说,在这种情况下,社区矫正机构工作人员的不履职行为确实是创设并提高了刑法性风险，应当适当承担责任。我们看到，各地法院也基本上是按照这一方向进行裁判的，而且大多对社区矫正机构工作人员免予刑事处罚，从而保住其基本工作和待遇而不至于承担双开的严厉后果。①

总之，对于社区矫正机构工作人员存在过错而导致社区矫正对象再次犯罪并造成严重后果是否追究刑事责任的问题，司法机关应当谨慎入罪。首先，要把因为客观技术条件等方面的因素造成的社区矫正事故，排除在对社区矫正机构工作人员追责的范围之外。不能仅仅因为社区矫正工作存在过错而社区矫正对象再犯罪并造成严重后果就一概追究刑事责任，而应当将追究责任的范围限定在社区矫正机构工作人员的行为约束和监管工作存在严重失误的情形内，并且要对社区矫正机构工作人员"玩忽职守行为"与社区矫正对象"再犯罪所导致的严重后果"之间的具体因果关系进行分析，结合社区矫正机构工作人员不履职的具体情况、社区矫正对象再犯罪类型、再犯罪主观心态及其脱管状态等要素进行事实性判断，在此基础上着重对是否创设和实现了刑法性风险问题进行规范性判断，从而进一步限制对社区矫正机构工作人员入罪的可能，切实充分有效地保护社区矫正机构工作人员的合法利益。

思考题

1. 社区矫正机构工作人员法律责任类型有哪些？
2. 社区矫正机构工作人员被追责内容有哪些？
3. 社区矫正机构工作人员法律责任的化解方法有哪些？

拓展练习

  某地司法所所长林某，对被假释的社区矫正对象关某不管、不问，致使关某脱管，在脱管长达1年零2个月时间里没有向上级管理部门报告。关某在脱管期间，犯抢劫、强奸案3起，并杀害妇女1人，犯罪情节及后果特别严重。2014年7月，林某被人民法院以玩忽职守罪判处有期徒刑4年。

点评　社区矫正对象关某，脱管长达1年零2个月。司法所所长林某，居然不报告。对于没有上报关某一事，林某有不可推卸的法律责任。关某在外服刑期间又犯罪，法律责任该如何追究？给司法所造成的恶劣影响怎么挽回？

---

① 周倩.社区矫正人员重新犯罪就必须追究工作人员的刑责？[J].民主与法制，2018(38)：58-59.

第十四章

社区矫正法律监督

社区矫正法律监督，是检察机关对社区矫正实施过程中是否存在违法行为进行的专门性监督。科学的社区矫正法律监督制度顺应司法体制改革的要求，能够确保社区矫正工作在公开公正、透明规范的环境下顺利展开，并且有利于协调各部门之间的关系，规范执法主体的执法活动，对社区矫正对象的合法权益起到良好的保障作用。对社区矫正工作开展法律监督是检察机关的一项重要职能，在《社区矫正法》颁布实施后，如何更好地发挥检察机关的法律监督作用；如何构建和完善法律监督实践中缺失的内在结构；如何更好地保障人权；如何尽快适应新形势对社区矫正法律监督工作的要求，确保国家检察机关在刑事执行过程中公平公正等问题，需要进一步研究。

第一节　社区矫正法律监督的问题

人民检察院依法行使法律监督，特别是对国家机关及其工作人员适用法律的活动进行法律监督，主要是依据《社区矫正法》《监察法》的相关规定。法律监督既能避免和减少执法、司法实践中存在的无序性、随意性等问题，又能够使违法犯罪分子依法受到追究和制裁，保障社区矫正对象的合法权益不受侵犯，更有利于解决各相关职能部门之间对社区矫正对象动态信息的共享问题。同时，也充分体现了立法机关对检察机关多年来社区矫正法律监督工作的肯定。这对于确保准确及时惩罚犯罪、尊重和保障人权、推进司法改革无疑有积极的推动作用。

一、社区矫正法律监督的现状

（一）社区矫正法律监督的含义

从法理意义上讲，法律监督有广义与狭义之分。

广义的法律监督是指国家机关、有关组织和人民群众对法律实施活动的合法性与正当性所进行的监察和督促，以监督主体的权力有无为标准。广义的法律监督包括国家机关监督和社会群众监督两大类。国家机关监督包括人大监督、行政监督、检察监督和司法监督等；社会群众监督包括社会组织监督、舆论监督和群众监督等。狭义上的法律监督是指国家专门机关对法律实施活动的合法性与正当性所进行的监察和督促，根据我国《宪法》的相关规定，人民检察院是我国专门的法律监督机关，因此狭义上的法律监督专指检察院的法律监督。[1]

狭义上的社区矫正法律监督，顾名思义，即检察机关对社区矫正机构所进行的社区矫正执法活动的合法性与正当性进行的专门监察和督促。从我国当前社区矫正实践来看，社区矫正法律监督较之检察院对其他机关的法律监督情况，呈现出一定的独特性。

（二）我国社区矫正法律监督的特点

1. 社区矫正法律监督涉及面广，工作任务重

社区矫正法律监督所涉及的监督对象相对较多，检察机关并非仅对社区矫正机构进行监督就可以完成监督职责。由于社区矫正执法工作从开始到结束涉及不同国家机关之间的协调、配合和衔接，因此存在多个不同的阶段，而在不同的阶段，执

---

[1] 赵秉志. 社区矫正法（专家建议稿）[M]. 北京：中国法制出版社，2013.

法主体也存在一定差异。首先是交付阶段，所涉及的被监督对象包括作出判处管制、宣告缓刑、裁定假释以及决定暂予监外执行决定的审判机关人民法院；需要向社区矫正机构交付执行暂予监外执行犯、缓刑犯或假释犯的监狱、看守所；接收上述社区矫正对象的社区矫正机构。其次是执行和执行变更阶段，涉及的被监督的社区矫正对象以及社区矫正机构和司法所，提请治安管理处罚、减刑或提请撤销缓刑、假释或暂予监外执行的社区矫正机构，裁定撤销缓刑、假释的审判机关、负责收监执行的监狱、看守所等。最后是执行完成阶段，涉及被监督的机关有宣布解除矫正的社区矫正机构。

2. 社区矫正法律监督的不完整性

由于社区矫正法律监督涉及不同的国家机关和部门，而且社区矫正对象分布于不同社区相对分散，往往还有一定的流动性，加之我国社区矫正在全国推行时间并不长，关于检察机关如何全面实现对社区矫正机构监督的研究和实践以及相应的法律法规还有待深入和加强，因此，当下实际上关于社区矫正法律监督就存在着不完整性，而这种不完整性最终导致检察机关监督的效果并不十分理想。

3. 对社区矫正的专门法律监督更有现实性和必要性

其一，加强和完善社区矫正法律监督，有助于提高社区矫正执法的规范性、严肃性和权威性。由于社区矫正执法是一项涉及国家刑事执行权力的专业性的执行活动，而凡是涉及国家权力动用之处，如果没有监督和约束，就容易产生腐败。[①] 加之我国社区矫正执法在全国实践时间短，一些地区的具体工作存在敷衍塞责、形式主义、缺乏严肃性或专业性等诸多不规范之处，因此从权力的分工制约角度来看，对社区矫正机构进行专门的法律监督符合客观现实需要。其二，加强和完善社区矫正法律监督，是检察院全面履行法律监督职能、维护社区矫正对象合法权益的重要工作体现。社区矫正与监狱行刑一样，都属于严肃的国家刑事执行权力的运用，总是或多或少会和执行对象即罪犯产生一定的利益或立场上的冲突或矛盾。然而，尊重和维护罪犯的基本人权，又是宪法和法律的重要要求。为了避免社区矫正执法过程中权力的异化或滥用，督促社区矫正机构正确履行职责，保障社区矫正对象在接受矫正过程中享有辩护、申诉、控告、检举揭发等基本权利，检察机关的专门法律监督是非常必要的。

4. 社区矫正法律监督具有合法性和法定性

社区矫正法律监督也是经过不断摸索和完善的。我国自社区矫正工作试点以来，由于在很长一段时间内没有明确的法律规定，因此，社区矫正的专门法律监督机关基本上是依据《宪法》、《人民检察院组织法》和《刑事诉讼法》的相关规定，参照刑罚执行监督的具体法律规定和实施细则而摸索确定的。我国《宪法》明确规定，

---

① 刘强. 社区矫正制度研究 [M]. 北京：法律出版社，2007.

人民检察院是国家法律监督机关。同时,《人民检察院组织法》和《刑事诉讼法》也明确细化了人民检察院的法律监督职责,即人民法院对刑事案件的判决、裁定执行和监狱、看守所的活动的合法性进行监督。此后,在《社区矫正法实施办法》等出台之后,基本上形成了以检察机关作为专门的社区矫正法律监督机关的组织结构和制度体系。

就监督对象而言,检察机关对社区矫正的法律监督,从执法的交付开始到日常监管或变更执行,再到解除矫正,所涉及的全部司法和执法活动主体,都应当纳入检察机关监督的范围,具体包括审判机关、监狱、看守所、社区矫正机构及其司法所。

就监督内容而言,根据《刑事诉讼法》以及最高检《关于在社区矫正试点工作中加强法律监督的通知》和《人民检察院监外执行检察办法》的具体规定,如前文所述。

就监督方式而言,纠正违法是我国法律规定的人民检察院行使法律监督权的基本方式。我国《刑事诉讼法》第二百七十六条规定,人民检察院对执行机关执行刑罚的活动是否合法实行监督。如果发现有违法的情况,应当通知执行机关纠正。在这一规定的基础上,检察机关尝试了一些更为具体化的监督方式。例如,2005年9月,最高检办公厅转发了监所检察厅《关于加强监外执行检察工作的意见》,进一步明确了对监外执行工作要采用日常检察和定期检察相结合的工作制度,并要求各县市检察院每年至少开展两次监外执行专项检察。2008年3月,最高检发布了《人民检察院监外执行检察办法》,提出了定期检察与不定期检察、全面检察与重点检察以及会同其他部门联合检察的工作方式。2009年6月,中央综治办、最高法、最高检、公安部、司法部联合发布《关于加强和规范监外执行工作的意见》,除了对定期检察和不定期检察相结合的工作方式予以确认之外,明确提出了纠正违法情况的具体方式,即发出《纠正违法通知书》《检察建议书》或者提出口头纠正意见,并明确对纠正意见、检察建议有异议的,实行复议和复核程序。简而言之,当前我国社区矫正检察监督基本上是按照检察院监外执行的具体操作细则而展开的,即主要是采用定期检察和不定期检察以及会同有关部门进行社区矫正执法专项检察,同时采纳了监外执行工作中实行的对纠正意见、检察建议有异议的复议和复核程序,从而将监督的必要实体内容和必要程序予以统一,确保法律监督的公正性、有效性和可执行性。

检察机关作为我国社区矫正法律监督的专门机关,在《社区矫正法》第六十二条中进一步予以法律确认,并进一步延续了纠正意见或检察建议的监督方式,并规定:有关单位应当将采纳纠正意见、检察建议的情况书面回复人民检察院,没有采纳的应当说明理由。

二、社区矫正法律监督的主要问题

前文通过梳理社区矫正法律监督的制度依据和运行现状,可以看到,当前的社区矫正法律监督仍然存在着一些较为明显的问题。

（一）社区矫正法律监督的制度规范缺位及监督的刚性不足

检察机关当前对社区矫正开展的法律监督工作，基本上是参照监外执行检察的相关实施细则进行的，而社区矫正执法工作需要监督之处，远比监外执行检察工作要多，任务更重。所以要正确理解社区矫正法律监督，检察机关依法对社区矫正工作中发现的违反法律规定的问题依法提出纠正意见以及检察建议，填补社区矫正工作中的制度漏洞、纠正错误，促进社区矫正执法规范化，维护司法公正，预防和减少违法犯罪，保障法律统一和正确实施。检察机关行使法律监督权要严格依法行使。

当前，检察机关对社区矫正开展的法律监督工作基本上限于违法纠正意见以及检察建议书两种方式。在实践中往往是检察机关对出现的违法情形大都只能以给予口头纠正意见、制发《纠正违法通知书》或者《检察建议书》等形式行使监督权，这种形式的纠错不一定被对方接受或采纳，导致检察纠正权和督促权不被重视。被监督机关有时收到《纠正违法通知书》和《检察建议书》，往往置之不理，毫无反应。因为这些措施不具有强制力，被监督单位执行、整改与否取决于被监督单位的态度，刚性明显不足。基层检察院不得已只好向上级检察机关报告，再由上级检察机关向同级被监督机关提出。其实这只把问题抛给了上级部门来处理，转来转去的结果是问题并不一定能解决，导致法律监督质效不明显。虽然《社区矫正法》明确规定了纠正违法的意见和检察建议书两种监督方式，并且要求被监督机关必须将是否采纳纠正违法的意见或检察建议书的情况回复检察机关，如果不采纳，需要说明理由。但是，《社区矫正法》的这一规定，仍然没有明确被监督机关不回复的法律责任，以及虽然回复但是拒绝执行且拒绝的理由存在问题时，检察机关如何进一步实现监督的问题。

（二）社区矫正法律监督的理念认识存在偏差

长期以来，社区矫正法律监督工作往往更侧重于对监管活动的监督，而对教育矫正和帮扶等活动关注度不够。之所以如此，原因主要在于有部分社区矫正机构工作人员简单地认为，保证不出问题、不脱管、不漏管就是守住了职责底线，而积极推动社区矫正对象的教育帮扶工作，实现个别化教育矫正，所要面临的难度大、问题多，而且在短时期很难见效。还有部分检察人员对社区矫正监督认识不足、定位存在偏差，总认为这项工作总目标为管理好矫正对象，工作难度大，各部门工作上都很艰难。为了不与各参与管理部门在脸面上过不去，检察官便将自己的身份定位为社区矫正工作的参与者，这样极易造成法律监督不到位。当然，还有部分检察机关习惯于传统的监外执行检察工作模式，只注重政治维稳、不出乱子，甚至有些把"不出事"作为法律检察监督工作的硬任务来对待，却忽视了社区矫正不仅具有惩治惩罚功能，还有通过教育矫正、帮困辅助，实现罪犯顺利回归融入社会的功能。还有部分检察院对社区矫正监督职责认识不清，甚至缺乏应有的责任意识，越俎代庖，直接参与到社区矫正的教育矫正过程中。有的则认为"法律监督就是只要处理个别社区矫正机构工作人员而已"，有的则对社区矫正这种新生事物并不了解，仍然对罪犯在社区中进行矫正难以理解，对于社区矫正工作性质以及意义本身存在认知偏见。因此，对社区矫正法律监督的偏见就更加严重了。这些都明显表现出对社区矫正这一新型刑事执行方式的理解不到位，缺乏监督管理的创新意识，缺乏针对社区矫正切实有效的监督模式探索。因此出现检察监督措施跟不上新形势，监督乏力。

（三）社区矫正法律监督管理措施不完善

当前社区矫正检察监督并没有明确的、系统的、完整的规范性工作细则。基层检察院对社区矫正检察监督也并未十分重视和投入，因而没有设置社区矫正检察室，对社区矫正机构工作人员的法律监督重视程度不够，履职不到位。例如：对于脱管、漏管等情形疏于监督，以致社区矫正对象得到司法奖励的条件过于宽松，影响到社区矫正执法的权威性；对于社区矫正对象发生严重再犯的情况不深入调查，对于社区矫正机构工作人员可能存在的疏忽或渎职行为，懈怠行使法律监督权。此外，基层检察院对社区矫正机构的法律监督职责并没有制度化和常态化。同时，这样的检查监督流于形式，难以了解社区矫正工作中存在的问题。

（四）社区矫正法律监督保障不到位

部分基层检察院的确缺乏行使社区矫正法律监督权的物质、人员以及制度保障等基本条件，这是基层社区矫正法律监督难以落到实处的重要因素。我们发现，在很长一段时间里，实际上驻看守所或监狱检察室只是检察系统内的常规部门，检察院的精干力量不会派驻出去，派驻的大多是能力一般的等待退休的老检察工作者。当前，虽然最高检已经将监所检察厅改名为刑事执行检察厅，但是，地方上不少基层检察院仍然没有设立相应的部门，有的即便设立了，也是"一块牌子、一个人"，把刑事执行工作放在侦查监督、公诉、行政公益检察大部头重要业务部门之外的某一检察业务部门，让一两名检察官来兼任这项工作，从而导致检察人员根本没有足够的时间和精力深入开展社区矫正法律监督工作，只能是进行一些形式或表面上的应付工作。这种实际情况，在一定程度上使得社区矫正法律监督处于无人监管的状态。受检察官人数的限制，检察机关内部对这一部门的物质和经费投入也相对较低。实际上，基层检察院一个或两个兼任刑事执行的检察人员，也确实难以承担定期全面检察社区矫正机构、法院和司法行政机关的工作重任。也有些地方虽然人数不少，但大多是准备退休的老同志，让其在全县、市范围内承担如此繁重的工作，也不太现实。一些检察人员对《社区矫正法》以及近年的新规定并不熟悉，甚至根本不理解，这也在一定程度上制约着社区矫正法律监督的水平和实际效果。

（五）社区矫正法律监督工作模式有待完善

检察机关当前对社区矫正开展的法律监督侧重于定期或不定期的巡回检察，如每隔一段时间开展一次社区矫正工作检察，检察内容大都是监督检察公益劳动、心理矫正、教育培训等。这种检察监督，接触面小，获取信息渠道窄，难以发现深层次的问题。尤其是在矫正教育方面的问题，外在表现不明显，具有很大的滞后性和隐蔽性，很难通过一般的监督方式发现。另外，闭门监督、坐堂办案的检察监督方式也局限了社区矫正检察监督的视野。例如，在实际工作中，社区矫正措施是否越界，怎样判定越界的程度，目前都没有一个标准界定，给检察监督判定带来了难度。再如，公益劳动，如何界定劳动有没有公益性？社区矫正对象外出请假，如何界定请假事因是否符合规定？外出途中越界的空间责任如何划分？

（六）社区矫正法律监督工作方法过于简单

由于社区矫正对象在基层人数多、分布广，加之各基层检察院人力、装备保障有限，法律检察监督主要集中在司法行政机关（社区矫正局或司法所）的教育矫正和监督管理环节。检察监督方法为定期或不定期到社区矫正机构进行巡回检察，且检察手段多为实地走访查看，与有关人员谈话。如果要检察法律文书相关内容，只有等法院判决执行通知送达或外地有关部门邮寄告知才能进行，这些方式方法致使法律监督工作很难深入开展，且明显存在时间上的滞后性和形式上的空泛性，监督效果不佳。

（七）社区矫正法律监督因信息不畅带来滞后性

当前公检法司各部门信息沟通不畅，检察机关的法律监督工作受到了很大的限制，往往发生"人到文书未到"或"文书到人未到"，造成"脱管""漏管"等情形。线索发现过于"后知后觉"，监督过于"被动"和"乏力"。

（八）在收监执行监督上欠缺主动性

暂予监外执行没有次数限制，这对于被判处实刑的罪犯（尤其是刑期长的罪犯）来说是个巨大的诱惑。实践中存在少数保外就医的罪犯逃避收监执行刑罚的情况，比较突出的就是在保外就医期间拒绝治疗、消极治疗或者反复怀孕等。当前检察机关在社区矫正刑罚变更执行同步检察中，大多依靠司法行政机关主动提请收监并征求检察机关意见，而少有检察机关主动发现并建议司法行政机关提请收监的案件。

（九）社区矫正法律监督工作队伍素质参差不齐

基层检察院刑事执行检察部门长期存在人少事多、人员配置不足问题，更有甚者无对应职能部门。相关职能部门长期被边缘化，人员老龄化，素质参差不齐，又承担着社区矫正检察、看守所检察等多项工作。这些工作任务千头万绪，工作实施起来点多、线长。现有检察人员数量、年龄结构、专业结构状况不能完全承担和胜任繁重而忙碌的检察业务。《社区矫正法》颁布实施后，对检察监督要求更高且业务倍增，使得原本就人员不足、业务素质参差不齐的社区矫正检察监督工作愈发显得捉襟见肘，难以充分发挥对社区矫正的法律监督作用。而检察监督队伍人员的数量和个人素养又不可能一步到位，这些问题都导致检察监督工作推进缓慢与滞后。

第二节 社区矫正法律监督的对策措施与发展方向

一、社区矫正法律监督的对策措施

（一）转变理念，重视帮扶与人权保障方面的检察监督

应当站在维护国家总体安全、社会秩序安全稳定的高度，站在讲政治、讲大局的高度，从相互制约、相互监督、分工合作的初心出发，在监管改造、教育帮扶社区矫正对象方面，以正确的监督理念转变带动社区矫正检察监督实践的改变，推动社区矫正检察监督工作更加符合制度设计的原始内涵，真正实现刑事执行法律监督的目的。在监督过程中，不仅要重视监管、改造监督、教育矫正监督、重要节点监督，更要重视对社区矫正对象的帮扶环节的监督，使改造与监督形成合力，共同促进社区矫正对象真正积极改造，融入社会。

同时，为了加强人权司法监督，要从促进人的发展角度和社会安全的高度去思考和推动人权司法保障监督，让社区矫正对象真正感受到法律、秩序带来的尊严和价值，坚决纠正侵犯社区矫正对象合法权益的行为。比如，针对外出请假制度执行情况，可提出监督建议，允许符合条件的外地籍社区矫正对象在传统节假日期间外出探亲，并逐步探索请假奖励制度，切实使检察监督深入到社区矫正的各个细节、环节当中去。

（二）加强协调配合，提升检察监督效能

加强各部门间协调配合，引入现代科技，发挥大数据及智慧矫正平台优势，实现社区矫正工作与检察监督无缝对接。例如，为了进一步加强相关部门之间的沟通协调，可以在公、检、法、司之间建立专职接送制度，由专门人员对社区矫正人员的移交进行接送。在专职接送过程中，负责移送的部门应保证将相关社区矫正对象及其档案材料完整无误地移交给负责接收的部门。同时，负责接收的部门要及时把信息收集、整理、统计等工作做好，从而实现公、检、法、司四机关的无缝对接，形成社区矫正法律监督合力。又如，检察机关可以联合其他相关部门开展纠正监外执行罪犯脱管、漏管等专项检查活动，集中解决、处理法律监督工作中存在的突出问题，需要加强内部监督力量的优化整合，提升监督效能。公、检、法、司等同级相关部门还可以通过联合发文的形式，对诸如此类的专项检查如何具体操作进行明确规定。也可以通过建立联合检查、联席会议、情况通报等制度，达到检察机关对活动动态监督效果。总之，检察机关在与相关部门做好协调配合的同时，更应注重合作发力，发挥出法律监督的职能威力。

(三)加强监管信息平台建设,增强监督有效性

实现社区矫正的动态化监督,建立全国或省、市、县统一的社区矫正大数据平台,将社区矫正各个环节均纳入平台,明确各参与矫正机关间的职责分工和权限衔接。建立社区矫正信息网络平台,明确将矫正罪犯案件信息、人员信息管理、入矫评估、交接报到、文书移交、日常管理、居住地变更、奖惩、收监、矫正解除、重新犯罪和检察监督情况变更和跟踪记录等纳入平台,实现社区矫正的动态化监督。

在检察监督中,检察机关要利用大数据时代信息技术,做好对社区矫正对象的数字化、信息化、网格化管理。建立社区矫正工作人员微信群、钉钉群、QQ群等,实现司法行政机关社区矫正机构工作人员和检察机关社区矫正法律监督人员信息交流、互动,增强法律监督工作的有效性。检察机关要充分利用矫正人员信息系统,利用配发给社区矫正对象的安有GPS功能的手机、智能手环等,通过定位掌握和监督其跟踪信息,从而疏通拓展检察机关社区矫正法律同步监督途径,提高同步发现矫正对象重新犯罪掌控能力。

(四)加强检察监督队伍建设,强化队伍"五化"意识

在检察监督队伍建设方面,要着重做好以下工作:一是上级领导要加强对社区矫正检察部门工作的指导,在基层检察院刑事执行检察队伍的建设、装备保障等方面给予倾斜,使基层检察部门与其他部门的协调沟通更加畅通无阻;二是要克服困难,选拔一些年富力强、素质较高的检察人员充实到社区矫正检察队伍中来,配齐人员,增加监督力量;三是通过开展形式多样的业务比赛、法律知识比赛的方式提高检察监督队伍人员素质,以赛代练,建立起一支能力强、业务精的检察监督队伍。同时,也要从加强基层检察院监督的力量出发,科学设计机构、人员数量等问题,切实解决基层检察院在社区矫正检察监督中遇到的瓶颈问题,确保基层法律监督队伍的健康发展。

在加强队伍建设的同时,还要不断强化监督人员队伍的"五化"意识,即证据化、程序化、卷宗化、责任化、信息化意识,真正提高人员队伍的监督能力和水平。

(五)创新监督考评工作机制,推进办案监督

针对社区矫正对象客观上存在流动性、分散性特点,造成人员少事情多不便于经常性地开展监督工作,而乡镇检察室就在社区,熟悉社区情况,因此,可依托符合条件的乡镇检察室具体负责本地的社区矫正法律监督工作,由检察部门做业务上的指导,形成"检察+乡镇"的社区矫正法律监督联合工作机制。当前,各级检察机关虽然都有社区矫正法律监督工作考评,因这项工作相比其他业务起步较晚,还存在许多需要改革完善的地方。要完善考评机制,发挥主动性、创造性,用科学合理的绩效考评来激励先进督促后进,在整体上推进法律监督工作的创新与开拓性发展。因而要不断提升创新思维,发挥社区矫正法律监督独立性与创造性。

在实践中,还可把监督办案与监督工作结合在一起来做。切实强化社区矫正法律监督,在坚持推进在监督中办案的同时,也要在办案中使监督工作更深入、更全面,进一步推进社区矫正监督工作健康发展。

(六)综合利用各种资源,实现监督刚性

为实现检察监督刚性目标,检察官一是要研究、学透《社区矫正法》及社区矫正法律监督相关规定,做到心中有法、业务精通,对社区矫正的各个环节要熟悉。二是监督要准,发力要准,不搞一笔带过。纠正违法通知、检察建议要有针对性、可行性。三是要建立法律监督纠正违法通知及检察建议的承办、发出、跟踪、回访的工作制度,保证抓实抓好。四是要综合利用各种资源,如发出纠正违法通知、检察建议的同时,上报上级检察机关,送司法行政主管部门,向人大常委会汇报。通过上级检察机关及人大常委会的监督,促使监督对象认真整改社区矫正工作中出现的问题,落实社区矫正法律监督纠正违法通知及检察建议内容,使监督刚性得到增强。

同时,为确保社区矫正工作有效开展,在法律设定中一定要明确被监督单位、个人拒绝接受或不纠正、对抗检察机关检察建议、纠正违法通知书所负的法律后果,积极查办司法工作人员职务犯罪和渎职罪。增强检察建议和纠正违法通知书的强制力,明确针对前述行为的具体处置措施,使检察机关社区矫正检察监督能够达到预期的刚性效果。

(七)探索和规范监督方式和途径,提高监督成效

开展社区矫正检察监督,要根据不同需要,充分运用多种监督形式来实现监督效果。在监督方式上,要实现两个转变。一是实现从表面监督到嵌入式监督的转变。为克服外围监督表面化、形式化的局限,可以成立派驻检察官办公室,打破信息壁垒,增强监督深度。依托检察官办公室,能及时、便捷地开展监督工作。二是要实现从静态监督到动态监督的转变。改变以前坐办公室监督的做法,以机动灵活的方式进行巡回检察或者专项巡回检察,并充分利用智慧检察平台,实现监督的动态化和常态化。同时,还要实现监督的全面覆盖。对于过去关注不多的入矫、解矫程序及审前社会调查等的监督,要进一步加强。探索疫情常态化条件下社区矫正检察的信息化、智能化检察方式,加强线上检察工作。

随着社区矫正工作的高速发展,检察机关在不断完善和规范监管程序与方式的同时也要与时俱进,加强监督管理,研究和探索出规范化的监督方式和途径,及时发现问题,堵塞漏洞,提高检察监督成效。建立社区矫正监督情况通报机制,积极尝试符合检察监督规律的工作机制。为规范社区矫正工作,保障刑事判决、刑事裁定和暂予监外执行决定的正确执行,提高矫正质量,促进社区矫正对象顺利融入社会,预防和减少犯罪,维护区域社会和谐稳定作出应有的贡献。

二、社区矫正法律监督的发展方向

对社区矫正工作进行检察监督，是作为法律监督机关的检察院的法定重要职能，也是近年来检察职能延伸的重要体现和发展方向。对社区矫正工作进行法律监督，对于社区矫正执法的公正性和规范性、社区矫正对象合法权利的保障以及社区矫正工作的顺利进行都有重要意义。因此，社区矫正法律监督应当朝着法治化、规范化、制度化的方向发展。

（一）加强法律监督，完善保障体制

1. 制定和完善社区矫正检察监督的相关法律规范

值得注意的是，《社区矫正法》已经将检察机关对于社区矫正工作的监督职能法定化，并规定了检察监督的方式及相应的法律后果。这一规定无疑为检察机关行使对社区矫正机构以及相关司法机关的检察监督权提供了法定依据。但是，《社区矫正法》的规定相对抽象，因此最高人民检察院有必要结合具体检察监督工作，与司法部、公安部以及最高人民法院联合制定可操作性更强和更加具有针对性的社区矫正法律监督实施细则或意见，明确社区矫正法律监督的具体职责、工作机制、程序、违法的边界及责任，对违法纠正时限、规则和标准以及对违法不服的处理救济机制，等等，从而建立统一规范的社区矫正工作领域的法律监督制度。

2. 加强社区矫正及检察监督的执法保障

特别应当完善基层检察机关的保障条件。一方面，应当看到，最高人民检察院已经将监所检察厅改名为刑事执行检察厅，因此，在基层检察院设置专门的刑事执行检察部门，应当是机构改革的重要内容。也就是说，只有让专门的机构负责社区矫正的法律监督工作，才能明确工作主体、权利和义务以及责任。另外，对于已经设立刑事执行检察部门的地方检察院，应当有专门的人员负责社区矫正法律监督，或者设置专门的社区矫正法律监督部门。有些发达地区的基层检察院开始向社区矫正机构派驻检察官，这实际上是社区矫正检察监督一个很好的开端。[①] 另一方面，对于基层检察机关从事社区矫正法律监督的编制、人员、经费以及工作保障等，也应当予以明确满足。[②] 根据我国法律监督的基本原理，对于社区矫正检察监督，必须由检察人员履行职责，因此，强化充实社区矫正队伍，配置社区矫正专职工作人员，特别是大力加强基层司法力量，使每个司法所、每个刑事执行检察部门、派驻

---

① 周伟，吴宗宪，王平，等. 创新监督方式完善监督机制 强化社区矫正检察工作 [J]. 人民检察，2015（15）：41-48.

② 陈永斌，李益明. 社区矫正检察监督的理论根基、域外经验与模式选择 [J]. 西南政法大学学报，2011（3）：123-129.

基层检察室至少达到有 1 名工作人员、1 名辅助人员的标准。加强教育培训和专业技能培养，提升工作人员的素质能力。加强学习教育、技能培训和社区服务基地建设。调研发现，社区矫正检察监督做得好的地方，基本上配备了 1~2 名检察人员，而且，大多是年轻人，检察机关应配备基本经费和装备保障。通过适当的激励和考评机制、定期轮岗制度等形式，鼓励检察人员积极参与这项新工作，与此同时明确责任追究机制。总之，就当前社区矫正检察监督现状而言，只有首先在基层检察机关内部设置专门的机构和人员，才能真正把这项监督工作落到实处。

（二）加强法律监督，提高监督效果

切实加强社区矫正的法律监督，应当在日常工作中改进工作方式，提高监督效果。

1. 应当严格落实定期检察的工作方式

定期检察的最大优点在于其严肃性，内容明确，重点突出，工作集中，对于社区矫正机构工作来说具有极强的针对性，对于社区矫正机构工作人员而言则具有一定的压力，更容易让其认真对待。在严格落实定期检察工作方式的基础上，随着基层社区矫正检察监督的实践发展，应当逐渐增加定期检察的次数，形成制度。[①] 与此同时，要通过规范的形式进一步明确定期检察的基本内容。有些地区尝试制定了定期检察的监督项目清单，以列表形式将对社区矫正机构要检察的具体事项予以明确列出，提高了检察的针对性、完整性和细致性。这一做法实际上值得各地结合自身的实际情况予以参考和借鉴。定期检察应当是全面的，涵盖社区矫正执法整个过程的内容。再者，需要改进定期检察的工作方法。在定期检察中不能仅依据纸质材料就算完成了检察工作，应当深入基层。如去街道、司法所进行调查研究，与社区矫正工作人员、社区矫正对象、街道或专职社工、社区矫正对象的家属以及邻居等座谈，广泛收集信息，主动发现问题。

2. 鼓励运用不定期检察制度

不定期检察制度的优点在于随机性和及时性，这一制度有助于发现社区矫正中的突发问题，起到防微杜渐的及时预防效果。一般而言，不定期检察主要是基层检察机关通过各种途径发现了社区矫正工作中的某些严重违法问题或重大群体性事件的隐患，从而临时对社区矫正机构进行检察监督。检察机关发现的社区矫正工作中存在的隐患线索，可能来自群众的举报，也可能来自社区矫正对象及其家属的控告、其他部门转交材料、媒体反映或检察院在履行职责过程中发现的……

3. 与其他司法部门建立联系协调制度

与其他司法部门建立联系协调制度，也是近年来社区矫正法律监督出现的新动

---

① 凌高锦. 中国社区矫正检察监督的实践、省思与完善 [J]. 北京政法职业学院学报，2020 (1)：11-15.

向。由于检察机关是国家的法律监督机关，因此在必要时会牵头或由社区矫正委员牵头组织开展协调统一的集中检察、信息共享、情况通报等方面的活动，集中解决社区矫正执行中的一些突出和疑难问题。[①] 基层实践中比较常见的是联合执法检查。例如，检察机关联合公安机关、司法行政机关集中开展核查纠正社区矫正对象脱管、漏管的专项行动。这一做法在基层实践过程中能够充分调动不同机关的积极性，形成合力，集中解决疑难问题，是具有较好的实际效果的制度尝试，值得注意。

（三）加强法律监督，完善监督手段

对于纠正意见这一手段而言，《社区矫正法》并没有区分口头意见和书面意见。但在实践过程中，一般将纠正意见分为口头和书面两种。应当在新的社区矫正监督实施细则中规定口头意见与书面意见的标准，实现纠正违法意见的规范化和统一化。另外，对于纠正违法意见的具体场合、具体对象、文书格式等应当进一步细化。还有比较重要的一点，即对于被监督单位如果拒绝纠正错误，不予回复检察院的，应当明确本单位的法律责任。之所以强调这一点，主要是由于我国当前纠正违法意见的法律效力和权威性较低。从法理角度说，人民检察院所提出的纠正违法意见实际上是一种监督建议文书，并不是实体处分文书。这就意味着，当前的法律并没有规定被监督机关应当纠正违法行为的法定义务以及不履行该义务的法定责任，也并没有赋予检察机关对不予履行纠正违法行为义务的机关的处罚权力。

1. 对检察建议的适用规则作出具体规定

检察建议是检察机关履行法律监督职能的重要方式，在查办司法工作人员相关职务犯罪中，检察机关应注重发挥检察建议的作用，将检察建议做成刚性、做到刚性，通过监督纠正执法不规范问题，保障司法公正。当前检察建议的作出和使用，也存在一定程度的不规范性。因此有必要完善社区矫正法律监督中检察建议的具体适用范围、对象、标准、程序以及文书格式。《社区矫正法》已经将检察建议法定化，在制定的社区矫正法律监督具体实施细则中应当进一步明确被监督单位如果不采纳检察建议且不作出说明理由的法律责任。坚持把发现问题当作"解题"思路，有针对性地提出检察建议，将办案职能向社会治理领域延伸，查纠违法行为，问责涉案人员，督促被建议单位。

2. 检察建议案件化办理拉动整改提速增效

检察建议能否真正见效，质量是前提，监督落实是关键。对重大监督事项，检察建议案件化办理有助于提升监督质量，落实监督责任。通过明确节点，细化分工，对线索管理、调查核实、文书审批、跟进监督等各环节流程化办理，及时掌握检察建议的评估、制发、采纳、落实等情况，定期对被建议单位开展实地回

[①] 张燕波. 社区矫正检察监督之完善研究［J］. 江西科技师范大学学报，2016（4）：61-69.

访，对被建议单位落实效果不好或未落实的建议查找原因，重点督促整改。重视对于不履行纠正违法意见或检察建议的督促和跟踪机制的制度化建设，如健全复议复核程序，完善对纠正违法意见异议的解决机制。同时，需要尊重检察机关体制内的基层首创精神，鼓励和支持检察机关内部行之有效的制度创新做法，充分调动广大基层检察人员的积极性。另外，应当充分发挥国家监督与社会监督相结合的基本原则，检察机关也可以运用抄送和报送制度，充分发挥同级人大权力机关监督、党内纪律监察监督的作用，推动权力机关和纪律机关对法律监督问题的关注和重视；或者充分运用新闻媒体、舆论以及人民群众的力量，将法律监督切实落到实处。另外，集中对执法管理人员开展执法教育培训，以案促改，提高执法能力和规范执法水平。

（四）构建罪犯社区矫正综合监护体系

社会、学校和家庭是未成年社区矫正对象的主要生活场所，也是矫正场所。《社区矫正法》对社会力量、学校、家庭在社区矫正中的地位和任务进行了规定，鼓励、支持社会力量依法参与社区矫正工作，并明确了动员组织社会力量参与的方法途径，要求社区矫正对象所就读的学校协助社区矫正机构做好社区矫正工作。[①] 社区矫正机构应认真领会《社区矫正法》精神，通过构建社会和家庭参与的多元一体的综合监护体系，营造全员参与社区矫正的浓厚氛围，促进社区矫正对象积极参与社区矫正，提高教育矫正实效。

（五）积极搭建政法部门间信息共享平台

一是积极发挥"互联网＋"作用，强化大数据分析和应用，通过信息联网及时交换刑罚执行、监管活动和检察监督信息，实现信息共享、动态管理和动态监督。二是将社区矫正对象身份信息纳入公安信息系统。目前，我国铁路、民航、宾馆住宿登记系统均连接了公安机关一站式服务系统平台终端，当持有在押、在逃人员身份证的人员进行登记时，相应登记系统就会自动显示其身份信息，相关单位可以及时向公安机关通报，便于公安机关作出快速反应。但是因社区矫正对象的罪犯身份未录入公安信息管理系统，社区矫正对象可以持身份证自由出行，这就导致社区矫正对象更容易脱管漏管甚至再次违法犯罪。建议将社区矫正对象的罪犯身份、服刑期限录入公安机关的一站式服务系统，可以有效防止社区矫正对象违规出行，对社区矫正对象脱管漏管、重新犯罪问题起到遏制作用。

（六）加强统筹规划，完善法规制度建设

首先，建立全国性的社区矫正研究团体，整合研究资源，组织力量对我国社区矫正制度存在的集中、突出问题进行攻关，尤其应重视针对未成年罪犯社区矫正的

---

① 张宁.协同治理下社区矫正管理问题研究——基于山东省NJ县的实践［D］.南宁：广西民族大学，2020.

专项研究，并及时将研究成果转化应用。① 其次，建立国家未成年罪犯社区矫正大数据研究中心，统筹建设罪犯社区矫正资源库建设。再次，建立社区矫正案例库，汇集各地社区矫正的典型案例、典型经验，加强案例分析研究，提高社区矫正工作水平。健全平台法规制度建设，强化平台信息安全保障。最后，制定出台相关法律法规，形成责任追究机制，做到有法可依，有法必依，执法必严，违法必究，有效保障信息安全。

总之，在《社区矫正法》的深入实施过程中，社区矫正法律监督工作面临着机遇和挑战，加快推进社区矫正法的学习、贯彻与适用，实现监督工作模式由传统的办事模式向执法办案模式转变，强化办案思维，实现监督内容由过去的行政式监督向规范监督、精准监督转变；同时，加快检察工作人员自身发展和队伍建设，充分发掘现有执检队伍的潜能，注重监督管理与教育帮扶的有机结合，注重保护社区矫正对象的隐私和合法权益，全身心投入到刑事执行检察工作中去，不断提升社区矫正检察监督水平和能力。

思考题

1. 分析社区矫正法律监督工作中存在的问题及改进措施。
2. 社区矫正法律监督的发展方向是什么？
3. 完善社区矫正检察监督工作的具体措施有哪些？

拓展练习

案例 社区矫正对象贺某某，男，1958年8月出生，原广东某国有企业总经理。2015年6月2日因犯受贿罪被广东省深圳市福田区人民法院判处有期徒刑十年，刑期至2025年1月20日止。2015年7月4日，贺某某被交付广东省深圳市监狱服刑。2016年5月6日，贺某某因在监狱中诊断患有胃癌被暂予监外执行，在广东省深圳市福田区某镇司法所接受社区矫正。因其儿子在成都工作并定居，贺某某被暂予监外执行后在成都接受手术及化疗。后为便于病情复查及照料看护，贺某某提出申请变更社区矫正执行地至成都市金牛区。2017年3月6日，贺某某变更至成都市金牛区某镇司法所接受社区矫正。贺某某在成都市金牛区接受社区矫正期间能遵守社区矫正相关规定，按时向社区矫正机构报告病情复查情况，矫正表现良好。

2020年，金牛区人民检察院结合病情诊断、专家意见和法医审查报告认为，贺某某化疗结束后三年期间未发现癌症复发或转移现象，暂予监外执行情形消失且刑期未满，依法监督社区矫正机构提请监狱管理机关将贺某某收监执行。

---

① 周逸璇，李晶晶，徐津霞，等. 基于大数据分析的社区矫正对象再犯罪预警研究[J]. 网络安全技术与应用，2020（4）：153-156.

分析 2020年7月,金牛区人民检察院邀请区人大代表、政协委员、医师等,以辖区内被暂予监外执行的职务犯罪社区矫正对象监督管理工作为重点,开展专项监督。检察人员发现,贺某某自2017年6月化疗结束至2020年7月,由成都市锦江区中心医院出具的历次复诊小结中,均未见明显的胃癌症状描述,其是否仍符合暂予监外执行情形需要进一步调查。

2020年11月,成都市金牛区检察院检察官到金牛区社区矫正中心就案件相关问题进行交流。

调查核实:为全面掌握贺某某身体健康状况和接受社区矫正情况,金牛区人民检察院查阅了贺某某刑罚变更执行和接受日常监管矫正文书档案,以及原始病历资料和每三个月的病情复查材料等,询问了社区矫正工作人员及贺某某。同时为更精准判断贺某某暂予监外执行监督工作中所涉及的医学问题,金牛区人民检察院邀请主任医师杨某某作为有专门知识的人员全程参与,提出咨询意见。经调查核实,贺某某在社区矫正期间能够遵守各项规定,一直接受治疗,病情较为稳定。杨某某根据调查核实情况,出具"初步认为其胃癌术后恢复情况良好,无癌症复发指征"的专家意见。

监督意见:2020年9月23日,金牛区人民检察院向金牛区司法局提出检察建议,建议其组织对贺某某进行病情复查和鉴定。如鉴定结果为不再符合暂予监外执行情形,应当及时提请收监执行。金牛区司法局采纳了检察建议,组织病情复查。四川大学附属华西医院作出"目前癌症未发现明显复发或转移"的诊断结论。2020年10月15日,金牛区司法局就贺某某收监执行征求金牛区人民检察院意见。金牛区人民检察院结合病情诊断、专家意见和法医审查报告认为,贺某某化疗结束后三年期间未发现癌症复发或转移现象,可以认定其暂予监外执行情形消失且刑期未满,符合收监执行情形,遂向金牛区司法局制发《检察意见书》,同意对贺某某收监执行。

监督结果:2020年10月20日,金牛区司法局向广东省监狱管理局发出《收监执行建议书》。2020年10月30日,广东省监狱管理局制发《暂予监外执行收监决定书》,决定将贺某某依法收监执行。2020年11月2日,贺某某被收监执行。

第五篇 社区矫正工作难点与矫治实践应用

第十五章　社区矫正工作的难点分析与改进方向
第十六章　内视观想在社区矫正工作中的实践应用

第十五章

社区矫正工作的难点分析与改进方向

自2020年7月《社区矫正法》正式施行以来,我国社区矫正工作进入了新的发展阶段。法律实施所带来的"温度"和工作方式的改变引起了广泛关注和强烈反响。《社区矫正法》宽严相济、保障人权、重视社区矫正对象修复融入的特点,决定了广大社区矫正工作者要从更高的维度、更广的角度理解立法蕴意,梳理执法理念。但是由于缺乏相关的制度设计和配套措施,使得法律在具体工作落实过程中,难免出现磕磕绊绊的情况,整个执法过程也是充满难点痛点,我们通过调研,对社区矫正工作当中一些突出问题进行了初步梳理,以期探究出行之有效的改进办法,为提升社区矫正工作质量服务。

第一节　社区矫正工作的难点梳理与需要重点关注问题

《社区矫正法》出台后，司法行政人员在开展社区矫正工作时能有法可依，为工作的顺利开展提供了保障。但在实际工作中，仍存在一些困难和问题。比如法条过于笼统、监管思维泛化、队伍素质参差不齐、工作机制不畅等。

一、社区矫正工作过程当中的主要难点问题

（一）法条过于笼统使工作缺少抓手

1. 法条规定过于笼统抽象

《社区矫正法》由全国人大常委会立法。但因《社区矫正法》具有纲领性、创建性和前瞻性，在确定基本框架的同时，条款规定一般都留有一定余地，为各级各地制定《社区矫正工作实施细则》预留了弹性空间。所以落实到具体工作上就会表现出缺乏操作性。《社区矫正法实施办法》作为与《社区矫正法》同步配套的规范性文件，虽然内容有了进一步细化，实践中依然存在许多盲点和空白。基层推进日常工作更多的是依靠本地出台的《社区矫正工作实施细则》。然而，一些地区的《社区矫正工作实施细则》如果跟进不及时，再加上缺少上级部门的直接指导，就会导致部分基层社区矫正工作者对流程和规定标准不好把控，在监管工作中束手束脚，迈不开步子，完全不利于《社区矫正法》法律威严的发挥，也有损执法的严肃性、规范性。比如《社区矫正法》第八条规定：地方人民政府根据需要设立社区矫正委员会，负责统筹协调和指导本行政区域内的社区矫正工作。这类法条的规定，过于笼统、含糊，容易产生误解，不利于社区矫正工作的开展。具体表现在以下几个方面。

（1）地方人民政府如果认为不需要就可不设立社区矫正委员会，没有必要指导本行政区域的社区矫正工作。

（2）对社区矫正委员会设立的规格标准、主任任用没有统一规定。导致有的县（区、市）社区矫正委员会主任是当地政法委书记，有的是党委书记，有的是县长、区长兼任等。由于缺乏硬性规定，导致在工作协调当中各部门推诿扯皮，很多事无法落实。

2. 缺少有力的社区矫正工作抓手

《社区矫正法》和《社区矫正法实施办法》，对于从工作流程到人员管理、纪律要求、矫正对象的考核管理等都有所规定，但这些制度规定一定要与实际工作相结

合,这样社区矫正工作机构就便于找到工作抓手,扎扎实实地推进工作,否则工作就会明显打折扣。

(1)调查评估制度的落实问题。社区矫正机构受法院、检察院的委托,在对被告人进行调查评估时,往往对被告人情况分析不好掌控。在调查评估的内容上,仅仅局限于对被告人所犯的罪名、主观过错、犯罪后的态度进行简单的概括。实际上并不能准确了解被告人的性格、过往的经历、人际关系以及为什么会走上犯罪道路等,很多时候还不如公安派出所管段民警知道得多,使得实际评估获取的信息非常有限,即使上报也是内容简单,敷衍塞责。

(2)社区矫正方案设计问题。实践工作中,社区矫正方案内容往往比较死板,不够灵活,难以全面体现出个别化矫正的特征。例如,在监管措施方面,要对社区矫正对象的特点及犯罪的原因等进行全面分析,考虑其教育背景、工作经历、心理状态、精神情况及成长经历等,有针对性地采取不同社区矫正措施。但现实中因多种因素困扰,特别是基层司法所在人员基本短缺的情况下,对社区矫正对象实施的矫正方案无硬性抓手,常用的也基本上是"一所一模式",规范化的方案在实践中难以施行。

(3)社会力量参与社区矫正的问题。《社区矫正法》第三十五条明确规定:县级以上人民政府及其有关部门应当通过多种形式为教育帮扶社区矫正对象提供必要的场所和条件,组织动员社会力量参与教育帮扶工作。由于没有硬性规定和要求,加上各成员单位履行职责的考核机制尚不健全,导致在社区矫正工作开展当中,有的职能部门对这项全新的工作既不熟悉、也不了解,更是存在着不配合或者勉强形式上配合的状况。在社区矫正对象实施矫正过程中,个别地方甚至存在着社区矫正各项工作全部由司法行政部门一家来"唱独角戏"的尴尬局面。

(二)监管思维泛化钳制工作推进

1. 监管思维存在误区

《社区矫正法》对监督管理工作内容作出了很大的调整,减少了一些硬性指标,例如,不再对"两个八小时"任务作出规定,取消了"社区服务",并对定位器等监管措施加以限制。实践中需要社区矫正工作者转变工作理念,减少规定动作。一方面有利于尊重和保障社区矫正对象的合法权益,规避了一定的刑事风险,增强社区矫正对象的主观能动性;另一方面有利于把广大社区矫正工作者从繁重固化的工作中解放出来,更加科学合理地开展矫正工作,帮助社区矫正对象修复和恢复正常社会关系。不过一些矫正工作者仍存有以管为主的惯性思维,认为管得住才能矫得好,不出事什么都好说,出了事说什么都没用,害怕缺少管理措施造成脱管、漏管。一旦出了问题,检察机关倒查、追责,轻则定性为不履行社区矫正工作职责,重则失职、渎职、玩忽职守,工作上的包袱减轻了,心理上的负担反而更重了。

2. 日常报告管理标准不统一

在日常管理中,社区矫正对象应当按照有关规定和社区矫正机构的要求,定期报告相关情况。但是目前各地区之间关于报告的规定存在差异，某些地区因为细则跟进不及时，相邻的两个司法所管理方式都不同。例如，同样是实行普管的社区矫正对象，有的司法所要求每周固定时间集中到司法所打卡、签到、上交书面报告，方便开展集中学习教育和工作留痕。各地司法所日常报告管理模式较多。有的是结合实际情况要求社区矫正对象分批次到司法所报到，有的是每两周报到一次，有的是"周听声，月见面"等。这样不同的管理标准容易导致社区矫正对象进行横向比较，出现心理落差，进而产生抵触情绪，造成监管困难，出现安全问题。

3. 信息化核查工具难以规范使用

《社区矫正法实施办法》第三十七条已经明确提出手机等设备不属于电子定位装置。社区矫正机构可以运用手机定位等方式掌握社区矫正对象的活动情况。目前一些地区对社区矫正对象全员、全覆盖使用手机定位以进行实时监控，要求社区矫正对象从入矫开始便办理定位相关手续，定位手机要随身携带，24小时开机，不能人机分离。但是采用这种管理方式，从本质上讲与使用电子定位装置区别不大，而且方式不够灵活。此外，在对社区矫正对象的日常教育管理工作中，虽然有定位手机和定位App，但是在实施过程中，由于经济条件和文化水平的限制，部分矫正对象没有智能手机无法安装定位App，有的地处偏远山区网络信号不佳导致无法定位，有的以将手机给家人使用或者关机、停机等方法逃避矫正管理，致使矫正工作实施、监管难到位。如何科学、合理、规范使用手机定位开展信息化核查，既能贯彻《社区矫正法》精神，又不会让手机成为另一种手环，同时又不至于出现安全问题，仍需深入探讨。

4. 过严或推诿审批外出申请问题

外出申请一直受到社区矫正对象的重点关注，《社区矫正法》放宽了申请范围后，很多新入矫的社区矫正对象到司法所报到后的第一件事，竟是拿着法条申请外出。可即便政策作出了调整，外出申请依然困难重重。

（1）审批过于严格。《社区矫正法实施办法》第二十六条规定，社区矫正对象外出的正当理由是指就医、就学、参与诉讼、处理家庭或者工作重要事务等。由于重要事务范畴难以界定，部分司法所对于因家庭或工作原因外出审批过于严格，甚至一律驳回，采取紧闭"闸口"的做法，对外出严加控制，防止混乱，规避风险。

（2）审批周期长。社区矫正对象外出一般应当提前三天申请，司法所要求其递交相关证明材料，上报县级社区矫正机构，根据上级指示协调相关人员核实社区矫正对象材料的真实情况，将信息反馈县级社区矫正机构，再经开会研究批准，全部流程走完，往往超过三天，社区矫正对象行程也耽误了。《社区矫正法实施办法》第二十七条指出，申请外出时间在七日内的，经执行地县级社区矫正机构委托，可以由司法所批准，但部分司法所不愿"做主"，无论申请时间长短均上报。频繁上报既考验着社区矫正对象的耐心，容易引发矛盾，也占用一定的司法资源，延长了审批周期，耗时费力。

(三) 队伍素质参差不齐快速提高难度大

《社区矫正法》第十条规定：社区矫正机构应当配备具有法律等专业知识的专门国家工作人员，履行监督管理、教育帮扶等执法职责。实际中由于各地司法编制有限，工作人员身兼多职。加之社区矫正工作者中多半是要么人数少，要么趋于老龄化，往往是心有余而力不足。而缺少工作和生活经验的年轻人，又多是岗位责任心不够。这些因素导致矫正工作队伍建设非常薄弱。

1. 现有矫正工作队伍素质参差不齐

《社区矫正法》第十六条规定：国家推进高素质的社区矫正工作队伍建设。社区矫正机构应当加强对社区矫正工作人员的管理、监督、培训和职业保障，不断提高社区矫正工作的规范化、专业化水平。社区矫正工作队伍的高素质和专业化要求，反映了这项工作的艰巨性、困难性、复杂性。社区矫正工作人员，要完成好工作任务，既需要了解和掌握心理学、医学、教育学、社会学以及再社会化的专门知识，并有一定实践经验，更需要负责对矫正对象进行心理咨询、教育帮扶、人格考察，评估再犯风险，制定矫正方案，以及根据矫正对象的变化，适度修改矫正方案，甚至必要时进行走访、联系工作单位，等等。所谓"十年树木百年树人"，高素质的社区矫正队伍需要高素质人才。现有矫正工作队伍素质虽然在提高当中，但整体素质仍然参差不齐。

2. 现有矫正工作队伍专业人员专门性不够

《社区矫正法》第十条规定，对社区矫正机构工作人员的要求是具有法律等专业知识的专门国家工作人员，这种职业要求应该是在广泛调研的基础上，对现有社区矫正机构工作人员基本素质考量之后的结果。不过，社区矫正机构工作人员光有法律知识远远不够，还应该具有教育、心理、社会工作等专业知识或实践经验。例如，社区矫正的基础工作——制定矫正方案，不懂矫正对象的心理，不懂吸毒、酗酒、性侵等病理原因，不懂教育学，则很难制定出针对性强、科学的矫正方案。由此可见，社区矫正机构工作人员的专业性很强，需要具有综合协调能力的人生导师、律师、心理咨询师、教师、医师、营养师等等。而现有的社区矫正工作队伍明显存在专业性上的短板，不仅数量不够，而且人员来源五花八门，基础背景复杂，专业背景基本没有。整体上还显得专门性不够，快速提高起来难度较大。

(四) 工作机制不畅导致矫正质量提升难

1. 社区矫正宣传机制不畅

对社区矫正这一"新生"事物，电视、报刊、网络上很少看到社区矫正工作的宣传内容，群众认知程度低。加之受传统观念的影响，在绝大多数人的思想意识中，犯人在监狱才是服刑，走出监狱就是"释放"，导致很多人对社区矫正工作不理解、不支持。整个社区矫正宣传机制还处于比较分散的状态。

2. 相关部门配合机制不畅

社区矫正是一项综合性很强的工作，司法行政机关是具体组织实施部门，法院、检察院、公安、司法（监狱）、民政、工商税务等部门分工负责，密切配合，才能共同做好社区矫正工作。实践中由于牵涉的部门较多，权责不明确，各部门都在忙于自己的主要工作，无暇顾及社区矫正工作。在实际操作过程中，公、检、法、司等部门之间的衔接制度还很不完善，时常出现法律文书送达不及时，社区矫正依据内容不完善、不合规的情况，提升矫正质量，远非一日之功。

3. 矫正机构之间协调机制不畅

在涉及户籍地、居住地、案发地、审判地不一致的跨区域犯罪团伙异地矫正中，因不同地域乡（镇）司法所人力、物力的差异，导致同一案件社区矫正质量不一致。在犯罪团伙化、地域化、宗族化以及流动化的现在，给社区矫正工作带来了一定难题。加上新时期犯罪类型的新变化，矫正起来本身难度大。如果矫正机构内部之间协调机制不畅通，矫正质量将无法得到提升。

二、社区矫正工作需重点关注的具体问题

社区矫正工作还存在四个需重点关注的具体问题。

（一）未成年人与成年人混矫的问题

1. 容易造成对未成年人"二次污染"

由于自身特点，未成年人在社区改造中特别容易受到周围环境的影响，容易受到来自从监狱中转入的成年社区矫正对象错误价值观的"黑化"。为充分保护未成年人的成长，对在社区矫正的未成年人严格与成年人分开管理、分别矫正是必要举措。但现今司法实践中通常将未成年人与成年人一起进行矫正安排，不仅不利于他们的生活、就业，而且增加了他们被"二次污染"的可能性。

2. 不利于未成年人长远利益保护

对于正处于未成年人时期的这些曾经违法犯罪的人而言，他们的心理和生理正在不断完善的过程中，其可塑性比其他矫正人员要强得多，未成年人在思想、认识、情感等方面有较大的提升改进空间。因此，要真正考虑到未成年人社区矫正对象的特殊性，尊重、接受未成年人社区矫正对象的意见和诉求，从未成年人社区矫正的实际出发，为未成年人的长远发展考虑，因人施矫。

3. 未成年人社区矫正执行的立法依据不够完善

法律依据制定的程度，直接关系到社区矫正开展的效度。在未成年人社区矫正的过程中，要从多个方面对未成年人社区矫正进行规范，从法律的高度对未成年人社区矫正的执行主体、适用对象、执行措施、使用条件等进行规范。在对未成年人社区矫正对象施矫过程中，缺乏具体可行、操作性强的矫正细则指导工作。如果要做好这件工作仅靠社区矫正人员的主观推断，不是可靠之举。因为矫正工作人员的主观判断与客观存在的潜在社会危害性往往会存在明显的矛盾，这种矛盾还有可能引发新的社会问题，不利于未成年人更好地成长。

（二）有针对性地科学矫正问题

1. 个别化矫正做得明显不够

"有针对性矫正""个别化矫正"在《社区矫正法》中被浓墨重彩地强调，在第三条中确定了"分类管理、个别化矫正"的基本原则，还在第二十四条具体规定了制定有针对性的矫正方案，即社区矫正机构应当根据裁判内容和社区矫正对象的性别、年龄、心理特点、健康状况、犯罪原因、犯罪类型、犯罪情节、悔罪表现等情况，制定有针对性的矫正方案，实现分类管理、个别化矫正。第三十六条、第四十二条和第五十二条中规定了应因人施教，根据个人特长，组织参加公益劳动；对未成年人采取有针对性的矫正措施等。这些强调体现了立法者对社区矫正规律的把握。而实际工作当中，缺乏专门化矫正方案，难以做到"因人制宜"。社区矫正工作要达到最佳效果，应当根据不同的矫正对象，制定符合其个性特征的不同的矫正方案。但由于目前人力、专业知识等因素限制，矫正工作仅局限于开展统一的社区活动，缺乏科学、专业的矫正个案设计，使得整体矫正效果不够理想。

2. 矫正活动呆板单调的问题

社区矫正的核心理念是帮助犯罪人员重新回归社会，避免再次犯罪。因此，开展形式多样、丰富多彩的矫正活动，显得十分必要。但从目前开展的社区矫正活动来看，一些社区矫正活动除了公益劳动就是思想政治学习，形式较为呆板单调，教育矫正的特殊预防目的往往难以实现。

（三）社区资源整合缺乏的问题

1. 司法工作人员单打独斗

社区矫正制度的实质是充分利用各种社区资源共同对社区矫正对象进行帮扶教育，但目前的社区矫正工作基本是司法工作人员单打独斗，刑事司法资源功能过度发挥，往往是过分强调社区矫正的司法特征，不能体现社区矫正执行的开放性和社会化特点。家庭、学校、企业、专业机构等社会力量未能广泛参与到社区矫正工作中来，没有形成社区矫正工作的整体合力。

2. 社区的功能不健全影响社区矫正

由于我国社会治理还处于发展当中，社区建设有的还是初起步，有的正在建设当中，其功能尚不完善，对开展社区矫正还显得力不从心。如有的社区不具备进行心理辅导、帮扶的条件，根本就没有专业性人才。谈不上在教育宣传、心理疏导、劳动服务、就业帮扶、监督管理等方面充分发挥社区的功能，更谈不上帮助社区矫正对象恢复正常人格这些需要综合发力去做的事情了。

3. 社会企事业单位的参与度不高

由于社会对社区矫正的宣传不够，加之社区矫正进入我国年份短，毕竟是新的事物，导致公众对社区矫正人员的知晓度、认同度和接纳度比较低，氛围也不浓。在司法实践中各社区往往是被动完成司法行政部门下达的任务，大多数居民对社区矫正的认识还停留在改造犯罪人员的阶段，对社区矫正工作的性质和方式、社区矫正人员的权利和义务、司法部门和相关参与协助方的职能了解更是不多。然而，实践中对社区矫正人员的心理干预、生活就业上的帮扶又必须依靠全社会的参与和支持。基于传统观念和对犯罪人员认识的影响以及对社区矫正工作知悉不够，社会企事业单位多不愿支持帮助社区矫正工作。对社区矫正工作的支持限于"完成任务"层面，有的虽勉强接纳社区矫正对象，但逐步以各种理由予以辞退，形成了比较尴尬的局面。

4. 基层社区矫正的调查研究较为缺乏

准确了解基层社区矫正工作的实际情况，有利于社区矫正工作立法和决策，有利于促进工作。而在司法实践中，缺乏相关理论支撑。即使在《社区矫正法》颁布后，科研院所、高校等单位在与司法行政机关合作、开展社区矫正人员的心理矫正等合作项目方面，由于认识不足、无专业人员等原因，仍然很少有人对其进行研究。基层社区矫正的调查研究处于一种可有可无状态。

（四）基层公共服务保障存在不足问题

1. 基层公共服务保障理念滞后

司法行政机关、公安局、人民法院和检察官，是基层社会公共服务体系不可缺少的成员，是向群众提供公共法律服务的重要组成部分。司法行政机关的社区矫正职能在为群众提供公共服务方面也发挥着积极作用。然而，随着社区矫正工作的进一步发展，司法行政机关在提供公共服务方面存在的问题开始变得突出。社区矫正评估系统主要采用数字化定量方法。如再犯罪率、劳动时间、季度面谈、每月走访等，这将导致司法部门将重点放在形式化上。着眼于惩罚功能的实现，而忽视了塑造、启蒙、预防等功能所包含的服务理念，导致司法制度偏重于服务管理，显示出服务理念落后、服务水平低下的弊端。此外，司法行政机关没有将社区矫正职能与其他职能相结合，也没有将其纳入正在积极建设的公共法律服务体系，造成资源浪费。

2. 基层公共服务保障设施缺乏

一些司法行政机构的社区矫正工作办公场所面积不符合标准，缺少配套场所。根据规定，应当配备社区矫正心理谈话室和集中学习室，并为社区矫正科目设置集中的劳动力基地。实际上，这些基层公共服务没有配备齐全，也导致相关工作不能顺利进行。

3. 社区矫正管理工作服务平台缺乏

由于社区矫正信息化建设滞后，加上有些地方社区矫正工作起步晚、基础差、无统一规划、经费短缺等，导致许多地方社区矫正管理工作缺乏独立管理工作平台，不利于社区矫正刑罚执行工作开展。如有的司法所应当根据社区矫正人员个人生活、工作及所处社区的实际情况，有针对性地采取实地检查、通信联络、信息化核查等措施，及时掌握社区矫正人员的活动情况，但实践中对社区矫正数据共享、利用网络、电子监控等现代科技手段进行监管、提供就业以推进社区矫正工作涉及甚少。与公安机关等有关部门协调联动应对社区矫正人员非正常死亡、实施犯罪、参与群体性事件的突发事件处置机制，以及和公安机关、人民检察院、人民法院实现社区矫正工作动态数据共享的社区矫正人员的信息交换平台更是缺乏。

（五）检察监督职能履行不够的问题

1. 社区矫正检察监督发生偏转

检察院的检察监督职能应贯穿整个社区矫正工作。从判断被告或罪犯是否进行社区矫正开始，到矫正期结束，应监督所有参与的社区矫正工作的部门和单位。实际上，检察院监督职能的重点是司法行政机构管理社区矫正工作。而对其他机构、部门和单位的检查监督力度不够，这就容易导致各机关成员单位间衔接不畅，容易出现推诿扯皮的问题。例如，在抓捕、追捕脱管矫正对象和接纳矫正对象的实践工作中，存在日常管理和执法权问题以及矫正的主体与执法主体分离的问题。

2. 社区矫正检察监督力度不够

通过有效的检察监督，发现在社区矫正决定和执行、终结环节各类资源的长处和不足，力求最大限度发挥各类资源的功能，推动社区矫正工作取得实效。实践中，检察机关突出对人民法院、司法行政机关、公安机关、监狱等裁定、执行部门的监督和程序监管，而对社区矫正的效果、社区矫正工作人员职务犯罪等缺乏有效监管。同时，检察监督人员缺乏、经费保障不足、监督手段滞后、监督水平不高、监督力度不够等问题，影响了监督的社会效果。

第二节 社区矫正工作难点问题原因分析与改进方向

我国的社区矫正是贯彻宽严相济刑事政策，推进国家治理体系和治理能力现代化的一项重要制度，是立足我国国情和长期刑事司法实践基础，借鉴吸收其他国家有益做法，逐步发展起来的具有中国特色的非监禁刑事执行制度。在社区矫正制度发展过程当中，有成功的地方，还存在一些难点问题，需要在实践当中客观冷静地分析，并加以改进，使我国的社区矫正工作在发展中逐步完善进步。

一、社区矫正工作难点问题原因分析

（一）基层社区矫正机构日常监管难度大

基层社区矫正机构特别是司法所人员少，一方面，待遇差，条件艰苦；另一方面，随着犯罪率的增长，在册社区矫正对象数量有逐年增加趋势。社区矫正对象的犯罪类型也在不断地变化和发展。社区矫正基层工作日常监管的压力和教育帮扶任务越来越大，完成任务也越来越难。

（二）基层社区矫正机构日常工作任务较为繁重

基层社区矫正机构特别是司法所工作人员大多数身兼数职，工作繁杂，任务繁重，除承担法制宣传、人民调解、安置帮教、法律服务、法律援助、司法所日常工作外，还要完成计划生育、脱贫攻坚、信访维稳、征地拆迁、"两违"控制等基层政府安排部署的其他工作任务。加之有些地方本来一些矛盾纠纷较为复杂，历史积怨深，调解和处理难度大，占据了基层社区矫正机构人员很多精力，以现有的人力、物力来承担社区矫正工作难度很大。

（三）身份限制导致遭遇执法困境

司法所在履行职责时，由于不具备警察身份，司法行政机关在执法时就没有了强制执行力和威慑力，这严重影响刑罚的权威性和严肃性。如果再遇到个别社区矫正对象不服监管，社区矫正工作就显得更加被动。当前个别省份采取从监狱、戒毒所借调一批人民警察充实到社区矫正机构，主要是协助社区矫正机构开展社区矫正执法工作。虽然这些不能从根本上摆脱社区矫正工作的执法困境，却是目前社区矫正执法工作的权宜之计，起码在一定程度上可以减轻社区矫正的执法困境。

（四）矫正经验少，后续创新发展动能不足

由于社区矫正工作开展的时间较短，缺少经验积累，导致社区矫正机构监管形式、教育手段单一，缺乏矫正质量提升的操作动力。日常监管主要体现在社区矫正对象定期报到，对其进行谈话及走访上，对社区矫正对象只能做到基本"稳控"。加之专业人士，如心理医生、教育工作者、法律工作者的匮乏，缺少具有个性化的科学矫正方案，无法对社区矫正对象进行高水平、专业化的教育和矫正。社区矫正对象的公益劳动流于形式，实质教育效果较弱。尤其是禁止令的执行更是无从谈起，由谁监管、如何监管都成问题。再加上社区矫正队伍专业素质，社区矫正机构设置、办公场所、办公条件、装备，与当前社区矫正工作的要求不相适应，后续创新发展动能不足。

（五）对社区矫正工作的认知存在偏差

在看到社区矫正工作取得的成绩的同时，我们在实践中也深刻体会到不同群体处于不同角度对社区矫正工作的认识存在偏差。这些认识偏差会对社区矫正工作产生非常不利的影响。比如，部分法律学者只片面看到社区矫正工作节约了监禁成本，而忽视了司法行政部门管理一名相对"自由"的社区矫正对象的成本，在实际运行当中，管理成本可能并不低于监狱。只不过是在实践中，各级党委政府对社区矫正工作的财政投入和人员编制供给先天不足，这或许是部分法律学者认为社区矫正工作成本较低的根本原因。

二、社区矫正工作难点问题改进方向

通过上述难点梳理和原因分析，结合社区矫正工作实际，把情况摸清楚，把症结分析透，研究出改进措施。有利于今后开展工作，有利于提高社区矫正工作质量。同时也可为今后补充、修改、完善社区矫正制度、法律法规提供具体材料和数据支撑。

（一）创新工作思路

1. 以新方法解决监管掌控难

在经费和人员不足的情况下，对所有社区矫正对象实施全天候监管十分困难，针对这一不争的事实，过去采取的技术手段管控有很多弊端，如手机断电、欠费、忘记随身携带或由他人帮带等，往往会出现暂时失控和长期人机分离不在同一地点的脱管现象，必须与时俱进地予以解决。一是充分利用现代化信息技术和手段。比如建立社区矫正对象微信监管群，通过微信手机定位和视频聊天窗口，每天发送定位信息、随时进行视频通话，对监管对象实施位置、身份双向确认，严防故意隐瞒

造成脱管漏管。二是高度重视人文关怀。要明确社区矫正工作中，监督管理是基础、教育帮扶是核心的工作理念。《社区矫正法》第四十二条规定：社区矫正机构可以根据社区矫正对象的个人特长，组织其参加公益活动，修复社会关系，培养社会责任感。《社区矫正法》的最终目标是促进社区矫正对象顺利融入社会，预防和减少犯罪，所以今后社区矫正工作的重心要由监督管理向人文关怀转变。三是抓好社区矫正教育基地、就业基地建设。建设社区矫正基地、就业基地是提升教育帮扶工作水平的重要途径，也是社区矫正对象融入社会的桥梁和纽带。将符合条件的社区矫正对象安置在社区矫正基地，不仅能最大限度减少他们回归社会后无业可就的现实困难，而且可以帮助他们树立信心、重建自尊、增强社会责任感，培养自律意识和法治意识。

2. 以新载体有效解决教育难

加强对社区矫正对象的思想教育是法律赋予社区矫正工作者的主要手段之一，也是确保社区矫正对象思想回归的重要举措。近年来，积累了很多有效办法，如采用小集中学习与大集中学习相结合、口头汇报思想与书面汇报思想相结合、集中交流与个别谈话相结合、主题教育与警示教育活动相结合的方式方法来开展，效果确实明显。但也有其弊端，主要表现在组织成本高、人员集中难、形式大于实效等，特别是《社区矫正法》规定不能影响社区矫正对象的正常生产生活，以及疫情防控常态化后，更难做到上述"四结合"。因此，我们要充分发挥网络媒体和大数据平台的作用，拓宽教育矫正的思路，打通教育帮扶的渠道。根据社区矫正对象的思想状况、兴趣爱好，制定个别化的矫正方案。通过建立起来的社区矫正对象微信和微信群，发送学习宣传资料、收集学习体会和思想汇报、发布工作监管指令、视频通话实施点验、核实身份、确定位置、互通防控信息、宣扬正面典型，以新载体有效弥补和解决教育难、教育方式不足的问题。

3. 以新渠道解决心理疏导难

了解掌握社区矫正对象所思所想和实际困难，加强对社区矫正对象的心理研判，并对其心理问题及时疏导，是社区矫正工作的重要环节。但在实践中确实存在"两难"，一是了解难，二是疏导难。社区基层工作人员要针对微信、QQ、微博等新媒体进行广泛普及。朋友圈很大程度上已成为每个人心理活动的"晴雨表"。基层社矫局或司法所一旦发现社区矫正对象在对应的新媒体平台上发布有苗头性、过激性的言论，就可以迅速作出分析研判，及时开展排查走访，做好心理辅导，有针对性解决问题，及时化解社区矫正对象思想上的疑惑和生活上的困难，在交流沟通中增进理解，在解决问题中达到疏导教育的目的，切实把问题解决在萌芽状态。

4. 以新形式解决工作协调难

社区矫正刑事执行一体化的一个主要动因就是要动员全社会力量参与其中，在执行过程中也会涉及多个部门，如果协调不好、不到位，势必会影响刑事执行一体化成效。社会力量参与、各部门协调都离不开党委政府的统一领导，离不开健全的工作协调机制。对此,要建立健全党委政府统一领导、司法所组织实施、职能部门协调配合、社会各界广泛参与的社区矫正工作领导体制和工作机制。充分发挥社区矫正委员会的协调作用,定期召开工作会议,互通信息、互议问题、互商措施,各职能部门各司其职,协调解决社区矫正工作中出现的新情况、新问题,形成工作合力。同时还要组织和建设好村(居)委会成员及亲属组成社区矫正帮教工作小组,发挥他们贴近社区矫正对象日常工作生活的优势,及时掌握他们的思想动态和行为表现,帮助他们解决实际困难和问题,为他们安心在社会上接受矫正创造良好环境。司法所要在每月走访过程中,组织他们召开碰头会,充分听取他们的意见和建议,既可调动工作积极性,也可提高矫正效力。

5. 以新思维解决社会知晓难

社区矫正工作虽然开展得有声有色,但社会知晓率还是偏低。这也严重地影响了社会参与度和对司法行政工作的满意度。为此,我们要充分利用广播、多媒体或微信群等平台,广泛宣传社区矫正工作的目的、意义。还可结合"八五普法教育""法制宣传日""法律八进"等活动,有针对性地开展社区矫正工作相关的法律宣传,不断提高社会知晓度和认同感,消除一些群众对社区矫正对象的歧视和偏见,达成全社会共识,营造积极参与、主动关心的良好氛围。

(二)认真加以改进

1. 加快构建社区矫正相关制度体系

重点加强以下几项基本制度建设。

(1)完善日常管理制度。建立和完善有关矫正对象登记、公告、档案管理、学习劳动、社会调查访问、风险评估,以及对矫正对象的评估奖励和处罚等有关制度。将社区矫正对象的社会调查、评估、教育和监督的执行权集中到司法行政机构,以避免"双重对象"和多重交叉管理。如果社区矫正机构人员较少,社区矫正科目太多,则可以将每月报告时间设置为固定日期,以确保社区矫正科目可以按时报告。如社区矫正机构的办公空间不达标,可以采用每月集中的公告制度进行公告,可以占用市、区的一些基地开展集中学习、劳动或工作。

(2)完善联席会议制度。在社区整治工作中,要确保会员单位之间的协调与合作,最重要的是要实现信息共享。对于当今的信息技术来说,构建社区矫正大数据共享平台并不困难,但是由于利益冲突和各个部门之间的制度壁垒等问题,很难在短时间内实现平台建设。为了实现信息共享,联席会议系统的实施是司法机关最现实、最实际的方法。联席会议每月举行一次,每季度总结一次。"每月分析会议"与基层政府的综合治理会议结合起来,派出所、检察院、人民法院和村(社区)公安人员参加会议,从而实现各种数据信息共享。"季度分析会议"主要报告季度工作计划和进度,解决社区整治中的关键难题。

(3)完善未成年人社区矫正分矫制度。坚持分别处理及隐私保护原则,对未成年人与成年人分别开展矫正活动，避免"交叉感染"，从而进一步提高社区矫正的针对性。对犯罪未成年人的家庭环境、个性特点、成长经历、教育背景等进行全面调查，分析犯罪原因，找出症结所在，制定出一套科学、合理的矫正个案，确保矫正工作取得实效。

（4）完善社区矫正工作综合体系。借鉴国外社区矫正先进经验，建立一套包括回归社会指导、心理疏导、职业培训、临时救助等方面的矫正工作综合体系，加强职业技能培训、就业指导，并协调有关部门，尽可能解决他们的就业问题，防止他们因生活困难再次犯罪。

2. 以需求为导向深化信息化平台建设

要通过打破部门之间的"消息壁垒"，加快实现社区矫正信息共享。现阶段特别应该尝试将人工智能技术引入信息平台系统，自主收集分析社区矫正对象报到、定位、教育学习、公益活动、心理评估等情况，智能给予科学有效的针对性建议。创造"互联网＋"应用环境，集成在线教育学习、视频教育、考核管理于一体，探索研究远程监督管理系统，拓展监管渠道，织密监管网络。

与此同时，将社区矫正纳入公共法律服务平台。当前，全国各省（区、市）司法行政机关正在推动基层公共法律服务平台建设，将人民调解、法治宣传、法律援助和公证等服务，连同社区矫正一并纳入基层公共法律服务平台，使司法机关内部资源和社会资源相协调，更好地参与到社区矫正工作当中，从而达到提升社区矫正工作质量的目的。

3. 建立政府主导、各部门监督协调机制

社区矫正工作本身就是一种公共管理行为。它要求政府始终发挥协调作用，制定科学合理的政策和制度。政府不需要直接参与特定的实施和服务工作，而只是间接地为社区矫正工作提供良好的服务，以及社会环境、人文环境和法律环境，明确各职能部门的职责和权力，提供资金和人力，使各部门能够在各自领域形成合力、相互协作。各职能部门要在政府的统一领导下行使职责，直接参与社区整治工作。司法行政机构的社区矫正组织是主要职能部门和牵头单位，与其他部门通过合作，强化社区矫正工作的整体推进，使社区矫正工作真正成为全社会合力而为的工作。

4. 加强社区矫正队伍建设

通过加大社区矫正工作者职业化、专业化建设力度。特别是定期组织经验交流，将适用《社区矫正法》的好想法、好做法形成统一规范的工作制度和模式，自上而下、以点带面辐射到各地基层工作中，从而推动社区矫正监管工作不断"升级"。与此同时，做好以下几方面工作。

（1）健全岗位培训机制。常态化、综合化开展培训，可以通过与政法院校合作，聘请专业人士针对法律、犯罪学、管理学、教育学、心理学等方面进行授课，加强对综合素质的培训，使他们在不断提高工作水平和效率的同时，提高职业素养，从

而提高帮助社区矫正对象再社会化的深层次预防性矫正能力，提升社区矫正工作者职业化、专业化工作水平。

（2）鼓励社区矫正相关工作人员参加国家司法考试、社会工作者职业资格考试和心理咨询师职业资格考试，培养和储备一批专业人才，承担社区矫正工作的重要责任。

（3）扩大志愿者团队，指导社会力量的参与，并给予他们一定的精神和物质激励，以满足他们的职业归属感和成就感，使他们不断更新社区矫正知识和技能，以促进其更好地服务于社区矫正工作。

5. 加大社区资源参与度

积极发挥社区优势，鼓励一切社会力量参与到社区矫正工作中来，将家庭、学校、企业、志愿者、专业社会工作者等纳入帮教体系，帮助社区矫正对象更好地融入社会。应重点做好以下四个方面的工作。

（1）创新社会治理，丰富载体形式。通过政府购买服务、设置公益性岗位、政企合作等方式，进一步整合社会资源，吸收教育工作者、律师、心理咨询师、各行业的社会专业组织和社会人士参与社区矫正工作，实现科学矫正、分类管理。

（2）依托社区、企业、家庭等社会资源，帮助社区矫正对象构筑和谐的社会关系支持网络，并借助该网络立体化开展监管工作，掌握社区矫正对象动态，逐步淡化定位等强制性手段。

（3）加强功能建设，发挥家庭、社区和企事业单位的作用。作为组织者的司法行政部门，应当进一步采取措施，发挥家庭、社区和企事业单位在社区矫正工作体系中的作用，完善其功能。对能给社区矫正对象提供就业，对其行为宽容，帮其度过心理危机、重建生活信仰的家人、亲友、人社部门、文化卫生部门给予方便和政策支持。如对提供就业单位进行财政补贴，推动企业就业环境的改善，培训专兼职心理咨询师等。

（4）拓展资源空间，引入信息化教育、管理、帮扶手段。努力使社区矫正工作实现信息化，完整体现社区矫正的各个环节和进程并保持同步动态更新。保证主管机关及有关人员能够及时掌握执行情况，便于实现数字化和对矫正人员迁移实行跟踪管理。

总而言之，我国的社区矫正工作虽然只有约二十年时间，但与国外数十年甚至数百年的发展历程相比，我国取得的成果是显而易见的。经过这些年的积累和发展，各种制度和系统日趋完善，形成了具有中国特色的社区矫正管理模式。由于所存在的实际问题比较复杂，社区矫正工作尚未达到理想状态。只要仔细找到难点问题，客观分析问题原因，从完善各项规章制度等方面加以改进，我们一定会找到社区矫正工作的前进方向。我们的社区矫正工作，在党和政府的高度重视和支持，各部门的合作，以及社会和公众的积极参与下，一定会逐步趋向法治化、规范化、高效化，为维护社会的和谐稳定、国家的长治久安添砖加瓦。

💡 思考题

1. 如何做好未成年人社区矫正工作?
2. 分析社区矫正工作难点问题存在的原因。
3. 如何破解社区矫正工作存在的问题,改进、创新工作思路?

💡 拓展练习

《社区矫正法》八大亮点

亮点一 注重社会关系修复和矫正对象融入社会。犯罪行为侵害的是刑法所保护的社会关系,社区矫正作为一种非监禁刑事执行方式,其主要目的不在于对犯罪人施加报应性惩罚,而是致力于对受损的社会关系进行整体修复,恢复和谐融洽的社会关系以及重塑社区矫正对象健全的人格。因此,《社区矫正法》第四十二条规定,社区矫正机构可以根据社区矫正对象的个人特长,组织其参加公益活动,修复社会关系,培养社会责任感。社区矫正对象通过参加公益活动修复包括被害人(社区)在内的各方面的社会关系,获得宽宥、谅解和接纳,减少"标签化"和社会排斥,营造良好的回归环境,才能实现"促进社区矫正对象顺利融入社会,预防和减少犯罪"的立法目的。

亮点二 确立监督管理与教育帮扶两大核心任务。《社区矫正法》第三条将教育矫正与帮困扶助两项任务合并,统一为"教育帮扶",以"坚持监督管理与教育帮扶相结合"作为开展社区矫正工作的指导方针。监督管理强调社区矫正的刑事执行措施属性,通过外在强制力要求矫正对象遵守报告、会客、外出、迁居、保外就医等监督管理规定,服从社区矫正机构的管理;而教育帮扶旨在利用多种形式,对矫正对象进行法治、道德等教育,激发其内在道德素质和悔罪意识,有针对性地消除其可能重新犯罪的因素。

亮点三 鼓励和引导多元社会力量参与社区矫正。《社区矫正法》第十条至第十三条对参与社区矫正工作的各方主体的职责作了明确规定,鼓励和引导多元社会力量依法参与社区矫正工作,并在第四十条授权社区矫正机构可以通过购买社区矫正社会工作服务或者通过项目委托社会组织等方式,为社区矫正对象提供心理辅导、社会关系改善等专业化帮扶。

亮点四 充分保障社区矫正对象享有的合法权益。《社区矫正法》第四条强调,社区矫正对象依法享有的人身权利、财产权利和其他权利不受侵犯,在就业、就学和享受社会保障等方面不受歧视。在实施社区矫正的过程中明确规定,社区矫正的措施和方法应当避免对社区矫正对象的正常工作和生活造成不必要的影响;非依法律规定,不得限制或者变相限制社区矫正对象的人身自由。社区矫正机构须严格保护矫正对象的身份信息、位置信息和个人隐私。

亮点五 设立社区矫正委员会统筹协调相关工作。《社区矫正法》第八条规定，地方人民政府根据需要设立社区矫正委员会，负责统筹协调和指导本行政区域内的社区矫正工作。社区矫正委员会作为一个新的组织机构系首次出现在法律文件中，社区矫正委员会的负责人一般由地方党政领导担任。社区矫正工作涉及诸多部门，事务繁杂，设立这样一个专门的高规格组织机构，旨在建立起党委政府统一领导、司法行政部门组织实施、相关部门协调配合、社会力量广泛参与的领导体制和工作机制，保障社区矫正工作顺利开展。

亮点六 提高社区矫正信息化水平与推动信息共享。利用现代信息技术进行"智慧矫正"以及建设信息共享应用服务平台，是各地在社区矫正实践中的创新经验。《社区矫正法》把这些成功做法提升为制度成果，将"国家支持社区矫正机构提高信息化水平""社区矫正工作相关部门之间依法进行信息共享"等内容写入第五条，还就信息化核查、使用电子定位装置等作出了专门规定，为运用现代信息技术加强对社区矫正对象的监督管理提供了明确的法律依据。

亮点七 矫正对象分类管理与矫正方案个别化实施。犯罪人员的成长经历、犯罪原因、犯罪行为以及造成的危害结果各有差异，教育矫治需求的差异性体现了特殊预防所蕴含的刑罚个别化逻辑，要求处遇措施的程度及性质需根据矫正对象区别对待、类型化处理。在分类处遇的基础上，制定个别化、针对性的矫正方案，并根据矫正效果动态调整，才能保证处遇措施的有效性。《社区矫正法》在第三条确立了分类管理、个别化矫正原则，并在第二十四条和第三十六条分别作出具体规定。

亮点八 设立未成年人社区矫正特别规定专章。《社区矫正法》针对未成年社区矫正对象的特殊情况设立专章予以特别规定，要求对未成年人的社区矫正与成年人分别进行，采取针对性的矫正措施。对未成年社区矫正对象予以特殊保护，如为未成年社区矫正对象确定矫正小组，应当吸收熟悉未成年人身心特点的人员参加；保障未成年社区矫正对象完成义务教育以及提供职业技能培训，在复学、升学、就业等方面依法享有与其他未成年人同等的权利。

第十六章

内视观想在社区矫正工作中的实践应用

　　内视观想疗法,简称"内观疗法",是由日本心理学家吉本伊信于1937年首次提出的,后经教育心理学家、临床心理学家、精神病学家们的不断完善,目前已经成为一种独立的心理治疗方法。内观疗法由于其独特的作用效果,对教育矫正罪犯已经显示出很高的应用价值和前景。根据内观疗法的基本工作原理,对社区矫正对象进行系统分析,将内视观想疗法应用到社区矫正工作中,这本身就是一种新的尝试与探索。通过让社区矫正对象学习传统文化经典,在诵读经典的情境中回顾、检讨自己过往的所作所为和存在的问题,实现纠正错误、达到自我教育改造、树立积极向上人生态度的目的。帮助社区矫正对象反思反省,改变认知模式。这是一种全新、全优、全员的教育矫治方法,也是一种心理学和文化改造相结合的技术方法,可以促进社区矫正教育帮扶工作从单向、灌输式施教向双向、启迪式施教方式的重要转变。

第一节 内视观想疗法概述

一、内视观想疗法的作用原理与特点

（一）内视观想疗法的作用原理

"内视观想"（下文简称"内观"）疗法，也称"观察自我法"或"洞察自我法"，其本质与《论语》中的"吾日三省吾身"相似。"内观"即为"了解自己，凝视内心的自我"。"内视观想"体验活动的参与者在心理咨询师（内观实施者）的指导下，在独立密闭的空间内对人生经历中重要的人和事，以及与他人的关系进行系统回忆和反思。在细致回顾人生的过程中，获得对自己的心理、性格、人际关系等多方面的洞察。经由这种深入的自我观察，进而调整心境，唤起"省"与"悟"的念头，最终以自觉的意识来净化内心。

内观疗法的作用原理，主要是通过回顾和检讨内观参与者自己过往的所作所为中存在的问题而予以彻底反省，以比较自身对他人的冲撞和他人对自己的慈爱这两者之间的差异和原因，进行自我洞察、自我分析，并纠正自己的不良态度，改善自己的人格特征。内观疗法的内容是对自己有密切关系的人和事等方面的情况，按年代顺序进行回顾，即：别人为我做了什么？我为别人做了什么？我给别人增加了什么烦恼？通过这个过程，促使内观参与者本人和他人之间发生共鸣，在感情上取得协调，增强自己的社会责任感，改变其心理活动中的不良状态和形象，人格得到纠正，从而将内观参与者以自我为中心的、利己的、对他人仇恨的心理转变成诚恳的、谦虚的心理状态。

内观疗法在国外于20世纪50年代开始逐渐得到系统的应用，如今已在世界范围内得到广泛发展。目前，欧美、日本、印度等国的一些监狱都采用了内观疗法对社区矫正对象进行教育改造。在国内，由华夏心理培训学校以及上海复旦大学心理系与日本青山大学石井光教授、中野博士合作，已经在中国境内开展了内观体验工作，同时启动了内视观想师的培训工作。

（二）内观疗法的特点

内观疗法之所以近年来越来越受到人们的关注，不仅是因为它显现出广泛的应用前景，更源于其鲜明的特色、显著的特点。

1. 操作简便易行

内观疗法没有繁杂的理论背景，从设置到方法，再到途径都便于操作，简便易行。内观实施者不需要特别深厚的理论基础，技术层面一学就会、一听就懂，便于广泛开展。但内观实施者还是需要有一定的面谈技术、亲和力，以及需要有一些辅导技能等。

2. 自主感觉明显

内观疗法能够促使参与者在内观中客观认识自己，增强配合意识，避免参与者出现防御心理，激发参与者的正性情感。克服了传统意义上的说教容易产生的抵触、排斥和逆反心理。整个过程完全以参与者为主体，也完全是参与者的真实感受和自我行动愿望。

3. 容易激发改变

由于内观的目的是消除参与者自我本位思想，变自我为中心为换位思考，促使其感恩悔过、回归正常心态；加上"内观"的程序设置会使参与者在内观中深深感受到心灵的冲击和震撼，体会到前所未有的心理感觉，从而激发其变革自我的情感，起到润心促变的作用。

4. 安全且易被接受

内观参与者通常不希望显露自己的任何弱点，以保持自己的矜持。与其他治疗方法相比较，"内视观想"让参与者不必在他人面前露短，也不需要让自己受到他人的批评，从而避免引起情绪的冲突和压力。每次的询问也会避免因为独处，片面地感知现实，卷入自身的仇恨和排斥的情绪中。这种疗法设置安全性强，易被接受。

5. 经济高效实用

由于内观疗法不需要通过分析来找出参与者情绪应激和不稳定的局面造成的原因，也不需要找出或指出自己或他人的错误，因而治疗时间短，并且治疗效果显著。同时，内观实施者通常能够一次指导近10名参与者观想，且一周的时间内就可以取得良好效果，相对于其他心理治疗方法与个别谈话，如中心疗法和精神分析疗法，效果更好。

6. 包容性和可驾驭度强

内观疗法参与者在治疗中只需接受自己能接受的部分，不需要做知识或哲学的争辩，加上此疗法源于古老的中华传统文化的精髓，理论基础宽厚。同时，内观疗法与其他疗法不冲突，不排斥其他疗法的运用，可以容纳其他心理治疗技术以及个别谈话教育的方法，也可以适时增减有益的内容，用起来容易、顺手，因而包容性和可驾驭度极强。

二、内视观想疗法在社区矫正工作中适用的优势分析

（一）适合大部分社区矫正对象运用内观疗法进行治疗

社区矫正作为一种与监禁矫正相对应的非监禁刑罚执行制度，是指将被判处管

制的人员（简称"管制犯"）、被宣告缓刑的人员（简称"缓刑犯"）、被暂予监外执行的人员（简称暂予"执行犯"）、被裁定假释的人员（简称"假释犯"）四类矫正对象置于社区内，由专门的国家刑罚执行机关在相关社会团体、民间组织和社会志愿者的协助下，在判决、裁定或决定确定的期限内，矫正其犯罪心理和行为恶习，帮助其顺利回归社会的刑罚执行活动。

这四类人员有以下共同之处。

（1）部分社区矫正对象罪行轻微、主观恶性不大，或有病在身，或余刑不多，或附条件转入社区矫正，初犯、偶犯、过失犯比例大等。

（2）需要非监禁执行刑罚。经过侦查、起诉和审判甚至执行阶段，他们中的多数人都能够认识到自己犯罪行为的性质和危害性，只是已不需要或暂不送入监狱监禁，以剥夺自由。在监外执行刑罚也能促使他们认罪服法、悔过自新，回归社会后，不致再犯罪。

（3）矫正对象大都有这样那样的心理问题。许多社区矫正对象存在着一定的心理压力，如不满和悲观的情绪，以及自卑、敌对和自我封闭的心理障碍，都会使他们表现出不愿让人们知道自己的境况，不愿引起亲朋好友及邻里的关注，更不愿参加所在社区的义务、公益性劳动。同时，他们对集中教育和劳动有意见，认为这样暴露自己的身份，会给工作、生活带来麻烦。甚至有的人死爱面子，认为在自己的社区服务比坐牢还可怕。

这些心理问题与内观疗法的适用对象高度一致。内观疗法的主要适用人群是精神不健康的人，如家庭关系不融洽、非社会行为、神经质、酒精依赖、抑郁症、心身疾病、逃避等。社区矫正对象大多有这些心理问题，并有积极向善和内心自我反省能力，有积极面对明天的心态。通过内观疗法更能激发他们观察自我内心、观照自己、凝视内心、自我启发的热情，积极接受矫正，走出犯罪的泥沼。

（二）内观疗法可以有针对性地对社区矫正对象起作用

按照内观疗法的程序，通过让内观参与者尤其是社区矫正对象，回顾别人给予自己的关照，可以使之重温被爱的情感体验，唤起内心的自信、责任感、感恩等认知，也可以通过回顾自己给别人、家庭、社会增添的麻烦和伤害，唤起其羞愧感、负罪感，与亲人朋友之间的连带感，对社会和他人的信任感。从而在几种矛盾的情感体验中，加剧社区矫正对象的情感活动，打破其原有的错误认知框架，重建其自我形象认知，改善社区矫正对象的人际关系，达到自我洞察、理解他人，建立新的关系和新的生活，对自己重新认知定位的目的。更可以通过社区矫正对象对自我形象和他人形象进行调整，提高同他人的共鸣、协调和自我控制的能力，减轻内观者的各种精神症状，使其情绪与行为日趋稳定和积极。逐步改变以往的价值观，由内而外助推其完成自我改造，推动提升社区矫正对象的心理健康水平，促进社区矫正对象安心接受矫正，形成良好的正面形态。

（三）内观疗法的设置安全性有利于内观疗法效果的体现

社区矫正对象通常不希望显露自己的弱点，以保持其在"亚文化"中的地位和"面子"。与其他治疗方法相比较，"内视观想"让其不必在其他社区矫正对象面前透露自己的弱点，也不需要让自己受到他人的批评，从而避免引起情绪的冲突和压力。对于发生强烈矛盾冲突、重大生活变故的对象，社区矫正工作人员可建议对其先进行内观，消除抵触敌对情绪，进行一定的缓冲，然后进行深入治疗。内观的环境设置一定要是温暖的、安全的、滋养的，避免参与对象误认为是惩罚。当然，内观疗法还可以作为个别谈话教育以及其他心理治疗手段的前置程序来运用。

三、运用内视观想疗法矫正过程中应注意的问题

在对社区矫正对象进行内观疗法矫正过程中要特别注意以下几点。

（一）参加内观疗法对象要选准

不是所有社区矫正人员都适合参加内观疗法。如有冲动控制障碍、智能障碍、严重自杀倾向和处于重性精神病发作期的矫正对象就不适合。选择时应该加以甄别后，再决定适用对象。这样，在进行内观疗法的过程中就能够比较顺利地展开各项程序，使参加内观疗法的社区矫正对象都能够顺利收获"自由良心"，在修身养性中陶冶自己的情操、增强自己的社会责任感，达到矫正的目的。

（二）要严格按照内观的操作规程运作

在社区矫正工作中实施内观疗法，一定要注意各种方法的操作规程。比如集中内观，要想使其获得心灵净化，达到治疗较好的效果，就得按照"三要素"年代顺序进行回忆。

（1）对自己能回想起来的具体事物，站在对方的立场上来进行分析和观察，并作自我谴责。

（2）比较自身对他人的冲撞和他人对自己的慈爱，进行自我分析。

（3）纠正人际交往中的不良态度。通过内观治疗，促使参与人和他人产生共鸣，并进行自我反省、换位思考、净化心灵、停止抱怨，在感情上取得协调，改变矫正对象心理活动中的不良状态，取得良好治疗效果。切忌在进行内观时，不按操作步骤，随意引导，造成意外事件。

（三）要对操作者进行规范的内观专业知识和技能培训

内观疗法作为认知疗法和行为疗法的补充，在社区矫正工作中的运用，应该是不容忽视的。但是作为新的心理矫正方法的使用，还必须要做好专门的业务培训，持证上岗操作，引导和督促社区矫正对象做好领悟自身不良认知和价值观，要求内

观实施者——社区矫正工作人员，不仅要具备扎实的专业素养，而且要有良好的职业道德，更要有健全的心理素质。

（四）要用合适的方式方法实施内观疗法

实施内观疗法的方式方法有很多，比如集中、分散、日常、渐进内观等。但在进行社区矫正工作中，还可以创造出更多的、灵活多样的方式方法来对社区矫正对象进行内观治疗。例如，哭泣宣泄法：想哭就哭出来，把毒素清除。倾诉宣泄法：当一个"祥林嫂"又何妨？还有注意转移法：在生活琐事中运用等。只要我们选准对象，用合适的方式方法，有针对性地开展内观治疗，对症下药、辨证施治，就一定会得到良好的效果。

（五）要客观正确地认识内观疗法的作用效果

如果方法得当、对象准确，内观疗法的作用效果将会较好彰显。但是，如果在对象、步骤、程序、时间上选择有误，作用就会打折扣。内观疗法的作用既不需要夸大也不需要缩小，只要能针对社区矫正对象发挥作用就行了。它是其他社区矫正方法和心理疗法的有益补充。当然，内观疗法也不是一家独大、万能的，它也有局限性，与其他方法综合起来使用，才会达到比较好的心理矫治效果。要客观正确、一分为二地看待内观疗法，只有正确运用，内观疗法才能真正推动社区矫正工作发展。

总而言之，内观疗法这一新型心理矫正方法如果在我国社区矫正工作中及时引入，则能有效促进我国社区矫正对象的心理矫治，提高矫正率，全面提升教育改造质量。内观疗法是一种全新的有益尝试，值得深入探索。

第二节 内视观想疗法在社区矫正中的实践应用

一、内视观想经典情境体验法的原理和目标

为贯彻落实社区矫正对象的文化教育工作，在充分吸收、传承和弘扬我国优秀传统文化的同时，也需要将其他先进的理论和技术运用到社区矫正实践中，切实提高矫正效果。为加快推动社区矫正工作的开展，探索出一条新的矫正之路，武汉市社区矫正工作管理局在武昌、汉口、汉阳三个区的社区矫正工作管理局，尝试开展了内视观想经典情境体验法在社区矫正工作中的应用，结合我国传统文化经典，通过开展诵读经典、情境体验活动，现已掌握了一些经验。

（一）内视观想经典情境体验法的原理

人在社会化的进程中，会因为各种外在环境的影响（包括家庭、学校和社会等）

养成许多不良习惯，使人在生理或心理上产生变化，甚至扭曲，并逐渐影响到人格发展。

内视观想是一种结构化的了解自己的方法，它帮助我们了解自己，了解自己的人际关系和人存在的本质。以心理学的科学理论、方法为基础，结合传统文化中的"自省""内观"，发现自己的盲点，从而找到人的天性，激发改变自身的深层次潜能，找到可以指导自己人生方向的动因。

经典情境体验法是借助传统文化中的"孔孟心学"，经由学习者结合自身的人生经历和身心体悟，进一步理解内化国学经典要义，促进国学经典要义与个体自身行为相互印证的一种研习和修行方法。最常用的有经典情境诵读体验式和传统文化经典情境体验式等方式方法，较好地诠释了经典情境体验法的工作机理和魅力。

(1) 经典情境体验法突破了原来传统文化学习中存在的形式化、活动化、教条化、概念化、灌输化问题。通过问题导引及角色扮演等方式专注学习过程中的体验、体悟和体证。

(2) 经典情境体验法能充分调动人的各种感官，通过抄写、阅读、听书、观影、讨论、分享、角色扮演等方式，具有体验性、情境性、浸入性、践行性等特点，在优秀传统文化的习得、践行和传承上，让人不仅学得深、悟得透，而且用得上、行得久，做到"入心入脑"、知行合一，帮助矫正对象通过优秀传统文化的学习和熏陶，懂义利、明是非、敬法度、尚道德、讲诚信，具有重要现实意义和广阔应用前景。

（二）内视观想经典情境体验法的工作目标

将内视观想疗法与经典情境体验的学习内容结合在一起运用到社区矫正工作中，可以达到社区矫正的工作目标。

(1) 突破社区矫正对象固化而强大的陋习（甚至是个性）的影响，帮助他们找到人的天性，激发改变的动力，也找到可以指导他们自己人生方向的动机和潜能。

(2) 借助传统文化中的"孔孟心学"的学习，矫正对象结合自身的人生经历和身心体悟，进一步理解、内化国学经典要义，促进国学经典要义与个体自身行为相互结合，从而达到自觉研习和自我修行的目标。

(3) 通过"内省"，提高矫正对象自我洞察、客观审视自己的能力，更清晰地认识自己和自己的人际关系。在自我分析中，找到自身存在的不足、修正偏执的思维方式和社会生活态度，激发社区矫正对象改变的意愿和动机，促进其身心统一、人际和谐、改过迁善。

(4) 与原有的矫正方法形成有机互补，更好地发挥原有方法的效能。经过实践活动，总结出情境体验式读经典活动的操作步骤，以快速增强社区矫正对象学习文化的自觉性和文化上的自信心。弘扬中华传统美德，体悟内视和内省，做自己的管理者，促进社会和谐，人人向上向善。

二、内视观想经典情境体验法在社区矫正中的实践应用步骤

内视观想经典情境体验法作为文化改造的一种内省方法,是一种心理学和文化改造相结合的技术方法。从实践中看,这种方法只要按照科学的运作机理操作就可以取得较好效果。

(一)内视观想矫正工作的筹备

这里以武汉市社区矫正工作管理局推进此项工作的具体做法为例。武汉市社区矫正工作管理局采取的是统一购买此项社会服务,送给各区社区矫正工作管理局,各区局协办,划片执行(比如武昌片区、汉口片区、汉阳片区)。

1. 统一购买社会服务

通过政府购买服务的方式开展心理矫治,引入华夏心理学校辅导专家,为有需求的社区矫正对象开展有针对性的心理矫治。运用视频会议方式打造全员全覆盖集中教育新机制,通过购买社会服务的方式,引进武汉弘毅博心理研究院,依托武汉大学等高校强大的教学资源优势,采取线上线下集中授课的方式,统一实施全市(片区)社区矫正对象集中教育。

2. 统一学习时间和要求

对新入矫的社区矫正对象开展为期三天的内视观想集中学习,社区矫正对象须在课程结束时,在入矫常规期、解矫期完成思想汇报作业以及效果反馈。武汉市社区矫正工作管理局统一发文,将《内视观想经典情境体验法操作手册》作为附件,规范整个活动的操作流程。比如入矫时3天集中学习"30/60/90"天作业跟踪+组织一对一谈话,每一名社区矫正对象最终形成的学习成果手册及学习过程记录等。

(二)内视观想社区矫正对象的筛选

筛选项目人员,打破固有思维。原则上是所有社区矫正对象(特殊情况除外)均要参加。由于大多数社区矫正对象文化水平较低,对学习经典存在一定程度上的抵触情绪,社区矫正对象参与学习的动机也不一样。通过分批分级地参与内视观想经典情境体验学习活动,经过3天的集中学习,使社区矫正对象转变对传统文化的错误认知,对国学的学习产生浓厚兴趣,尤其是小学甚至文盲文化程度的矫正对象,孝悌精神被激发后,往往对经典的感悟更深。下面以武汉市武昌区组织的一期对内视观想经典情境体验社区矫正对象参与者的筛选过程为例。

1. 社区矫正对象基本情况

参加内视观想的社区矫正对象为6人,男女性别比例为5∶1,年龄层次分别是60岁以下5人、60岁及以上1人,罪名分别是组织、领导传销活动罪,利用邪教组

织破坏法律实施罪，信用卡诈骗罪，诈骗罪，贩卖毒品罪，危险驾驶罪。矫正类型分为缓刑人员5名、假释人员1名。

2. 社区矫正对象的筛选

参加内视观想社区矫正对象中，两人因为罪名原因被列为重点人员，一直处于严管状态，听说参加内视观想表现好的可以转段（严管转为普管）。两名社区矫正对象刚刚因为外出超假被给予警告处分，从普管变为严管，内心有些抵触。一名假释的女性社区矫正对象前期心理测试分数偏低，希望通过参加内视观想改变自卑的内心。

（三）内视观想社区矫正对象学习工作坊的思路

1. 确立了"工作人员＋矫正对象"双主体培养的工作思路，建立了"1153"工作机制

具体内容为："一个目标"，即提高工作人员与矫正对象的内省能力，激发改变动机，提升道德素养；"一条主线"，即工作人员深入到矫正对象中，与矫正对象共同学习、提高，率先垂范，讲之以身心；"五项原则"，即营造氛围、严格筛查、激发兴趣、引导鼓励、稳步推进；"三个环节"，即普及性文化教育、"经典情境体验"工作坊、内观体验。

2. 社区矫正对象在同伴教育中不断成长

在每期3天的读经典活动中，每组的见习导引师（副组长）均是往期参加过"3＋30"学习的优秀矫正对象学员。将经典情境体验优秀学员培养成经典情境体验矫正对象导引师是经典情境体验学习践行活动的一项突破，其目的是充分发挥同伴教育作用，让矫正对象导引师与新参加学习的矫正对象共同学习、共同成长，促使他们逐步学会对照经典去内视自己，培养自省意识。

3. 开展文化活动，营造学习氛围

开设"传统文化素质教育"课程，定期组织全员听取传统文化经典讲座，使矫正对象对传统文化经典有初步的认识，为下一步的经典情境体验读经典活动做好铺垫。

4. 形成学习手册，固化实践经验

为让更多工作人员和社区矫正对象加入到学习和践行传统文化的队伍中来，武汉市社区矫正工作管理局编撰完成《内视观想经典情境体验法操作手册》，初步建立了一套经典情境体验种子培养机制。

（四）内视观想经典情境法诵读体验实践应用

传统文化经典情境诵读体验实践应用，主要是由导引师（华夏心理学校老师和

往期参加过"3+30"学习的优秀矫正对象学员组成）有目的地引入情境，再创设具有一定情绪色彩的、以形象为主体的生动具体的场景，使矫正对象有一定的态度体验，从而帮助矫正对象理解教材，并使矫正对象的心理机能能够得到发展。

传统文化经典情境诵读体验目前主要是学习《论语》的第一篇《学而篇》。《学而篇》包括了孔门当年教学的目的、态度、宗旨、方法等。让社区矫正对象诵读这一经典，可以使其在诵读中领会和感悟经典的古老情境映像。具体操作步骤如下。

1. 创设体验式情境诵读经典

利用《论语》的第一篇《学而篇》语录体裁，创建孔门弟子们与老师一起求学问题的场景，让参与者通过对弟子们人物特点的体会与表演，用情境加深其对经典的理解和体验。

2. 经典诵读内容

《论语别裁》和《孔子和他的弟子们》的《学而篇》。

3. 活动的结构

第一阶段：读。阅读《论语别裁》和《孔子和他的弟子们》的《学而篇》内容；

第二阶段：写。抄写《学而篇》，抄写的过程是一个认知内化的过程，加深对内容的理解；

第三阶段：背。将原文通篇背诵，并可背诵原文进行情境式角色扮演；

第四阶段：演。通过情境式角色扮演，还原孔子与弟子们讨论《学而篇》的场景；

第五阶段：说。将《学而篇》全篇融会贯通说给其他人听；

第六阶段：观。内视反思体验。

4. 活动流程

活动流程如表 16-1 所示。

表 16-1 活动流程

预备期	提前 1～2 周建微信群（QQ 群），发布"读经典活动"通知	
学习期	第一次	1. 主办方讲话 2. 老师介绍读经活动 3. 带着问题读经典（一）——为学 4. 读经典（抄静心＋读）先读 1～12 页 5. 第一次分享： （1）回答问题　（2）经典情境体验 6. 布置作业

续表

学习期	第二次	1. 观看孔子视频 2. 了解每个人物的特点 3. 带着问题读经典（二）——为学的修养方法，为学的探讨 4. 老师串讲《学而篇》 5. 第二次分享： （1）回答问题　（2）经典情境体验 6. 布置作业
	第三次	1. 情境式读经典体验，轮换角色体验 （1）全景串演两遍 （2）旁白＋古文两遍 2. 每人分享情境式读经典的心得体会 3. 布置作业
	第四次	1. 看情境式演练视频 2. 背诵原文 3. 进行情境式体验角色扮演 4. 布置作业
	第五次	1. 每组轮流融会贯通说《学而篇》 2. 老师做结束讲解 3. 分享读经典活动心得体会 4. 布置作业
	第六次	内视观想反思体验

（五）内视观想经典情境体验法活动成果分享

通过情境体验式读经典活动，诵读者对《学而篇》入乎其内、出乎其外的体验式学习，使其体悟到中华文化精髓之所在。为进一步以经为师，为内视观想践行者打好基础。经过六次学习，并愿意示范"内视观想践行"的学习者，可申请成为内视观想践行的导引师。

三、内视观想经典情境体验法在社区矫正中的启迪和改进建议

（一）内视观想经典情境体验法应用于社区矫正工作的若干启示

（1）向古人学习，向经典学习。这是一种全新、全优、全员的教育矫治方法，

也是社区矫正教育帮扶工作,从单向、灌输式施教向双向、启迪式施教的重要转变。通过内省及时纠正错误,实现自我教育改造、树立积极向上人生态度的目的。

(2)普通民众对内视观想的认识程度不高,完全不了解其具体如何操作,有什么益处,导致社区矫正对象的参与程度不高、积极性不强。现在每期内视观想经典情境体验的时间太短,如果时间再充裕一点就能够学习得更透彻。

(3)只要有利于矫正工作,一切合理方法都可以尝试,拓宽传统教育的改造方式。内视观想是一种结构化地帮助了解自我、认识自我、修正自我的方法。通过对人生中重要的人际关系进行系统回忆、反思和自我剖析,起到净化心灵的作用。其神奇之处在于能直击人性中的"良知",不同性别、不同年龄、不同文化程度、不同成长背景的体验者,参加内视观想经典情境体验活动后,对自身的了解更加真实和全面了,对周围事物的认识更加客观和冷静了,解决和处理问题的能力增强了,与周围人际关系的和谐度提升了,发生了很多感人的变化。这对于拓宽传统教育的改造方式具有重要意义。

(4)内视观想作为社区矫正工作的一种辅助措施,不能夸大,也不能缩小其作用。社会上的人每天奔波劳碌,同样缺乏对自己的反思。人人都知道"换位思考""将心比心""己所不欲勿施于人"这些古语,内视观想就是训练人们体会、理解、运用换位思考,理解他人的一种方法。

(5)在内视观想意义上矫正社区矫正对象,主要是改变、矫正、转化和升华矫正对象的心理。通过社区矫正对象内心深处的情感触发,引发共鸣,去影响甚至改变、改造其行为习惯是有可能的。当然,矫正原位复归,不是归到"零点"的"再出发",而是新旧交杂、相互作用的"新样式"。

(6)运用内视观想进行矫正要有反复的思想准备。在内视观想的理论上分析一个人的改变进而改造一个人,必须在多个方面着力。一般的改造,如熏陶、引导、感染等尚且"容易",而矫治、改造等涉及"伤筋动骨""脱胎换骨""重新做人"的问题,因直接触及世界观、人生观、价值观,其难度更大。从医学上去矫正一个腿瘸的人,那些"旧筋"如果通过医学尚且可以"拉长"的话,而心理的习惯旧痕所造成的"条件反射",已经成为生理的一部分,其改变则更难。应当容许出现矫正效果不佳的情况发生,甚至出现反复。因此,对于出现反复现象,要有一定的心理承受度。

(二)社区矫正内视观想经典情境体验法运用改进建议

1. 内视观想实施条件需要与社区矫正工作进一步整合

首先是时间问题,内视观想需要持续性,而社区矫正对象由于工作、生活等原因往往不能长时间待在同一独立的场所。其次,内视观想需要以小组形式展开模拟演练,人数太少反而达不到理想的效果,应多发动志愿者参加,以带动气氛。此外,内视观想导师人数紧缺,短期内无法满足大规模推广的需求。

2. 内视观想是非宗教性的

少部分人有内视观想是源于禅修的误解，其推行还需要社会各方面的配合。建议社区矫正工作者能一起体验内视观想活动，这样才能学以致用。从实践角度讲，社区矫正内视观想工作法不同于监狱的形式，改进后的体验不能完整复制内视观想精髓的全部益处，也总能带来部分积极效果。因而全国的社区矫正机构应大胆进行尝试，加速内视观想体验在国内的推广，以给社区矫正对象乃至整个社会带来积极的影响。

3. 运用内视观想进行社区矫正需要恒久坚持

传统文化博大精深，学好传统文化，用好传统文化教育社区矫正对象，对于广大社区矫正工作者而言不是一蹴而就的课题。做好传统文化介入社区矫正工作，一是要在专职社区矫正工作者中培养传统文化爱好者；二是可以聘用传统文化相关专业社会工作者；三是要充分整合社会资源，引入专业志愿者参与社区矫正对象传统文化教育；四是可以尝试将社区矫正对象传统文化教育纳入政府购买服务项目，向社会组织公开择优购买专业传统文化教育项目。总之，在运用传统文化教育社区矫正对象这一课题上的坚持付出，离不开社区矫正工作人员对传统文化的高度热爱，更离不开持久耕耘和久久为功。

4. 运用内视观想进行矫正教育的内容要精心研究

运用传统文化教育社区矫正对象的内容需要进一步规范化、系统化，精细化。现在的社区矫正机构在运用传统文化教育社区矫正对象这一实践中作出了积极尝试，但普遍面临教育内容碎片化、教育时间零散化等问题。需要社区矫正工作者根据社区矫正对象入矫、常规和解矫三个阶段的不同教育目标、重点和内容，介入阶段性的传统文化教育，并适时巩固社区矫正对象矫正教育成果。与此同时，还需要专家学者、传统文化爱好者、社区矫正工作者给予社区矫正工作积极关注和专业指导。需要通过在社会各界的合力下，丰富社区矫正教育内容，提高社区矫正教育的科学性、有效性，实现社区矫正实践的效益最大化。

总而言之，内视观想经典情境体验法，通过对传统经典文化的学习，经过实践活动，可以深化社区矫正对象的教育改造工作，使社区矫正对象在学习中华传统文化的过程中，体悟内视和内省，做自己的管理者，进而促进社会和谐，人人向上向善。内视观想经典情境体验法契合"总体国家安全观"的理念，也成为当前经过实践检验、颇具实效的提升教育改造质量的有力举措，应该说是在维护社会安全稳定和提升社区矫正教育效果中发挥了积极、重要作用。为教育改造拓宽了路子，也为社区矫正工作打开了新的局面。

💡 思考题

1. 分析内视观想疗法在社区矫正工作中适用的优势。
2. 在社区矫正工作中运用内视观想疗法应注意哪些问题？
3. 内视观想经典情境体验法在社区矫正中的实践步骤有哪些？
4. 在社区矫正工作中运用情境体验法、启迪法等对改进矫正教育有哪些启示。

💡 拓展练习

武汉市武昌区社区矫正内视观想工作实践

一名69岁的社区矫正对象陈某在第一天就打了退堂鼓，觉得自己只有小学文化，读不懂文言文，学这些也没啥用。经过社区矫正工作管理局局长的劝导，三天学习下来，这名矫正对象的看法有了改变。他认为和大家交流分享，意识到自己存在的很多问题，回去后他还要接着学。

刚从监狱假释回来的一名女性社区矫正对象刘某表示参加内视观想这几天想得最多的就是孝道问题，要是早一点明白这道理，或许就不会走错路去贩卖毒品，也不至于连父母过世都没能到场，留下一辈子的遗憾。说到动情处，她还一度哽咽。

社区矫正对象王某觉得，虽然只有短短三天时间，大多是很浅显的内容，但诸如孝顺父母、兄弟友爱等问题，要真正做到并非易事。原来对请假外出超期未归觉得小题大做，现在真正理解到这种行为违反了社区矫正管理制度，任何抱有侥幸心理或者想打擦边球的做法都是错误的。

之前一名日常表现不好的社区服刑人员李某称参加内视观想对他改变很大，通过几天的学习，发现自己还有很多不足的地方，会时刻反省并严格要求自己，做一个对社会有用的人。参加完之后学会柔软，学会思考，学会内省。再读《论语》，学会了对纠结的事情释怀、分析一件事情的本末，学会理解别人的思维、放下不悦，寻求舒适的感受、让心安放。

内视观想简称"内观"，也叫"观察自我法"或"洞察自我法"，在三天的内视观想集中学习体验中，使矫正对象们觉察了自己，最终实现了自我救赎，消除了社区矫正监管安全隐患，又一次深刻地展示了中国传统文化中"君子日三省吾身"的强大力量，也再一次有力地证明了内视观想在引导矫正对象客观、自觉、真实地认识自我、反省和检讨自我，在矫正工作中所具有的非凡意义。

参考文献

[1] 刘志伟，涂龙科，郭玮，等．中国社区矫正立法专题研究［M］．北京：中国人民公安大学出版社，2017．

[2] 郑波．上海社会组织参与教育矫正工作的实践与探索［M］//金川．社区矫正机构队伍建设与教育矫正研究：首届浙江台州社区矫正论坛论文集（2016）．北京：法律出版社，2017．

[3] 张旭光．和谐社会背景下的社区矫正问题研究［M］．北京：中国农业科学技术出版社，2014．

[4]《刑法学》编写组．刑法学（上册·总论）［M］．北京：高等教育出版社，2019．

[5] 高贞．中国特色社区矫正制度研究［M］．北京：法律出版社，2018．

[6] 刘志伟，何荣功，周国良．社区矫正专题整理［M］．北京：中国人民公安大学出版社，2010．

[7] 廖斌，何显兵．构建中国特色的社区矫正制度研究［M］．北京：中国政法大学出版社，2019．

[8] 李岚林．司法社会工作在社区矫正中的功能定位及实现路径［M］//金川．社区矫正机构队伍建设与教育矫正研究：首届浙江台州社区矫正论坛论文集（2016）．北京：法律出版社，2017．

[9] 刘立霞，路海霞，尹璐．品格证据在刑事案件中的运用［M］．北京：中国检察出版社，2008．

[10] 范辉清．罪犯心理分析与治疗［M］．北京：法律出版社，2015．

[11] 司绍寒．《刑事诉讼法》视野下的社区矫正社会调查程序［J］．中国司法，2012（10）．

[12] 吴宗宪．社区矫正比较研究（上）［M］．北京：中国人民大学出版社，2011．

[13] 赵秉志．社区矫正法（专家建议稿）［M］．北京：中国法制出版社，2013．

[14] 王爱立．中华人民共和国社区矫正法解读［M］．北京：中国法制出版社，2020．

[15] 刘强．社区矫正制度研究［M］．北京：法律出版社，2007．

[16] 程晓溪．社区服刑人员隐私权保护问题研究［J］．江西广播电视大学学报，2015（3）．

[17] 但未丽．中国增设社区服务刑之必要性及立法构想［J］．首都师范大学学报（社会科学版），2009（6）．

[18] 任文启．完善我国社区矫正审前调查评估制度的思考——基于文本和现实的比较分析［J］．甘肃政法学院学报，2016（2）．

[19] 陈庆．社区矫正判前调查评估制度探析［J］．中北大学学报（社会科学版），2013，29（2）．

[20] 王翠竹，王世洲．社区矫正在我国的现实处境及进路分析——《刑法修正案（八）》颁行后的思考［J］．辽宁大学学报（哲学社会科学版），2012，40（6）．

[21] 张籐卿．关于社区矫正审前调查的实践与思考［J］．犯罪与改造研究，2011（6）．

[22] 余俊．社区矫正裁前评估：现状、问题与完善［J］．贵州警官职业学院学报，2016，28（2）．

[23] 蔡雅奇．论社区矫正中的裁决前调查制度［J］．铁道警官高等专科学校学报，2012，22（2）．

[24] 司绍寒．社区矫正程序问题研究［M］．北京：法律出版社，2019．

[25] 于阳，刘晓梅．完善我国社区矫正风险评估体系的思考——基于再犯危险的分析［J］．江苏警官学院学报，2011（2）．

[26] 但未丽．社区矫正立法若干问题研究——以《社区矫正法（征求意见稿）》为分析对象［J］．首都师范大学学报（社会科学版），2018（2）．

[27] 王富忱，苏之彦，王雪静．社区矫正的"承德模式"——河北省承德市全面推进社区矫正规范化建设［J］．人民法治，2016（12）．

[28] 周伟，吴宗宪，王平，等．创新监督方式完善监督机制强化社区矫正检察工作［J］．人民检察，2015（15）．

[29] 陈永斌，李益明．社区矫正检察监督的理论根基、域外经验与模式选择［J］．西南政法大学学报，2011（3）．

[30] 凌高锦．中国社区矫正检察监督的实践、省思与完善［J］．北京政法职业学院学报，2020（1）．

[31] 张燕波．社区矫正检察监督之完善研究［J］．江西科技师范大学学报，2016（4）．

[32] 张宁．协同治理下社区矫正管理问题研究——基于山东省NJ县的实践［D］．南宁：广西民族大学，2020．

[33] 周逸璇，李晶晶，徐津霞，等．基于大数据分析的社区矫正对象再犯罪预警研究［J］．网络安全技术与应用，2020（4）．

[34] 哈洪颖，马良灿．社会力量参与社区矫正遭遇的实践困境与治理图景［J］．山东社会科学，2017（6）．

[35] 蔡雅奇．社区矫正公益劳动并非刑事义务［N］．检察日报，2013-02-18（6）．

[36] 张来增. 剥夺政治权利社区服刑人员矫正方法的研究 [G] //北京市司法局. 社区矫正优秀理论研究成果汇编. 北京：北京市司法局，2005.

[37] 马辉，张文彪. 社区矫正实务 [M]. 北京：中国政法大学出版社，2015.

[38] 郭建安，郑雷泽. 社区矫正通论 [M]. 北京：法律出版社，2004.

[39] 王顺安. 社区矫正研究 [M]. 济南：山东人民出版社，2008.

[40] 张建明. 社区矫正实务 [M]. 北京：中国政法大学出版社，2019.

后 记

《社区矫正工作实务》就要出版了，多年的积累和写作，终于有了初步的成果。它不仅让我学到了许多新的知识，接触到诸多名家学者的思想脉络以及众多司法实务界前辈的经验路径，同时也给我带来许多必不可少的心灵慰藉。

《社区矫正法》颁布以后，我国的社区矫正工作实践面临着一些新问题、新矛盾。社区矫正的理论工作者、实践工作部门、广大参与社区矫正工作的机关、社会机构和社会力量，面对新时代、新情况，特别是在当前疫情防控常态化的总趋势下，提出了更多待解课题，需要齐心协力共同参与加以解决。我也在这股潮流中有所思、有所感、有所悟，并在认真调研、充分征求实践工作部门意见的基础上，结合自己多年的社区矫正领域专门研究、专题研讨、深入社区矫正单位实践，以及自己多年的教学工作经验，梳理了自己对社区矫正制度的粗浅认识和对社区矫正工作的难点、热点问题的研究，提出了自己初步的理解与浅显观点，撰成此书。由于自己从事此项工作的时间尚短，水平也有限，书中难免会出现不足之处，恳请大家不吝赐教，批评指正。

在本书撰写过程中，受到湖北省社区矫正管理局的鼎力相助，受到中国政法大学犯罪与司法研究中心主任、博士生导师、社区矫正法治研究院院长王顺安教授的亲自指点，武汉警官职业学院欧阳俊教授参与了审稿修正，武汉警官职业学院科研处、警察管理系给予了倾力支援和大力支持，在此一并致以诚挚的谢意！

作　者
2022 年 8 月